U0829762

“国际商务专业”职业教育精品规划教材

国际贸易基础

主　编　蔡　萍
副主编　吴华凤　何秀琪

天津大学出版社
TIANJIN UNIVERSITY PRESS

图书在版编目(CIP)数据

国际贸易基础 / 蔡萍主编. — 天津：天津大学出版社，2017.12
“国际商务专业”职业教育精品规划教材
ISBN 978-7-5618-6019-9

Ⅰ.①国… Ⅱ.①蔡… Ⅲ.①国际贸易－高等职业教育－教材 Ⅳ.①F74

中国版本图书馆CIP数据核字（2017）第317881号

出版发行 天津大学出版社
地　　址 天津市卫津路92号天津大学内(邮编:300072)
电　　话 发行部:022-27403647
网　　址 publish.tju.edu.cn
印　　刷 北京虎彩文化传播有限公司
经　　销 全国各地新华书店
开　　本 185mm×260mm
印　　张 14.75
字　　数 386千
版　　次 2017年12月第1版
印　　次 2017年12月第1次
定　　价 32.00元

编 委 会

序言

在全球经济一体化的今天，我国应着力培养对外贸易人才，以便更好地适应和满足社会发展的趋势和需求。不仅越来越多的企业开始正视国际贸易的问题，国家有关部门也很重视我国的国际贸易发展。在当今全球采购和国际物流的大环境下，企业的日常工作中越来越多地涉及国际贸易和进出口相关业务，国际贸易知识和进出口实务已经成为当今企业运营必备的基本技能之一。"国际贸易基础"课程以满足对外贸易岗位对国际贸易实务知识和职业技能的基本要求为原则，既要考虑新时期中职学生的现实基础，又要考虑新时期高职人才规格的发展要求。在课程的内容标准上，课程分为应用理论和实务模拟应用技能两大部分，既要突出国际贸易中各环节的操作应用，又要有对国际贸易实务工作的基本指导。在课程的实施过程中，既要注重学生理解并掌握国际贸易操作的基础知识，更要注重学生动手能力的训练，从而实现自我发展过程中职业能力素养的养成，将素质教育的理念切实贯彻到日常的教育教学过程中。

对于国际贸易人才培养而言，需要全面、系统、先进的国际贸易知识。本教材以国际贸易进出口流程为主线，结合国际贸易进行中的相关知识，展开全书的结构和布局。同时，紧紧围绕着理论"够用"、实践"好用"这个中心，把原有的知识点进行重新安排，突出实践环节，突出教师与学生的互动，突出教与学的呼应。在体现重点突出实践的平台上，进行适当的环节上的细化，以缩短国际贸易实务教学与实践操作之间的差距，努力使学生具备从事国际商务工作所必需的国际贸易基本知识和基本技能，并培养学生运用所学知识解决一般业务问题的能力，激发学生的学习兴趣，为其学习专业知识和技能打下基础。

"国际贸易基础"是中等职业学校国际商务、商务英语专业的核心课程之一。本教材既有传统的知识点的逻辑性，又有结合当前实际的环节上的创新性，能较好地为中职教学服务。另外，为本教材配备了以多媒体课件、案例习题库为主的教学资源包，力求为教师和学生提供一套完整的教学资源，服务教学、服务师生。

在本教材的编写过程中，我们得到了企业界专家的大力支持和帮助，他们提供了大量的实务素材和很多有价值的建议，在此表示衷心的感谢。

本书主编为蔡萍，副主编为吴华凤、何秀琪。在编写过程中参考了大量资料，其中大部分被列在参考文献中。

由于本书编写时间仓促，加之作者水平有限，所以难免有失偏误。敬请赐教指正，以利不断改进、完善与提高。

蔡萍
2018 年 1 月

目录

第1章　国际贸易概述

导入案例

在希普顿·安德逊公司诉威尔兄弟公司一案中，交易双方在履行买卖小麦的合同时，卖方交货重量比合同许可的限度4 950吨多出55磅，按当时合同价计算，价款总值为4万英镑以上，而55磅小麦仅值4先令，卖方并未对这4先令提出要求。尽管如此，买方仍以超重为由拒收整批货物，于是卖方便将该批货物赔本出售，然后以买方无理拒收货物为由，向买方提出损失赔偿要求，并诉诸法院。法官根据本案情况，判决买方无权拒收货物，卖方终于胜诉。

案例分析：法院受理本案后，法官在分析本案时指出：问题在于是否大幅度地偏离合同。拒收权是建立在卖方不准备也不愿意履行合同或未曾履行合同的假设上的。买方交货重量错误，是不准备也不愿意履行合同的表现。但法官又认为，那应是指所超过的或短少的重量达到了能够影响买方心理的程度。在法官看来，本案所发生的超重，并没有达到那样的程度。本案超过约定的重量是微不足道的，而且卖方对超过重量的那部分货款并没有提出要求，他基本上履行了合同。因此，买方无权拒收货物。

1.1　国际贸易的产生

1.1.1　国际贸易的含义

国际贸易是指世界各国（地区）之间货物和服务的交换，是各国（地区）之间分工的表现，反映了世界各国（地区）在经济上的相互联系。

1.1.2　对外贸易产生的条件

对外贸易是在一定历史条件下产生和发展起来的。对外贸易的产生必须具备以下两个条件：①有剩余的产品可以作为商品进行交换；②商品交换要在各自为政的社会实体之间进行。因此，社会生产力的发展和社会分工的扩大，是对外贸易产生和发展的基础。在原始社会初期，人类处于自然分工状态，生产力水平很低，人们在共同劳动的基础上获取有限的生活资料，仅能维持本身生存的需要。因此，没有剩余产品，没有私有制，没有阶级和国家，也就没有对外贸易。

对外贸易的产生是与人类历史上三次社会大分工密切相关的。

(1)第一次社会大分工是畜牧部落从其他部落中分离出来,牲畜的驯养和繁殖使生产力得到了发展,产品开始有了少量剩余。于是在氏族公社之间、部落之间出现了剩余产品的交换。这是最早发生的交换。这种交换是极其原始的、偶然的物物交换。

(2)随着生产力的继续发展,手工业从农业中分离出来,出现了人类社会的第二次大分工。由于手工业的出现,便产生了直接以交换为目的的商品生产。

(3)由于商品生产和商品交换的不断扩大,便产生了货币,商品交换逐渐变成了以货币为媒介的商品流通。随着商品货币关系的发展,产生了专门从事贸易的商人,于是出现了第三次社会大分工。

生产力的发展,交换关系的扩大,加速了私有制的产生,从而使原始社会日趋瓦解,这就为过渡到奴隶社会打下了基础。在奴隶社会初期,由于阶级矛盾,便形成了国家。国家出现后,商品交换超出了国界,便产生了对外贸易。

1.2 国际贸易的地位和作用

1. 国际贸易的地位

国际贸易作为世界各国联结社会生产和社会消费的桥梁和纽带,尤其是在联结国内生产与国外消费和国外生产与国内消费方面处于特殊的中介地位。

2. 国际贸易的作用

国际贸易的作用表现在以下 4 个方面。

1)国际贸易是世界各国参与国际分工、实现社会再生产顺利进行的重要手段

在国际经济联系日益紧密的今天,由于各国的自然条件、生产力水平、经济结构、科学技术水平及管理水平等方面的差异以及历史和社会等多方面的原因,使得有些国家对某些商品的生产不利,劳动耗费较多。此外,任何一个国家也不可能生产自己所需要的一切物品,同时也不可能完全消费自己所生产的一切物品。这些矛盾只能通过各国参与国际分工、实现相互间的商品交换加以解决。通过参与国际分工,各国可以更充分地利用自己的生产力优势、资金优势以及资源优势,发展那些本国条件相对优越的产品部门,从而节约社会劳动时间,促进本国经济的增长。通过积极发展对外贸易,输出那些本国可以生产的、多余的和闲置的物资,购入本国欠缺和急需的不能生产的物资,通过这样的调剂余缺,可以解决社会生产和社会消费需求上的供求矛盾,使本国的资源得到充分的利用,使本国的各类需求得到满足,保证本国的社会再生产得以顺利进行。

2)国际贸易是各国间进行新的技术交流的重要途径

20 世纪下半叶以来,由于科学技术的飞速发展,世界上许多发达国家和一些发展中国家都在依靠科学技术的进步发展其生产力,促进国际经济的发展,而且依靠技术进步所实现的经济增长占全部经济增长的比重也越来越大。然而,由于现代科学技术涉及的领域和规模越来越大,科学技术发展所涉及的领域越来越多,研究设计工作也越来越复杂,导致任何

国家无论其经济实力和科技水平多高都不可能在一切科学技术和生产工艺的领域内保持完全的领先地位。如果不吸收别国的先进技术，只埋头从事自己的科学研究，势必造成重复研究，影响科学技术发展的速度。

此外，在现代科学技术条件下，各国研究和设计工作的费用不断上升，科学技术越向尖端发展，研究开发费用就越高，这些都是促使各国之间积极进行技术交流和技术贸易的原因。

3）国际贸易是各国增加财政收入和劳动就业的重要渠道

国际贸易对于提高一国的财政收入，其作用表现在两个方面：一方面是通过国际分工商品交换可以使各国节约一定的社会劳动耗费，也可以让各国利用引进的技术、设备发展本国的工农业生产，提高社会劳动生产率，节约原材料耗费，创造更多的产值，从而间接地增加一国的财政收入；另一方面是通过对外贸易，各国从事进出口业务的企业上交国家各种税收以及国家征收的关税能直接增加财政收入，尤其是能增加国家经济建设与发展过程中急需的外汇收入。（有人统计过，在不减免税收和不退税的条件下，我国每出口 1 亿元的工业品，国家可得税利 3 500 万元左右。）

解决劳动力就业问题是当前困扰着许多国家的一个尖锐问题。为此，许多国家把发展对外贸易当作解决劳动力就业的一个重要渠道。由于对从事对外贸易业务的人员有较高的素质要求，目前直接解决就业问题尚受一定的限制。但是，一个国家通过发展对外贸易间接提供的就业机会是相当多的。（据我国有关方面统计：每出口 1 亿元的工业品，一年就能提供 1.2 万个就业机会。可见，对外贸易对解决劳动力就业来说，其作用是极为显著的。）

4）国际贸易是各国进行政治、外交斗争的重要工具

（1）通过对外贸易来维护本国的国家利益及本国统治集团的利益，维护本国的社会经济制度。

（2）通过对外贸易建立国际或地区间的经济贸易团体，以增强本国在国际政治斗争和国际经济斗争中的抗衡力量。

（3）通过对外贸易制裁那些违背国际法规、违背《联合国宪章》、实行民族歧视的国家。

（4）通过对外贸易改善国家间的政治外交关系、改善国际经济环境，为本国经济发展创造良好的外部条件。

1.3 国际贸易的分类

1.3.1 按商品流向划分

国际贸易范围广泛、性质复杂，可以从不同角度进行分类，主要的分为 6 种：出口贸易、进口贸易、过境贸易、转口贸易、复出口和复进口。

1. 出口贸易(Export Trade)

出口贸易是指一国把自己生产的商品输往国外市场销售，又称“输出贸易”。如果商品不是因外销而输往国外，则不计入出口贸易的统计之中，如运往境外使馆、驻外机构的物品，或者携带个人使用物品到境外等。

2. 进口贸易(Import Trade)

进口贸易是指一国从国外市场购进用以生产或消费的商品，又称“输入贸易”。如果商品不是因购入而输入国内，则不计入进口贸易。同样，若不是因购买而输入国内的商品，则不计入进口贸易，也不列入统计，如外国使领馆运进自用的货物以及旅客携带个人使用物品进入国内等。

3. 过境贸易(Transit Trade)

某种商品从甲国经由乙国输往丙国销售，对乙国来说，这项买卖就是过境贸易。在过境贸易中，又可分为“直接过境贸易”和“间接过境贸易”。直接过境贸易是指 A 国的商品进入本国境内后不存放海关仓库而直接运往 B 国；间接过境贸易是指 A 国的商品进入本国境内后存放仓库，然后再运往 B 国。在过境贸易中，由于本国未通过买卖取得货物的所有权，因此，过境商品一般不列入本国的进出口贸易统计中。

4. 转口贸易(Entrepot Trade)

转口贸易是指本国从 A 国进口商品后，再出口至 B 国的贸易。转口贸易中的货物运输可以有两种方式：一种方式是转口运输，即货物从 A 国运入本国后，再运往 B 国；另一种方式是直接运输，即货物从 A 国直接运往 B 国，而不经过本国。

5. 复出口(Re-export)

从国外输入的商品，没有在本国消费，又未经加工就再出口，称作“复出口”或“复输出”。如进口货物的退货、转口贸易等。

6. 复进口(Re-import)

输往国外的商品未经加工又输入本国，则叫作“复进口”或“再输入”。产生复进口的原因，或者是商品质量不合格，或者是商品销售不对路，或者是国内本身就供不应求。从经济效益考虑，一国应该尽量避免出现复进口的情况。

1.3.2 按商品形态划分

国际贸易按商品形态划分包括有形贸易和无形贸易。

1. 有形贸易(Tangible Goods Trade)

有形贸易是指买卖那些看得见、摸得着的具有物质形态的商品（如粮食、机器等）的交换活动。为了便于统计和分析，联合国于 1950 年公布了《国际贸易标准分类》(Standard International Trade Classification，SITC)。

1960 年、1975 年、1985 年还分别对其作过三次修订。在这个标准分类中，把有形商品分为 10 大类(Section)、67 章(Division)、261 组(Group)、1 033 个分组(Sub-group)和 3 118 个项目（Item)。SITC 几乎包括了所有的有形贸易商品。每种商品都有一个 5 位数的目录编号。第 1 位数表示类，第 2 位数表示章，第 3 位数表示组，第 4 位数表示分组，第 5 位表示项目，5 位数一起表示某个商品项目。

例如，活山羊的标准分类编号为 001.22。其中，0 表示类，名称为“食品及主要供食用的活动物”；00 表示章，名称为“主要供食用的活动物”；001 表示组，名称为“主要供食用”；001.2 表示分组，名称为“活绵羊及山羊”；001.22 表示项目，名称为“活山羊”。

2. 无形贸易（Intangible Goods Trade）

无形贸易是指买卖一切不具备物质形态的商品的交换活动，例如运输、保险、金融、文化娱乐、国际旅游、技术转让、咨询等。无形贸易可以分为服务贸易（Trade in Services）和技术贸易（International Technology Trade）。

一般来说，服务贸易是指提供活劳动（非物化劳动）以满足服务接受者的需要并获取报酬的活动。为了便于统计，世界贸易组织（WTO）的《服务贸易总协定》把服务贸易定义为 4 种方式：

（1）过境交付，即从一国境内向另一国境内提供服务；

（2）境外消费，即在一国境内向来自其他国家的消费者提供服务；

（3）自然人流动，即一国的服务提供者以自然人的方式在其他国家境内提供服务；

（4）商业存在，即一国的服务提供者在其他国家境内以各种形式的商业或专业机构提供服务。

技术贸易是指技术供应方通过签订技术合同或协议，将技术有偿转让给技术接受方使用。

有形贸易与无形贸易有一个鲜明的区别，即有形贸易需办理海关手续，其贸易额总是列入海关的贸易统计的，而无形贸易尽管也是一国国际收支的构成部分，但由于无须经过海关手续，一般不反映在海关资料上。但是，对形成国际收支来讲，这两种贸易是完全相同的。

然而，无形贸易在国际贸易活动中已占据越来越重要的地位。它的贸易额在最近几年接近于国际商品贸易额的 1/4。不少发达国家的服务贸易额已占其出口贸易额的相当比重，有的（如美国）已达一半左右。

近年来，服务贸易的增长速度明显快于有形贸易的增长速度，且继续保持着十分强劲的势头。特别是在乌拉圭回合谈判中达成的《服务贸易总协定》，规定把服务贸易纳入国际贸易的规范轨道，逐步实现自由化。这将促使各国进一步大力发展服务贸易。我国提出的发展大经贸的工作思路，实际上就强调了发展无形贸易的重要意义。

1.3.3 按境界标准划分

按境界标准可分为“总贸易”和“专门贸易”。这是由于国境和关境不一致所产生的统计标准。

1. 总贸易（General Trade）

总贸易是以国境为标准统计的进出口贸易。凡因购买输入国境的商品一律计入进口，凡因外销输出国境的商品一律计入出口。总贸易可以分为“总进口”和“总出口”。总进口是指一定时期内（如 1 年内）跨国境进口贸易的总额。总出口是指一定时期内（如 1 年内）跨国境出口的总额。将这两者的总额相加，即总进口和总出口之和，称作总贸易额。世界上某些国家，如英国、日本、加拿大、澳大利亚等，采用总贸易方式来统计。

2. 专门贸易(Special Trade)

专门贸易是以关境为标准统计的进出口贸易。凡因购买输入关境的商品一律计入进口，凡因外销输出关境的商品一律计入出口。专门贸易可以分为“专门进口”和“专门出口”。专门进口是指一定时期内（如 1 年内）跨关境进口的总额。专门出口是指一定时期内（如 1 年内）跨关境出口的总额。

专门贸易额就是专门进口额与出口额的总和。这样，外国商品直接存入保税仓库（区）的一类贸易活动不再列入进口贸易项目之中。显然，专门贸易与总贸易在数额上不可能相等，但两者都是指一国在一定时期内（如 1 年）对外贸易的总额。世界上某些国家，如美国、法国、意大利、德国、瑞士等，采用专门贸易方式来统计。

各国都按自己的统计方式公布对外贸易的统计数据，并向联合国报告。联合国公布的国际贸易统计数据一般注明总贸易或专门贸易。过境贸易列入总贸易，不列入专门贸易。

1.3.4 按贸易关系划分

按贸易关系可分为“直接贸易”和“间接贸易”。

1. 直接贸易(Direct Trade)

直接贸易是指商品直接从生产国（出口国）销往消费国（进口国），不通过第三国转手而进行的贸易，这两国之间的贸易称为“直接贸易”。

2. 间接贸易(Indirect Trade)

间接贸易是指商品从生产国销往消费国中通过第三国转手的贸易。对生产国和消费国来说，开展的是间接贸易；而对于第三国来说，进行的则是转口贸易。

直接贸易和间接贸易的区别是以货物所有权转移是否经过第三国（中间国）为标准的，而与运输方式无关。直接贸易可以是生产国的商品通过第三国转运至消费国，间接贸易可以是生产国的商品直接运往消费国。

1.3.5 按贸易国数目划分

按贸易国数目可分为“双边贸易”“三角贸易”和“多边贸易”。

1. 双边贸易(Bilateral Trade)

双边贸易是指在两国政府之间商定的贸易规则和调节机制下的贸易。两国政府往往通过签订贸易条约或协定来规定贸易规则和调节机制，要求两国在开展贸易时必须遵守贸易条约或协定中的规定。双边贸易所遵守的规则和调节机制不适用于任何一个签约国与第三方非签约国之间开展的贸易。例如，在《中美贸易条约》下开展的中美贸易就是一种双边贸易。

2. 多边贸易(Multilateral Trade)

多边贸易是指在多个国家政府之间商定的贸易规则和调节机制下的贸易。同样，多个国家政府之间也需要通过签订贸易条约或协定来规定贸易规则和调节机制，而且这些贸易规则和调节机制也不适用于任何一个签约国与其他非签约国之间的贸易。例如，世界贸易组织中的国家所开展的贸易就属于多边贸易。

1.3.6 按清偿工具划分

按清偿工具可分为“自由结汇贸易”和“易货贸易”。

1. 自由结汇贸易(Free-liquidation Trade)

自由结汇贸易指的是以国际货币作为清偿手段的国际贸易，又称“现汇贸易”。能够充当这种国际支付手段的主要是美元（USD）、英镑（GBP）、欧元（EUR）和日元（JPY）这些可以自由兑换的货币。

2. 易货贸易(Barter Trade)

易货贸易指以经过计价的商品作为清偿手段的国际贸易，亦称“换货贸易”。它的特点是，进口与出口直接相联系，以货换货，进出基本平衡，可以不用现汇支付。这就解决了那些外汇匮乏国家开展对外贸易的困难。加上现在各国之间经济依赖性加强，有支付能力的国家有时也不得不接受这种贸易方式，因此，易货贸易在国际贸易中十分兴盛，大致已接近世界贸易额的 1/3。

必须注意，倘若两国签订了贸易支付协定，规定双方贸易经由清算账户收付款，则一般不允许进行现汇贸易。因此，从清偿工具的角度看，易货贸易是一种特殊形式的国际贸易。

1.3.7 按经济发展水平划分

按经济发展水平可分为“水平贸易”和“垂直贸易”。

1. 水平贸易(Horizontal Trade)

水平贸易指经济发展水平比较接近的国家之间开展的贸易活动。例如，北北之间、南南之间以及区域性集团内的国际贸易，一般都是水平贸易。

2. 垂直贸易(Vertical Trade)

垂直贸易指经济发展水平不同的国家之间的贸易。开展垂直贸易的两类国家在国际分工中所处的地位相差甚远，其贸易往来有着许多与水平贸易大不一样的特点。南北之间贸易一般就属此类。区分和研究这两类国家的差异，对一国确定其对外贸易的政策和策略具有重要作用。

1.4 国际贸易的基本概念

1.4.1 国际贸易与对外贸易

1. 国际贸易(International Trade)

国际贸易又称“世界贸易”，是指世界各国（或地区）之间所进行的以货币为媒介的商品交换活动。它既包含着有形产品（实物产品）的交换，也包含着无形产品（劳务、技术、咨询等）的交换。

2. 对外贸易(Foreign Trade)

对外贸易又称“进出口贸易”，是指国际贸易活动中的一国（或地区）同其他国家（或地区）所进行的产品、劳务、技术等的交换活动。这是立足于一个国家或地区去看待它与其他国家或地区的产品与劳务的贸易活动。某些海岛国家，如日本等国，或某些海岛地区，如我国台湾地区等的对外贸易则称为“海外贸易”。

1.4.2 国际贸易的几个重要概念

1. 国际贸易额(值)

国际贸易额（值）是指以货币表示的世界各国的对外贸易总额。这是计算和统计世界各国对外贸易总额的指标，是把世界上所有国家和地区的出口额相加得出的数额。但是，在计算国际贸易额时，不是简单地把世界各国的出口额与进口额加在一起。因为一国（或地区）的出口，就是另一国（或地区）的进口，若两者相加等于重复计算。联合国统计中，通常采用各国出口额相加作为国际贸易额。因为世界上绝大多数国家（或地区）都是用 CIF 价格计算进口额的，即成本加运费加保险费。显见，把进口值加起来作为国际贸易额是不准确的。而出口额一般采用 FOB 价格，即装运港船上交货，相对于 CIF 而言，是比较准确的。CIF 价格比 FOB 价格多运费和保险费，所以，世界进口额会大于世界出口额。

2. 对外贸易额(值)

对外贸易额（值）是用货币金额表示的一国一定时期内的进出口的规模，是衡量一国对外贸易状况的重要指标。它由一国一定时期内从国外进口的商品总额加上该国同一时期内向国外出口的商品总额构成。在计算时，出口额要以 FOB 价格计算，进口额则以 CIF 价格计算。一国在一定时期内商品出口总额与进口总额相比而形成的差额，则称为“对外贸易差额”。当出口商品总额超过进口商品总额时，差额部分称为“贸易顺差”，或“贸易出超”；反之，当进口商品总额超过出口商品总额时，差额部分称为“贸易逆差”，或“贸易入超”；如进出口商品总额相等，则称为“贸易平衡”。

3. 对外贸易量

对外贸易量是为剔除价格影响并能准确反映一国对外贸易的实际数量变化而制定的一个指标，它能确切地反映一国对外贸易的实际规模。具体计算是以固定年份为基期而确定的价格指数去除以相当期的出口或进口总额，得到的是相当于按不变价格计算的进口额或出口额，叫作相当期的对外贸易差。其等式为：

$$贸易差=\frac{进出口额}{进出口价格指数}$$

$$进出口价格指数=\frac{报告期价格}{基期价格}\times 100\%$$

例如：假定1991年世界出口值为14 000亿美元，2001年世界出口值为30 000亿美元，设1991年出口价格指数为100，2001年出口价格指数为60，试比较2001年世界出口值和世界出口贸易量与1991年世界出口值的增长变化情况。

$$当年贸易条件系数=\frac{出口价格指数}{进口价格指数}\times 100\%$$

增加了114%（30 000−14 000=16 000/14 000=1.14；1.14×100%=114%）

$$当年贸易条件系数=\frac{出口价格指数}{进口价格指数}\times 100\%$$

增加了34%（（18 750−14 000）/14 000×100%=34%）

由此可见，按贸易额（值）计算，2001年世界出口额是1991年世界出口额的2.14倍，增加了114%；按贸易量计算，剔除价格上涨的因素，2001年世界出口量是1991年世界出口贸易量的1.34倍，增加了34%。由于计算贸易量可以得出较为正确反映贸易实际规模变动的情况，所以许多国家和国际组织都采用这种方法计算贸易差。

4. 对外贸易依存度

对外贸易依存度是衡量一国国民经济对进出口贸易的依赖程度的一个指标。它是指一个国家在一定时期内进出口贸易值与该国同期国民经济生产总值的对比关系。由于各国经济发展水平不同，对外贸易政策的差异，国内市场的大小不同，导致各国的对外贸易依存度有较大的差异。

5. 贸易条件

贸易条件是指一个国家在一定时期内出口商品价格与进口商品价格之间的对比关系，反映该国的对外贸易状况，一般以贸易条件系数表示，即：

$$当年贸易条件系数=\frac{出口价格指数}{进口价格指数}\times 100\%$$

如果该系数大于100，则说明该国当年贸易条件得到改善；如果该系数小于100，则说明该国当年贸易条件恶化。

6. 对外贸易商品结构

对外贸易商品结构是指一个国家一定时期内各种类别的进出口商品占整个进出口贸易额的份额。一个国家的对外贸易商品结构主要是由该国的经济发展水平、产业结构状况、自然资源状况和贸易政策决定的。发达国家的对外贸易商品结构以进口初级产品和出口工业制成品为主；发展中国家的对外贸易商品结构以出口初级产品和进口工业制成品为主。

7. 国际贸易商品结构

国际贸易商品结构是指各种类别的商品在整个国际贸易额中所占的比重，通常以它们在世界出口总额或进口总额中的比重来表示。研究国际贸易商品结构，通常是看初级产品和工业制成品两大类别占世界贸易额的比重。联合国国际贸易标准分类法把商品分为10类：即食品及主要供食用的活动物(0)；饮料及烟类(1)；燃料以外的非食用原料(2)；矿物燃料、润滑油及有关原料(3)；动植物油脂及腊(4)；化学品及有关产品(5)；主要按原料分类的制成品(6)；机械及运输设备(7)；各项制品(8)；没有分类的其他产品(9)。在国际贸易统计中，一般把 (0)—(4)类商品称为“初级产品”，把 (5)—(8)类商品称为“制成品”。(二战后，工业制成品所占的比重逐渐上升，初级产品所占的比重日益减少)。

8. 对外贸易地理方向

对外贸易地理方向也称“对外贸易地理分布”，是指一定时期内世界上一些国家或地区的商品在某一个国家对外贸易中所占有的地位，一般以这些国家或地区的商品在该国进出口贸易总额的比重来表示。对外贸易地理方向既标明了一国出口商品的方向，也标明了该国进出口商品的来源，从而反映该国进出口贸易的国别分布与地区分布，表明了它同世界各国或地区经济贸易联系的程度。

9. 国际贸易地理方向

国际贸易地理方向也称“国际贸易地理分布”，是指一定时期内世界各洲、各国或各个国家经济集团的对外商品贸易在整个国际贸易中所占的比重。观察和研究不同时期的国际贸易地理方向，对于掌握市场行情的发展变化、认识世界各国间的经济交换及密切程度、开拓新的国外市场，均有重要的意义。

1.5 国际贸易与国内贸易的异同

1.5.1 国际贸易与国内贸易的共同点

国际贸易与国内贸易的共同点如下。

(1)国际贸易是国内贸易发展到一定程度、市场范围超越国家边界的结果。国际贸易和国内贸易的基本内容都是商品和劳务的交换，国际贸易从事着国家间的商品和劳务的交换，国内贸易是国内进行的商品和劳务的交换。

(2)货物都是从生产者向消费者转移。国内贸易和国际贸易虽然活动范围有所不同，但商品流通运动的方式完全一样。无论国际贸易还是国内贸易，都是类似的商业活动，处于社会再生产过程中的中介地位。

(3)进行交易的技术过程大同小异。国际贸易与国内贸易的基本职能一样，都是商品交换的媒介，即做买卖。国际贸易与国内贸易都包括交易准备、交易磋商、合同签订、合同履行等主要环节，只是国际贸易比国内贸易在具体程序和细节上更为复杂。

(4)国际贸易与国内贸易的经营目标均是通过交换取得更多的经营利润或更大的经济

利益。贸易或者流通具有资源配置的功能，但在正常情况下，通过贸易配置资源必须以利润或利益为基础。

1.5.2 国际贸易与国内贸易的区别

国际贸易与国内贸易的区别如下。

1. 所处的条件不同

国际贸易是在经济结构、生产条件、生产力水平、经济政策、产业政策、贸易政策显著不同的国家间进行的商品交换。国际贸易是与外国商人做生意，必须克服语言障碍；世界各国的生活风俗习惯不同，宗教信仰也有差别，这些都会导致消费习惯有所差异。从事国际贸易必须随时掌握世界市场动态，了解贸易对象的资信状况，熟悉目标市场的法律制度和相关规则，收集和分析这些资料困难较多。而国内贸易则是在同一经济法律制度下一国内部的商品交换，语言、风俗习惯的差异较小，在同一市场上了解各方面的资讯都容易得多。

2. 交易的复杂程度不同

各国各地市场商业习惯不同，对国际贸易中的规则与条例的理解也可能不一致，这些都需要交易双方进行沟通，求得一致，避免产生贸易纠纷；世界各国都设有海关，对于货物进出口都有许多规定，货物的进出口要履行报关手续，而且出口货物的种类、品质、规格、包装和商标也要符合相关国家的各种相关规定；跨国货物运输和保险、国际结算与汇兑也增加了国际贸易的复杂性。

3. 受经济政策影响的程度不同

各个国家的经济政策主要是为本国经济发展起作用的，但又会在一定程度上影响到国际贸易的开展，且很多政策也会因不同的经济形势、不同的执政者而变化。这里有金融政策、产业政策、进出口管理政策、关税政策等。从事国际商品交换活动必须研究这些政策。国际贸易要受到本国和外国的经济政策的影响，而国内贸易主要受本国经济政策影响。

4. 货币制度的影响不同

各国货币制度的差异增加了交易的复杂性。在国际贸易中，贷款的清偿多以外汇支付。由于汇率波动大，计价货币的选择会影响交易者的利益，给交易定价带来复杂性。国际贸易的交易结算涉及多国的银行，还与各国外汇管理制度、汇率制度有关，由此增加了国际汇兑的复杂性，国际贸易比国内贸易的结算复杂得多。

5. 商品和生产要素的流动性存在差异

商品和生产要素的国际移动相对不自由，国际竞争的不完全性相对大；而其国内移动则相对自由，竞争的不完全性相对小。同时，国际贸易受到的管制较多，各国往往采取关税壁垒等来限制对外国商品的进口，对国际贸易造成了许多障碍；国内贸易的障碍相对少。

6. 风险不同

国际贸易比国内贸易风险大，国际贸易的主要风险包括如下几项。

(1)信用风险。买卖双方分处不同国家，不容易了解对方的经营和资信状况，同时，交易期间买卖双方的财务状况可能发生变化，因此对双方都存在信用风险。

（2）商业风险。国际贸易中，因货样不符、交货期晚、单证不符等，进口商往往可以拒收货物，从而给出口商造成商业风险。另外，国际市场的价格波动也会造成其中一方的商业损失。

（3）汇兑风险。国际贸易中，交易双方至少有一方要以外币计价。从签约到结算需要较长时间，其间，如果外汇汇率出现较大的变化，就会出现汇兑风险。

（4）运输风险。国际贸易货物运输里程一般超过国内贸易，有时需要经过两种以上的运输方式，货物在运输过程中遭受损失的可能性比较大。

（5）政治风险。一些国家由于政治变动导致贸易政策法令不断修改，常常使从事贸易的厂商承担很多由政治变动带来的风险。

第2章 国际贸易政策

导入案例

美日汽车贸易战

1. 案由

1995年5月16日,美国政府单方面宣布,根据美国1974年贸易法301节、304节(即单边报复制度的"301条款"),将对来自日本的豪华轿车征收100%的关税。日本车占美国市场1/4的份额,而美国车仅占有日本市场1.5%的份额。在双方的汽车零部件贸易中,美国则有128亿美元的逆差。1993年7月,日本虽然同意通过谈判解决汽车市场的开放问题,但实际上却拒绝与美国进入谈判程序。因此,美国采用这样的措施,要求日本向世界汽车商开放市场,而且要求日本市场应该具有相应的透明度和竞争性。

此案例涉及世界贸易中的一个原则性问题:美国依据"301条款"进行报复的单边性与世界贸易组织争端解决机制的多边性是否相容?简言之,美国在世界贸易组织(WTO)争端解决机构作出决定之前,是否有权单方面作出制裁决定并实施制裁措施?

出于对美国单边报复制度的不满,1998年11月25日,欧盟根据WTO的规定起诉了美国,认为"301条款"与WTO的相应规定不符,造成了欧盟利益丧失或受损,也损害了关税及贸易总协定和世界贸易组织的目标。

2. 裁决

专家组最终裁决,美国不可以在世界贸易组织争端解决机构作出决定之前单方面确定制裁措施,但"301条款"并不违反世界贸易组织和关税及贸易总协定的有关规定。这一裁决,使得美国事实上仍然可以运用"301条款"对其他国家实行贸易制裁和威胁,尤其是对世界贸易组织的非成员国进行单方面的制裁。

3. 点评

中国加入WTO后,虽然面对的贸易争端可以在WTO的多边框架下获得相应的解决,但也要注意诸如美国实施"301条款"这样的单边制裁行为危害。在遇到这样的情况时,应据理力争,联合其他受损者共同提出申诉,根据WTO争端解决的多边机制维护中国的利益。

2.1 保护贸易政策

保护贸易政策是指国家对商品进出口积极加以干预，利用各种措施限制商品进口，保护国内市场和国内生产，使之免受与国外商品竞争；对本国出口商品给予优待和补贴，鼓励其扩大出口。

2.1.1 保护贸易——重商主义

重商主义是16—17世纪资本主义生产方式准备时期欧洲各国普遍实行的保护贸易政策。重商主义代表商业资本的利益，追求的目标是把金银财富集中在国内，实现资本积累。重商主义早期注重货币差额，主张扩大出口、减少进口或根本不进口，因为出口可以增加货币收入，而进口必须支出货币。规定本国商人外出贸易必须保证有一部分金银或外国货币带回国内；外国商人来本国贸易必须把销售所得全部用于购买本国商品。禁止货币和贵金属出口，由国家垄断全部货币贸易。晚期重商主义注重贸易差额，从管制货币进出口转为管制商品进出口，主张通过奖励出口，限制进口，保证出超，以达到金银货币流入的目的。

2.1.2 保护贸易政策——幼稚工业保护政策

幼稚工业保护政策是18—19世纪资本主义自由竞争时期美国、德国等后起的资本主义国家实行的保护贸易政策。当时，这些国家的工业处于刚刚起步的幼稚阶段，缺乏竞争力，没有力量与英国的工业品竞争，这些国家的政府代表工业资产阶级利益，为发展本国工业，实行保护贸易政策。

保护的方法主要是建立严格的保护关税制度，通过高关税削弱外国商品的竞争能力；同时也采取一些鼓励出口的措施，提高国内商品的竞争力，以达到保护民族幼稚工业发展的目的。

2.1.3 保护贸易政策——超保护贸易政策

超保护贸易政策是19世纪末至第二次世界大战期间资本主义垄断时期各资本主义国家普遍实行的保护贸易政策。在这一时期，垄断代替了自由竞争，成为社会经济生活的基础。同时，资本主义社会的各种矛盾进一步暴露，世界市场的竞争开始变得激烈。于是，各国垄断资产阶级为了垄断国内市场和争夺国外市场，纷纷要求实行保护贸易政策。但是，这一时期的保护贸易政策与自由竞争时期的保护贸易政策有明显的区别，是一种侵略性的保护贸易政策，因此被称为“超保护贸易政策”。超保护贸易政策具有以下特点。

（1）保护的对象不再是国内幼稚工业，而是国内高度发达或出现衰落的垄断工业。

（2）保护的目的不再是培植国内工业的自由竞争能力，而是垄断国内外市场。

（3）保护的手段不仅仅是关税壁垒，而且出现了各种各样的限进奖出的措施。

2.1.4 保护贸易政策——新贸易保护主义

新贸易保护主义是对第二次世界大战以后贸易自由化倾向的反省，形成于20世纪70年代中期。其间，资本主义国家经历了两次经济危机，经济出现衰退，陷入滞胀的困境，就业压力增大，市场问题日趋严重。尤其是战后在贸易自由化中起领先作用的美国，其在世界市场的竞争中，日益面临着日本和欧共体国家的挑战，从20世纪70年代开始，从贸易顺差转为逆差，且差额迅速上升。

在这种情况下，美国率先转向贸易保护主义，并引起各国纷纷效尤，致使新贸易保护主义得以蔓延和扩张。新贸易保护主义之所以“新”，是因为与传统的贸易保护主义相比，在保护手段上具有显著的特点。

（1）保护措施由过去以关税壁垒和直接贸易限制为主逐渐被间接的贸易限制所取代。

（2）政策重点从过去的限制进口转向鼓励出口，双边与多边谈判和协调成为扩展贸易的重要手段。

（3）从国家贸易壁垒转向区域贸易壁垒，实行区域内的共同开放和区域外的共同保护。

2.2 自由贸易政策

自由贸易政策指国家取消对进出口贸易和服务贸易的限制和障碍，取消对本国进出口贸易和服务贸易的各种特权和优待，使商品自由进出口，服务贸易自由经营，也就是说国家对贸易活动不加或少加干预，任凭商品、服务和有关要素在国内外市场公平、自由地竞争。自由贸易政策是自由放任经济政策的一个重要组成部分。

自由贸易政策为经济实力强的国家所采用，为国内成长产业集团所推动，它们是主要受益者。对经济实力薄弱的国家及幼稚产业，则意味着市场被外国占领，它们是主要受害者。因而，自由贸易被认为是“强者”的政策。

英国是最早实行自由贸易政策的国家，它最先完成产业革命，是19世纪最强大的工业国家，1850年其工业产量占世界30%。同时英国又是最大的殖民帝国，版图占地球陆地面积1/4，殖民地面积超过本土10倍。英国成为世界工厂，商品销往全世界，原料、食品购自全世界。这就决定英国必须冲破国内保护贸易的限制，积极推行自由贸易政策。

2.2.1 自由贸易政策主要措施

1. 废除《谷物条例》

《谷物条例》是当时英国重商主义保护贸易的重要立法，为保持国内粮食价格处于较高水平，用征收滑准关税的办法，限制谷物进口。经过工业资产阶级与地主贵族之间的长期斗争，该条例终于在1846年废除，工业资产阶级从中获得降低粮价、降低工资的利益，被视为英国自由贸易的最大胜利。

2. 改革关税制度

1842 年英国进口项目共有 1 052 个，1859 年减至 419 个，1860 年减至 48 个，以后又减至 43 个。把极复杂的关税加以简化，绝大部分进口商品不予征税，并基本上废除出口税。

3. 签订自由通商条约

1860 年英法通商条约以及后来的英意、英荷、英德等通商条约相继签订，相互提供最惠国待遇，放弃贸易歧视意味着英国自由贸易政策在国际上的胜利。

4. 取消对殖民地的贸易垄断

具体措施有解散特权贸易公司，开放殖民地市场，把殖民地贸易纳入自由贸易体系等。

法国是当时第二大工业强国，从 19 世纪中叶起也逐渐倾向于自由贸易。1853—1855 年期间，曾降低煤、铁、钢材、羊毛、棉花进口税。1860 年全部取消禁止进口货单，接着又废除出口奖励金，降低原料进口税，并同一些国家签订旨在推进自由通商的商约。

德国直到 19 世纪 60 年代才逐渐放松以关税为主要工具的保护政策，出现自由贸易倾向。

从 1865 年修改关税法开始，1867 年修改关税同盟条约，后来又废除出口税及部分进口税，降低进口税率。美国关税壁垒政策具有自由色彩，响应南方种植园主用农产品出口换回低价工业品的要求。南北战争后，转到保护贸易方面，不断提高工业品进口关税，就工业品贸易来说，美国并未出现自由贸易时代。

2.2.2 黄金时代

从世界范围来看，1860—1880 年这 20 年间，是自由贸易的黄金时代，它是与资本主义自由竞争时代相适应的。随着自由竞争向垄断的过渡，自由贸易又逐渐为保护贸易所代替。从 19 世纪 80 年代到第二次世界大战爆发的 60 年间，是自由贸易的衰亡时期。

第二次世界大战以后，经济实力大为增强的美国竭力鼓吹贸易自由化，主张降低关税，取消数量限制，实行无差别待遇的互惠原则，在它的影响下，建立起以《关税及贸易总协定》（General Agreement on Tariffs and Trade，GATT）与《国际货币基金协定》为中心的国际经济贸易体制。经过 40 余年的矛盾与冲突，从世界范围来看，关税壁垒大为削弱，贸易数量限制有所放宽，贸易自由化取得进展。但其他各种形式的关税壁垒却大为加强，新贸易保护主义势力有增无减，贸易自由化成为经济大国进行贸易扩张的工具。

2.3 管理贸易政策

管理贸易政策，又称“协调贸易政策”，是指国家对内制定一系列的贸易政策、法规，加强对外贸易的管理，实现一国对外贸易的有秩序、健康的发展；对外通过谈判签订双边、及多边区域贸易条约或协定，协调与其他贸易伙伴在经济贸易方面的权利与义务。

管理贸易政策是 20 世纪 80 年代以来，在国际经济联系日益加强而新贸易保护主义重新抬头的双重背景下逐步形成的。在这种背景下，为了既保护本国市场，又不伤害国际贸易秩序，保证世界经济的正常发展，各国政府纷纷加强了对外贸易的管理和协调，从而逐步形成了管理贸易政策或者说是协调贸易政策。管理贸易政策是介于自由贸易和保护贸易之间的一种对外贸易政策，是一种协调和管理兼顾的国际贸易体制，是各国对外贸易政策发展的方向。

2.3.1 美国典型范式

美国是奉行管理贸易最为突出的国家，是管理贸易的一个典型范式。美国的管理贸易具有以下特点。

1. 管理贸易法律化、制度化

管理贸易法律化、制度化这一特点体现在美国的两个贸易法中，即《1974 年贸易法》和《1988 年综合贸易与竞争法》。第一个法案的通过标志着美国管理贸易正式开始运转；第二个法案的通过标志着美国管理贸易已经成熟；另外，美国管理贸易的法律化与制度化体现在美国的反倾销法中。美国的这些法案一方面强化其贸易的立法作用，另一方面扩大了美国贸易立法的域外管辖范围。这些充分显示了美国单边协调管理贸易的加强。

2. 管理贸易手段采取单边、双边、多边协调管理齐头并举的方式

美国管理贸易的手段具有多样性，除采取单边协调管理的措施外，还积极采取多边及双边的形式。

在多边协调管理方面，美国积极参加 GATT 的乌拉圭回合多边贸易谈判并尽可能地发挥其巨大的影响力；美国在北美自由贸易区的基础上，提出“泛美自由贸易区”的设想；美国甚至还提出“新大西洋主义”，即以北约为主，以欧共体和欧安会为辅的三环结构。这样美国既可协调由世界格局变动所引起的美欧矛盾，还可使“新欧洲”发挥重要作用，增大美国在“新欧洲”的利益；除此之外，美国还对环太平洋经济区的设想持积极态度。

在双边协调管理方面，美国加强具有针对性的双边贸易谈判，强调“对等”及“公平”贸易的互惠条件。并在此条件下，迫使日本、德国甚至“亚洲四小龙”等对美国有大量贸易顺差的贸易伙伴作出了一些让步。比如通过有限度地开放市场、扩大内需及实行出口多元化乃至货币升值等来调整它们与美国的贸易关系；美国还积极与加拿大和墨西哥成立北美自由贸易区。这些都是美国管理贸易的重要组成部分。

3. 管理贸易措施以非关税为主

由于 GATT 多年的不懈努力，关税在国际贸易中限制进口的作用已明显降低。美国在限制进口方面已经转入隐蔽性较强的非关税壁垒，采取了绕过 GATT 的“灰色区域”措施，其中，“自动出口限制”是“灰色区域”措施中最重要的方式。

20 世纪 70 年代中期以来，美国对来自日本的汽车、来自亚洲其他国家或地区的纺织品、服装、鞋帽、食品、旅游箱包等实行“自动出口限额”，这大大降低了这些国家这类商品在世界出口份额中的增长速度。

4. 突出对服务贸易及知识产权的管理

美国管理贸易的重点是劳动密集型的制造业、农产品及劳务产品等服务贸易。美国是世界上最大的劳务贸易国,其以智力服务为主的劳务出口使美国的劳务贸易存在大量顺差。而其他国家也竭力发展其劳务出口。因此,服务贸易领域的摩擦与争端激增。另外,随着国际技术贸易的迅猛发展,知识产权成为当今国际贸易的重要方面。作为世界上最大的知识产权贸易国,美国更关心也更加强其对知识产权的保护和管理。因此,美国的贸易政策中对服务贸易与知识产权的管理尤为突出。

5. 美国政府对贸易的强有力干预

美国的国际经济地位下降及其竞争力的削弱促使美国改变其贸易政策,更多的是运用政府干预的手段来实现。

克林顿执政时期,美国国内更出现了一种“战略贸易理论”。该理论认为:一国政府能运用产业政策发展该国经济的动态比较优势,一旦比较优势被确立就必须继续掌握并随经济的发展随时调整拥有比较优势的产业结构,从而提高其国际竞争力和国际地位。美国政府在此理论影响下,制定了一个产业政策与对外贸易相结合的贸易政策,即在公平贸易的思想指导下,“积极保护”与“主动出击”并举,在政府强有力的干预下增强经济竞争力,开拓国外市场。具体做法是:选择一些高科技产业予以保护和资助;不靠多边贸易谈判,而是靠采取单方面的行动来惩罚损害美国产业的外国竞争者。

由以上分析可见,美国的管理贸易实质是“披自由贸易外衣,行保护贸易之实”。

2.3.2 日本有选择的管理贸易

日本的经济在二战后几近崩溃,为迅速恢复经济,日本政府确立了“贸易立目”的思想,通过政府政策的培育、扶持来发展其出口产业,参与国际分工与国际贸易。因此,日本的贸易政策从二战后初期即体现出政府干预的特色,其最显著的特点就是将外贸政策与整个国家的产业政策结合起来,通过扶持本国的产业,提高国际竞争力以振兴出口,使外贸的扩大能动地促进本国经济的发展和产业结构的优化。

二战后,日本在很长时期内采取广泛的进口限制政策,同时也积极鼓励出口。这主要体现在日本 1949 年 12 月制定的《外汇与外贸管理法》和《进口贸易管理令》以及 1959 年 12 月制定的《出口贸易管理令》中。

20 世纪 60 年代以后,随着日本经济的迅速恢复和高速发展,受外部力量所迫,日本政府着手推进贸易自由化。在这一自由化过程中,日本具有鲜明的特点,即根据产业和国际竞争力的状况,精心地、有步骤地制订各种计划和选择实行自由化的商品,即所谓的“有选择、有节制、渐进式的贸易自由化”。这一方式促进了日本产业合理化和劳动生产率的提高。

20 世纪 70 年代以后,日本为缓和因大量顺差而引起的贸易摩擦,又采取了进一步政策,主要包括:进一步开放日本市场;“自动限制出口”;扩大内需,增加制成品进口;同其他发达国家进行合作,扩大对外直接投资和加强与发展中国家的经济合作。日本管理贸易的特点如下。

(1)政府干预的色彩极为浓厚,程度较强且周密。

(2)管理贸易超法律化和制度化,但其性质是防御性的。

（3）贸易自由化具有选择性，是以实行贸易自由化的产业作为掩护来保护需扶持的产业。

（4）更多的是采取单边、双边协调管理的方式。

2.3.3 发展中国家防御性的管理贸易

对于发展中国家来说，"管理贸易"是一个较为新鲜的名词。但实际上，大多数国家都已不自觉地实行一种单边的管理贸易政策。二战后，虽然世界贸易政策均有利于工业发达国家，但发展中国家经过长期的奋斗，在整个世界贸易自由化进程中获得了一块偏向于自己的贸易优惠待遇，包括关税保护、数量限制、一定的紧急保障、享受普惠制、单方面获得优惠等。

发展中国家在这些优惠待遇的庇护下，长期采取一种关税较高的、管制严格的外贸与外汇政策。正是在这种政策下，长期以来，发展中国家的"管理贸易"是一种严重偏向保护贸易的政策。

20 世纪 80 年代中期以来，越来越多的发展中国家单方面放宽了对其贸易体制的限制，对其贸易政策进行了改革。到 20 世纪 90 年代初期，贸易自由化在发展中国家的进程更为迅速，包括拉美、南亚及东亚的一些发展中国家都走在贸易自由化的道路上，其范围之广、幅度之大引人瞩目。发展中国家的管理贸易特点如下。

（1）主要是防御性的，是为保护本国的幼稚工业及脆弱的国民经济体系。

（2）具有单边性和持续性。发展中国家更侧重于单边协调管理贸易，且其单边的协调持续时间较长。

（3）总体是保护主义的。这是由发展中国家本身的历史所决定的。

（4）具有不平衡性。发展中国家由于经济发展状况各不相同，所经历的社会发展历史也不尽相同，因此在管理贸易方面也具有不平衡性。

（5）以降低贸易障碍为主要方向。发展中国家几乎都致力于降低数量限制及进行关税合理化改革。这标志着其管理贸易具有了自由化的特点与趋势。

2.4 中国对外贸易政策

2.4.1 中国对外贸易的演变过程

对外贸易政策有自由与保护之分，纵观各国对外贸易政策的历史，基本上都经历了由保护到自由再到保护的过程。中国外贸政策的发展演变过程也始自保护贸易政策。随着经济的发展和国际经济环境的不断变化，中国对外贸易政策在不同的经济发展阶段有不同的特点，理论依据也在不断地更新，具体的贸易措施在不断地改进和完善，对外贸易的国别和区域政策开始逐渐得到重视。

1. 中华人民共和国成立后改革开放之前的国家统制型的封闭式保护贸易政策(1949—1978 年)

1949 年 9 月通过的《中国人民政治协商会议共同纲领》规定,中国对外贸易政策是“实行对外贸易的管制,并采用保护贸易政策”,明确指出中国对外贸易政策的保护倾向。同时,由于发达资本主义国家对中国的经济封锁和禁运政策,使得自力更生和自给自足成为中国发展经济的指导思想。在社会主义计划经济体制下,中国选择了在资金短缺的经济中优先发展重工业的工业化战略,使对外贸易成为调剂余缺的手段,对外贸易政策的目标就是换取进口必要机器设备所必需的外汇,基本上忽略了对外贸易的效率原则。

在这个阶段,中国执行的是国家统制型的封闭式保护贸易政策。具体而言,在对外贸易体制上建立了传统的“高度集中、独家经营、政企合一”的形式,完全由政府来取代市场进行资源配置;在政府的对外贸易管理手段上,基本以行政计划为主,主要靠计划和数量限制来直接干预进出口,不参与世界性的贸易组织,很少进行双边经济贸易合作(除了早期与苏联、东欧社会主义国家之间的经济来往);同时对外贸易的目的主要是创汇,为满足必需的进口对外汇的需求,而采取人民币币值高估以及外汇管制的汇率政策(从中国对外贸易的数据来分析,人民币币值高估实际上鼓励了进口、抑制了出口,导致中华人民共和国成立后 20 年中出现进口赢利、出口亏损的局面)。

在对外贸易战略方面,中国此时基本上采取的是“进口替代”战略。在 1960 年之前选择的进口替代行业基本上是重工业,这与中国当时的工业化战略是相辅相成的,随后才开始有计划地引进部分基础工业。但是,与拉美国家的经历相同,完全的进口替代政策也导致国际收支状况日益恶化,外汇收不抵支;引进的技术和设备消化吸收不良;企业缺乏发展的动力,即使引进先进技术设备,但一段时间后,又落后了。

在此阶段,政府也采取进行进出口管制、征收关税、海关监管和商品检验等具体的贸易措施。制定关税政策的目的是保护国家生产和增加财政收入,保护国家生产就是用较高的关税税率加重进口商品的成本,以保护中国已有一定基础的手工业和轻工业产品以及其他新兴工业产品的生产和发展,免遭受外来商品的竞争。

2. 改革开放后计划商品经济体制下的国家统制型的开放式保护贸易政策(1978—1992 年)

1978 年 12 月,党的十一届三中全会明确了对外贸易在中国经济发展中的战略地位和指导思想。由于经济体制从严格计划经济体制转向商品经济体制,使得中国对外贸易政策开始发生变化。这一阶段对外贸易政策的主要标志有两个:一是 1982 年 1 月党中央书记处会议的召开,它为对外经济工作确定了理论基础和指导思想;二是 1986 年“七五”计划的公开发表,它为对外贸易战略设计了明确的蓝图。此外,中国在 1986 年 7 月正式向 GATT 递交了《中华人民共和国对外贸易制度备忘录》,提请恢复中国在 GATT 的创始缔约国地位。

根据外贸体制改革的力度,可以把这一阶段区分为 1978—1987 年和 1988—1992 年两个时期。前一时期是改革初期,对外贸易体制改革的重点体现在下放对外贸易经营权、开始工贸结合的试点、简化对外贸易计划的内容并实行出口承包经营责任制度。后一时期的对外贸易体制改革的重点则体现在外汇管制制度的放宽、出口退税政策的实行、进出口协调服务机制的建立以及开始鼓励发展加工贸易。

对外贸易政策着重体现在奖出限入的政策上，具体如下。

（1）采取出口导向战略，鼓励和扶持出口型产业，并进口相应的技术设备，实施物资分配、税收和利率等优惠，组建出口生产体系；实行外汇留成和复汇率制度；限制外资企业商品的内销；开始实行出口退税制度；建立进出口协调服务机制等一系列措施。

（2）实施较严格的传统进口限制措施，通过关税、进口许可证、外汇管制、进口商品分类经营管理、国有贸易等措施实施进口限制。

（3）鼓励吸收外国直接投资的政策，鼓励利用两种资源、两个市场和引进先进技术。

比较优势理论逐渐成为中国开展对外贸易的理论基础。中国对外贸易国别结构和进出口的商品结构明显地体现了这一点。中国出口的主要是劳动密集型产品，进口的主要是资本和技术密集型的产品。与改革开放前相比，这一阶段的对外贸易政策更注重奖出与限入的结合，实行的是有条件的、动态的贸易保护手段，因此此阶段的对外贸易政策也称为国家统制下的开放型保护贸易政策。

3. 加入世界贸易组织前社会主义市场经济体制下的有贸易自由化倾向的保护贸易政策（1992—2001 年）

1992 年 10 月后中国进入社会主义市场经济阶段，对外贸易政策开始进行广泛的改革。中国在进口限制方面的改革包括以下方面。

（1）对关税政策进行调整，例如 1992 年 1 月 1 日采用了按照《国际商品名称和编码协调制度》调整的关税税则，并降低了 225 个税目的进口税率，其后多次下调关税，到 1996 年中国的关税总水平已经下降到 23%。

（2）减少、规范非关税措施，包括进口外汇体制的改革，实行单一的、管理的浮动汇率制度，大量取消配额许可证和进口控制措施，配额的分配也转向公开招标和规范化分配制度。

（3）依据 GATT/WTO 的规则完善中国的涉外法律体系，其中包括建立了大量的技术法规、反倾销条例等。

在出口促进方面的改革包括：①继续执行出口退税政策；②成立中国进出口银行，扶持企业的对外出口；③采取有管理的浮动汇率制度；④成立各类商会和协会，并积极组织和参与国际性贸易博览会和展览会等；⑤大力发展出口援助等。

在这个阶段，中国政府干预对外贸易的目的尽管与改革开放前不同，但是依然受到古典重商主义观念的影响，奉行“顺差就是成绩，顺差就是目的”的“顺差至上”的重商主义思想，不遗余力地从事赔本出口创汇。这种观点应该说没有脱离中国的传统经济思想——“未雨绸缪”“防患于未然”等保守观念。但是，长期的越来越大的贸易顺差虽然给中国带来了某种程度的“放心”，也为中国“创造”了越来越多的贸易摩擦。

这 10 年中，中国参与国际分工和国际贸易的基本指导理论实际上就是比较优势理论，而且从静态比较优势理论开始向动态比较优势理论转变。根据静态比较优势理论，或者说是外生比较优势，中国是劳动力丰裕的国家，有数字表明，中国劳动力的年均工资大约为

1 371 美元，是美国劳动力年均工资的 2.2%。所以中国大力发展劳动力密集型产业，并鼓励出口劳动力密集型产品。自 1996 年开始中国的机电产品出口取代了传统的纺织品成为最主要的出口产品，表面上看中国已经走出了劳动力密集型产品出口这个圈子。但是，因为 20 世纪 90 年代全球经济增长以及经济全球化和跨国公司的全球生产链的转移，使得中国成为全球生产中的一环，跨国公司进入中国主要进行的资源配置就是利用中国的廉价劳动力。这表现在两点上：一是中国的出口贸易方式主要是以加工贸易、代工贸易为主，二是三资企业出口比重逐年上升。

4. 加入世界贸易组织后中国对外贸易政策的走向（2001 年以后）

2001 年 12 月中国正式成为世界贸易组织成员，为履行入世的承诺以及适应新的国际经济环境，中国的对外贸易政策出现了大幅度的调整。对外贸易政策目标已经成为：促进对外贸易发展，构造有利于经济均衡发展的产业结构，实现产业的持续升级，推动中国经济在适度内外均衡基础之上高速发展。中国对外贸易商品结构、国别结构以及所处的国内外政治经济关系，决定着对外贸易政策的方向。

自 1996 年开始，机电产品的出口就已经占据中国对外贸易商品结构的第一位，但主要的出口方式是加工贸易或代工贸易，而且三资企业在进出口总额中所占的比重在逐年上升，再加上出口产品的附加值仍然不高，所以对外贸易政策的选择应倾向于出口商品结构的优化，或者中国国内产业结构的优化。

中国主要的贸易对象是美国、日本、韩国、欧盟和东盟，吸引的外商直接投资也主要来自这些国家或地区，因此，中国对外贸易政策必须根据这些国家或地区的政治经济情势的变动而有所变动。例如，在美国、日本以及欧盟对中国的汇率制度质疑和责难之时，为了保持国民经济的稳定健康发展，可能会从其他的对外贸易措施上进行协调。

另外，针对国际社会中区域集团化的倾向，中国在近年也开始逐渐通过双边和多边磋商参与到区域经济一体化组织之中，为中国经济发展和对外贸易发展创造良好的周边环境和国家环境。例如中国与东盟国家签订自由贸易区意向协定，积极开展湄公河流域经济合作，等等。

中国加入 WTO，固然能够给中国经济发展和中国企业的成长带来相当大的好处，但是获得好处的同时必须付出一定的代价——也就是中国对 WTO 及其成员的承诺。从现有的资料和两年的发展来看，中国议定书中有三方面的内容将对中国产生相当大的影响：①特别产品保障措施条款，印度和美国已经对中国使用过此条款；②在进行反倾销调查等程序时，在中国入世 15 年内 WTO 成员依然可以将中国等同于非市场经济国家看待；③入世后 8 年内每年对中国的贸易政策进行审议。

这些都意味着中国对外贸易政策会出现大幅度调整。例如农产品贸易方面的政策，《中华人民共和国加入 WTO 议定书》中规定，中国应该执行中国货物减让和承诺表的规定以及本“议定书”中具体谈到的农产品的那些规定。在这方面，中国不得保持或采取对农产品的任何出口补贴。中国应按‘过渡期内审议机制’规定将农业部门的国有企业（不论国家级还是地方级）与农业部门用作经办国家垄断贸易的其他企业之间，或者上述各企业相互之间的财务或其他转移，作出通知。从这些条款可以看出，中国农产品的出口补贴政策已经无法使用，根据WTO《农业协定》，中国对农业的扶持政策只能从国内支持上出发，或者说只能采取“绿箱措施”和“黄箱措施”。对于农产品的进口，中国已经约定关税税率和关税配额，但是根据WTO的若干例外条款——如国家安全例外、环境例外和国际收支例外等，可以采取一些临时性的限制措施，但前提是符合WTO的例外规定。

各国制定对外贸易政策时主要考虑国内的政治经济状况、国际经济环境以及各主要贸易对象国的政治经济状况和本国参加的国际或区域性经济组织的要求。对于中国来说，国家安全、可持续发展应该是考虑对外贸易政策的重要因素。由于经济全球化的发展，中国已经成为“世界工厂”，纳入了全球生产链、资本链、产品链，中国依靠传统的劳动力比较优势已经不能维持长久的优势，因为劳动力比较优势极容易为它国取代，或被机器代替。从美国、德国、日本、韩国的经验来看，中国对外贸易政策的指导理论应该从传统的外生比较优势转移到内生比较优势，从静态比较优势转移到动态比较优势。

简而言之，首先，认识到比较优势不是天生的，而是可以通过后天的培养形成的，所以政府可以采取各种措施来扶持比较优势产业的形成。其次，比较优势不是静止的，而是不断发生变化的，在整个生命周期中，产品和技术会从知识密集型转移到资本密集型再到劳动力密集型，所以一国在某种产品和技术的生产上是不可能永远具备比较优势的。这就意味着，每个国家都必须在产品和技术的模仿与创新上做文章，而且根据波特的国家竞争优势理论可以知道，要素越是高级、专业，其带来的竞争优势或比较优势就越持久，企业自身管理和竞争情况也可以带来强大的竞争优势。因此，中国的对外贸易政策的选择就应该围绕培养更持久的竞争优势或比较优势，换句话说，就是斟酌采取某些战略性贸易政策。

自20世纪90年代以来，美国、日本、欧盟等发达国家开始从自由贸易或贸易自由化倾向逐渐转向“公平贸易”政策的实行。所谓“公平贸易”主要是指为企业创造公平竞争的环境，必要时采取反倾销、反补贴或保障措施等一系列的贸易救济措施以恢复市场的可竞争性。WTO的规则在很大程度上是依照了美国、日本、欧盟的这些做法，因此，中国在入世之后的对外贸易政策必须加强对这方面政策措施的改进与完善，防止本国产业和企业或产品在遭受类似的损害之时无法可依，在遭遇贸易对象国的指责时无以回应，当然首要的还是出台《反垄断法》。

综合来说，中国对外贸易政策的趋向应该依据WTO的基本原则以及例外条款，以国内经济发展要求为基础，在兼顾区域经济发展的利益上进行完善，倾向于采取开放型的公平与保护并存的贸易政策。

当前中国外贸发展面临的环境是很有利的。世界经济贸易开始持续温和复苏，发达国家的经济贸易低速增长，而发展中国家经济贸易增速较快，远远快于发达国家。从国内经济形势来看，我国经济持续高速增长，固定资产投资加快增长，外商投资规模不断扩大，经济结构的升级不断加快，综合经济实力不断上升，特别是党的十六大提出的要全面建立小康社会，为我国经济的持续发展增加了动力。在这种形势下我国对外贸易发展呈现了一些新的特点，具体如下。

2.4.2 当前中国外贸发展的新特点

(1)中国对外贸易持续快速增长,成为世界经济贸易发展的一大亮点。中国加入 WTO 后,对外经济贸易的环境有了很大的改善,产生了积极的效应。

(2)入世促进了我国加工贸易的发展,推动了我国经济结构的升级。改革开放以来加工贸易一直是我国吸引外资、发展经济、提升经济结构、提高我国国际竞争力的一种主要方式。

(3)我国进出口商品结构进一步优化,工业制成品进出口规模不断扩大,推动了我国经济向工业化社会的转变,我国工业制成品出口的贸易比较优势也越来越明显。近年来,随着我国经济向工业化社会转变,我国工业制成品出口大幅增长,占出口的比重不断增加,成为带动出口增长主要因素。

(4)我国进出口贸易方式向多样化发展。入世后,我国完善和调整了吸引外资的政策,利用外资的结构进一步优化;我国进口管理制度和公平贸易体系进一步完善并发挥了积极作用,进口增长对经济的带动作用有所加大。

(5)我国的出口市场呈现多元化发展趋势。由于我国加入 WTO,充分利用世贸规则,在世界贸易组织中积极发挥作用并积极推进区域和世界经济一体化,我国的出口市场多元化战略取得了明显的效果。

(6)虽然外资企业仍然是外贸出口的主力军,但随着民营经济逐渐发展成为国民经济重要组成力量,它们在对外贸易方面发挥着越来越重要的作用。

(7)出口加工区正成为我国对外贸易发展的新的增长点。为了推进出口结构的优化,国家加强了对出口加工区的政策支持和管理,促进了出口加工区的健康发展。

(8)中西部地区对外贸易的发展速度加快。由于近几年国家实施的西部大开发政策,给予西部地区各种优惠发展政策,中西部地区吸引外资的规模有了很大的发展,对外贸易有了大幅增长。出口产品结构改善,抗风险能力也有了很大的提高。

2.4.3 当前外贸发展中存在的问题

中国加入世贸组织之后,根据对世贸组织的承诺和世贸组织的基本原则,对经济的管理体制进行了进一步改革,中国的对外贸易管理体制基本同国际接轨。目前中国经济仍处在社会主义初级发展阶段,新旧体制的交替使中国对外贸易发展进入了一个转折时期。由于管理体制还不完善,目前中国外贸发展还存在很多问题亟待解决。

1. 国际贸易保护主义盛行对我国对外贸易发展已形成巨大的障碍

近年来一些发达国家以环保标准、质量标准、技术标准、卫生标准等多种形式的非关税壁垒对进口实行限制,并滥用反倾销手段保护国内市场。国际上针对我国出口商品的反倾销和保障措施越来越多,严正影响了我国对外贸易的发展。

2. 我国国有出口企业的国际竞争力普遍偏低

近年来,我国在国有企业改革方面取得了一些进展,但许多企业特别是国有外贸企业的现代企业制度建立还有很长的路要走。目前国有外贸企业布局过于分散,效益低下,缺乏核心竞争力。债务负担严重，资产负债状况恶化。国有外贸企业的出口增速不断下降在很大程度上表明了这一点。

3. 我国出口市场上劳动密集型产品低价竞销的现象严重，外贸经营秩序亟待改善

随着外贸经营权的逐渐放开，更多的企业走向国际市场。但这在某种程度上导致了盲目竞争、低价竞销、不讲信誉现象的出现。出口低价竞销的主体是受生产源头“多、低、散、乱”严重影响的行业和企业。我国出口低价竞销现象在那些市场体系不发达的发展中国家和经济转轨国家表现尤为严重。

4. 外贸发展的质量有待提高，出口的增长方式仍然是粗放型

2002年出口量大幅增长，但从具体商品来看，出口数量大幅增长的同时，出口价格持续走低。这种情况在传统劳动密集型的产品上尤为突出。出口量增长仍然是以低成本、低价格的数量增长为主。

5. 我国对外贸发展的鼓励性政策和体制仍有待进一步理顺

我国鼓励外贸发展的政策要同国际接轨。保持稳定是外贸持续快速发展的条件。目前有些补贴政策仍未符合国际规范，一些政策虽然符合国际规范，但不能稳定落实，如出口退税机制仍不完善，跟不上外贸发展的步伐。

6. 电子商务市场亟待规范管理

近年来，许多境外商人利用国内一些人急于发家致富的心理，钻了我国电子商务市场管理不规范的空子，通过境外的国际商务公司，利用网络在国内发展非法传销。很多人自己上当受骗，购买了许多进口的高价商品，还要去欺骗亲朋好友，结果导致很多人的私人财产流失，国家的关税和增值税流失，国家和个人的经济利益都受到很大的损失。

2.4.4 对策建议

为了促进我国对外贸易健康、顺利地发展，针对上述问题，我们提出以下对策建议。

（1）国有企业应加快进行重组和改革。国有外贸企业是在特定环境和背景下产生的，对满足市场需求和国民经济的发展发挥了巨大的作用，在市场经济的条件下，国有企业作为一种计划经济的产物要适应市场经济，就要加以完善和改革，国有企业要实现投资多元化、股权多元化，进行多种形式的重组和改革。

（2）我国鼓励外贸发展的补贴政策要进一步完善，同国际规范接轨。根据世界贸易组织的规定，严格禁止对出口进行补贴。所以今后我国作为鼓励出口的补贴政策必须改变为用汇率、利率和税率等经济杠杆来调节的策略。今后我国政府的补贴应向初级生产要素、基础理论研究和高新技术开发投入。人才和高新技术是企业在国际市场提高竞争力的重要保证，但企业缺乏资金又承担不了对高新技术投资所带来的风险，所以政府以各种形式对基础教育、高等教育和科研投资开发进行补贴对企业提高国际竞争力很有必要。

（3）国家应重视对外贸易不平衡的问题，努力实现出口市场多元化，增加进口原料和高新技术，满足国内市场的需要，促进国民经济发展。从经济学的角度看，一个经济体在不损害别人的前提下得到发展是最完美的。如果双边贸易的过度不平衡，给另一方造成过大的压力，就会造成贸易摩擦。解决双边不平衡的问题是当前我国对外贸易发展的一个很重要的问题。要不断深入开拓有发展潜力的市场，尤其是要加大对我国有贸易顺差国家的出口，根据国内市场需求和我国日益增长的人口需求，加大原料和高新技术的进口。从要素丰缺角度来看，我国是资源和高新技术短缺的国家，增加进口资源和提高高新技术水平有利于我国国民经济的发展、产业结构的升级、国际竞争力的提高。

(4)应大力发展我国的竞争优势行业产品的出口，把我国的比较优势产品转化为竞争优势产品。随着世界经济的发展和消费水平的不断提高，消费观念也在不断变化，人们对商品的需求也在变化。我国传统的出口产品已不能适应市场竞争的需要。努力提高出口产品的质量和档次，增加花色和品种，满足不同市场、不同层次的需求，开发新产品，满足消费需求的变化，这是我国企业所面临的重要任务之一。要实现从比较优势向竞争优势的转变，我国企业应努力从国外引进高新技术，弥补自身的不足，把高新技术同我国的传统产业相结合，提高国际竞争力。同时要重视科技开发，加大对科研的投入，不断开发新产品，提高生产效率，不断提高我国产品在国际上的非价格竞争能力。

(5)加强对出口产品价格的指导和协调，对出口市场进行规范化管理。建立和增强出口市场中介组织的作用，加强商会的指导、管理和协调功能。根据其他国家的经验，许多国家在出口市场上，不仅有法律加以规范，还有中介组织进行协调和管理，出口企业必须接受协调，以防止低价竞争、自相残杀。为了加强对市场的管理，我国政府或商会应在出口市场建立中介组织，对市场价格进行监督、指导和协调，对低价竞争的企业进行处罚，以创造一个公平竞争的环境和正常的经营秩序。

(6)对电子商务市场进行规范化和法制化管理。国际电子商务使传统的关税制度受到挑战，它对各国的关税制度产生越来越重要的影响。我国政府应尽快出台电子商务管理法及相关的规章制度和政策，采取切实可行的措施，进行有效的管理。国家电子商务宏观管理机构应对政府各有关部门如海关、商务部、国家质检总局、税收及工商管理部门等进行全方位的协调，联合对电子商务市场进行有效的管理，狠狠打击利用网络进行非法传销的行为。

2.4.5 中国企业的出口障碍

1. 反倾销

所谓“倾销”是指当一个国家的产品以低于正常价值的价格出口到另一国，并对进口国相关产业造成损害的行为。进口国对实行商品倾销的进口货物可以征收反倾销税。反倾销是世界贸易组织允许其成员国用于保护国内产业和市场、抵制进口产品不正当竞争的主要行政手段之一。由于我国外贸出口的持续快速增长，出口企业的产品越来越多地成为国外反倾销的对象。

中国出口企业的产品一旦被裁定为倾销将面临被大幅度增收反倾销税的处境，往往很难再在进口国市场立足。而美国等西方国家在判定倾销及倾销程度问题上对中国往往采取歧视性政策，不承认中国的市场经济地位，使用替代国标准，因而中国企业的出口商品极易被判定为倾销。

2. 技术性贸易壁垒

以维护生产、消费安全以及人民健康为由而制定一些繁杂苛刻的规定使国外产品难以适应，从而起到限制外国商品进口的作用，这些规定称为限制进口的技术性贸易壁垒，包括技术标准、卫生检疫规定以及商品包装和标签规定。其主要方式是提高标准、增加检验检疫项目和技术法规的变化。当前，中国对外贸易中遇到的技术性贸易壁垒主要有：食品中的农药残留量、陶产品中的含铅量、皮革中的 PCP 残留量、烟草中的有机氯含量；机电产品、玩具的安全性指标；汽油的含铅量指标、汽车排放标准、包装物的可回收性指标、纺织品染料指标、保护臭氧层的受控物质等。

中国商务部科技司组织的一项调查表明，技术性贸易壁垒对中国出口的影响比加入 WTO 前更加严重，已成为影响中国对外出口的重要因素。2002 年中国有 71% 的出口企业、39% 的出口产品遭遇到国外技术性贸易壁垒的限制，造成损失约 170 亿美元。对出口的影响涉及所有省份。发达地区损失绝对金额高，中西部地区损失相对比例高。食品、土畜产品出口受到的损失最为严重，有近 92% 的企业受限，造成损失 90 亿美元；轻工、机电类产品较加入 WTO 之前受到的影响更为严重，损失分别约为 40 亿美元和 20 亿美元。技术性贸易壁垒对中国出口企业造成了出口企业出口成本提高、国际市场份额减少、失去贸易机会、退出市场、损害企业信誉等不良影响，并使国外消费者对中国部分产品尤其是农产品信心下降，给中国出口带来长期的负面影响。在出口技术性贸易壁垒上，欧盟、美国、日本的技术性贸易壁垒对中国出口企业造成的损失占 95%，其中欧盟所占比例最大，为 41%；日本和美国分别占 30% 和 24%。

3. 保障措施和特别保障措施

WTO 的保障措施是指成员国在进口激增并对其国内相关产业造成严重威胁时采取的进口限制措施；特别保障措施是专门针对我国的“特定产品过渡性保障机制”中的承诺条件。由于我国在《中华人民共和国加入 WTO 议定书》中有允许成员国对我国出口产品采取单独保障措施的承诺，加入 WTO 后，许多成员国纷纷加强了针对我国特别产品过渡保障机制的立法工作，而这些立法对我国十分不利，其危害主要是大幅度降低了立案标准，同时也可只针对我国使用，不会引起大范围的国际贸易摩擦，从而避免了保障措施对全球的压力。

保障措施与反倾销措施相比，更具有杀伤力。因为保障措施是 WTO 成员方在正常贸易条件下保护国内产业的唯一手段，调查程序比较简单，无须收集出口国相关资料，不必到出口国进行调查，而且可以采取包括提高关税、数量限制、政府援助或者各种措施混合等限制措施。这种特殊性使得保障措施近年来格外得到贸易保护主义者的青睐，立案数明显上升。2000 年保障措施升幅同比高达 73%。

第 3 章　交易磋商与合同签订

导入案例

引进设备合同的多项条款规定不当致损案

2012 年，中国某外贸公司曾代国内某用户引进一套榨菜籽油的设备，合同总金额为 14 778 515 德国马克。合同规定："主要设备在瑞士、联邦德国、奥地利、瑞典及其他卖方选择的国家制造。""卖方保证供应的设备都是新的和现代化的以及在植物油工业中都达到进口技术标准。卖方保证该设备能够达到国际标准。""保证期限将限于开工后 12 个月或设备装运后 20 个月，哪一个发生在先，便以哪一个为准。"在检验、索赔条款中规定："货物运抵后……买方应请求作初步检验。若买方提出索赔，卖方有权自费指派（国外检验机构）SGS 检验员证实有关索赔。检验员的检验结果为最终结果，对双方具有约束力。"在支付条款中规定："为了保证 ×× 本金和利息的偿还，买方应按卖方指定 ×× 形式开出 5 份本票，应由中国银行无条件并不可撤销地以 ×× 形式（保函）给予保证。"在仲裁条款中规定："执行本合同发生的一切争执，应通过友好协商解决，如不能……任何一方都可提交 RD 王国国际商会仲裁。仲裁员将采用 RD 王国实体法。仲裁是终局的，对双方有约束力。"后来，购进的设备经过安装、调试和试车发现，部分设备不能正常运转。买方即凭中国商检机构出具的品质检验证书向外商索赔，但经过多次交涉，均未获结果，致使买方遭受无法补救的经济损失。

案例分析：本案合同中的多项条款规定不当是导致买方损失的主要原因。

第一，在设备品质条款中，既未规定设备品质的具体质量指标和具体内容，也未规定卖方在交货品质方面应承担的具体责任。这种对卖方有利的不公正条款，存在很大的片面性、随意性和可变性，给卖方以可乘之机，以致出现设备质量保证期已过而仍不能正常开工的被动局面。

第二，检验、索赔条款中的不合理规定，不但限制了商检机构检验出证的法律效力，使买方失去了凭商检机构出具的证明向外商索赔的权利，而且还要受外商片面指定的外国检验员检验结果的约束，这明显有失公平原则。

第三，支付条款的规定不合理，它实质上是一种无条件的不可撤销的延期计息现汇付款的支付方式。外商利用此项对其单方面有利的付款条件，在推卸其一切责任的情况下，按期得到货款，而我方却难以采取有效的补救措施。

第四，合同中的仲裁条款内容，无论是就仲裁地点的选择或是适用法律的规定，对买方都是不利的。

总之，由于本案合同中的多项条款都规定不当，使我方遭受巨额经济损失。我们一方面应从中吸取深刻的教训，另一方面，要大力提高我国外经贸人员素质，力求约定好合同条款，以维护国家和企业的正当权益。

3.1 出口交易磋商的形式和内容

3.1.1 出口交易磋商的形式

1. 口头形式

口头形式是在谈判桌上面对面地谈判或者通过现代语音通信手段进行的交易磋商。具体而言，可以是在各种交易会、洽谈会或者展览会上的洽谈，也可以是代表团出访或者邀请国外客户来华洽谈等。其优点是可以使双方及时、准确地了解对方的合作态度，根据具体进展随时调整战略，但最大劣势在于成本较高。举办（参加）一次洽谈会往往会有许多庞杂的费用要处理，代表团出访的成本更高，适用性不广。

2. 书面形式

书面形式是指通过信函、传真、电子邮件或因特网等通信方式洽谈。目前，多数企业使用传真，随着现代化通信技术的发展，书面磋商越来越简便易行，而且费用与口头磋商相比还更低廉一些，因此成为日常业务中的常用做法。（说明：如果通过传真或电子邮件达成交易，有关当事人必须以信函补寄正本文件或另行签订合同书，以掌握合同成立的可靠证据。）

3.1.2 交易磋商的内容

1. 主要交易条件(合同的主要条款)

（1）商品条件：货物的品名、数量、质量、包装等。

（2）价格条件：货物的单价、总价、佣金和折扣等。

（3）交货条件：装运时间、地点、运输方式、运输保险等。

（4）支付条件：支付工具和支付方式等。

2. 一般交易条件

一般交易条件是指由出口商为出售或进口商为购买货物而拟订的对每笔交易都适用的一套共性的交易条件，一般包括商品检验、索赔、不可抗力、仲裁等，即合同的一般条款。在品名、品质、数量、包装、价格、装运、支付方式、商品检验、不可抗力、索赔以及仲裁中前七项是必不可少的，为主要交易条件，是进出口双方必须取得一致意见的内容。至于其他条款，如不可抗力和仲裁，并非合同中不可缺少的部分，但为了防止和减少争议的发生和解决可能发生的争议，买卖双方在交易磋商时，也不能忽视。同时在实际业务中，不是每次洽商都要对这些条款逐一商讨，因为普通商品交易一般都是使用固定格式的贸易合同，而条款中的商检、索赔、不可抗力等通常都作为一般交易条件印在合同中，只要对方没有异议，就不必进行协商。而且，许多老客户之间，双方在长期交易过程中已经形成一些习惯做法，也不需要在交易中就各项条款逐一协商。这对加速磋商进程、节约费用开支都是有益的。

3.2 出口交易磋商的一般程序

交易磋商的程序可概括为4个环节：询盘、发盘、还盘和接受。其中发盘和接受是必不可少的两个基本环节。

3.2.1 询盘（Enquiry）

询盘是指买方为了购买或卖方为了销售货物而向对方提出有关交易条件的询问。内容可涉及价格、规格、品质、数量、包装、运输、支付条件等。由于多数是询问价格，故也称“询价”。询盘采用的主要词句：“Please advise...”“Please quote...”“Please offer...”。

询盘按发出人的不同，可分为以下两种。

1. 邀请发盘

买方发出的询盘，也称邀请发盘（invitation to make an offer）。这是最常见的。

【例1】Please offer NORTHEAST soybean oil most favorable price. 请在此报豆油最低价。

【例2】Bookable WHITECATS washing-powder 10,000 cartons，please cable lowest price and the earliest delivery. 拟订购白猫牌洗衣粉10 000箱，请电告最低价格和最快交货期。

【例3】Bookable middle size T-shirt 2,000 dozen，please cable lowest price and the earliest delivery. 拟订购中号T恤衫2 000打，请电告最低价格和最快交货期。

2. 邀请递盘

卖方发出的询盘，也称“邀请递盘”。

【例1】Can supply soybean oil，please bid. 可供豆油，请递盘。

【例2】Can supply T-shirt march shipment cable if interested. 可供T恤衫，3月装定，如有兴趣请电告。

【例3】Can supply WHITECATS washing-powder march shipment cable if interested. 可供白猫洗衣粉，3月装运，如有兴趣请电告。

3. 询盘时应注意的问题

询盘时应注意以下问题。

（1）询盘不一定要有“询盘”字样，凡是含有探询交易条件或价格方面的意思的均可作询盘处理。

（2）询盘人在询价时，除了询问商品价格条件外，也应注意询问其他的交易条件，如商品的款式、型号、数量、包装以及付款方式、交货时间、估价等。

（3）在选定了询盘的国家或地区后，要选择其中几家交易对象发出询盘，而不是同时间向所有潜在的交易对象发出询盘，以免暴露我方急于销售或购买的意图。

（4）因买卖双方处于平等地位，所以询盘时可以不必使用过于客气的语气。同时，买卖是公司间的交易，不是私人交易，所以询盘应寄送公司，而不应寄送个人，避免信件被耽搁。

（5）询盘必须简洁、清楚，用词得体。询盘是交易磋商的第一步，在法律上对询盘人和被询盘人均无约束力，即买方询价后不购货，或卖方询价后无出货责任。但在交易习惯上，应避免出现只询价不购买或不售货现象，以维护自己的企业信誉。但它往往是一笔交易的起点，应对接到的询盘给予重视，及时作出适当处理。

4. 课堂训练

（1）Want to buy middle size T-shirt 1，500 dozens，please cable the lowest price and the earliest delivery. 预购中号 T 恤 1 500 打，请报最低价及最快交货期。

（2）Please quote lowest price CFR Singapore for 500 pcs Flying Pigeon Brand bicycles May shipment cable promptly。

请报 500 辆飞鸽牌自行车 CIF 至新加坡最低价，5 月装运，尽速电告。

3.2.2 发盘（Offer）

1. 概念

发盘是指向一个或一个以上特定的人提出的订立合同的建议，如果十分确定并且表明发价人在得到接受时承受约束的意旨，即构成发价。一个建议如果写明货物并且明示或暗示地规定数量和价格或规定如何确定数量和价格，即为十分确定，是买方或卖方向对方提出各项交易条件并愿意按照这些条件达成交易、订立合同的一种肯定的表示。发盘采用的术语：offer，firm offer，quote，supply，bid...

卖方发盘，称为“售货发盘”（selling offer）。买方发盘，称为购货发盘或递盘（buying offer）。发盘在其有效期内，发盘人不得任意撤销或修改其内容。发盘人一经对方在有效期内表示接受，发盘人将受其约束，并承担按发盘条件与对方订立合同的法律责任。相关示例如下。

【例 1】卖方发盘

Can supply tsingtao pongee 28.5×49 per kg USD8.00，450kg FOB Qingdao，5/6 shipment irrevocable sight L/C。可供青岛柞丝绸 450 kg，28.5×49，每千克 8 美元，FOB 青岛，5/6 月份装运，不可撤销即期信用证付款。

【例 2】买方发盘

Order 50 M/T dried yeast powder content 30 percent，packing 80 kg glass fiber packages Aug./ Sept. shipment USD500 per M/T CIF Guinea irrevocable sight L/C reply here 30/5 our time. 订购 50 公吨干酵母粉，含量约 30%，80 kg 纤维包装，8~9 月装船，每公吨 500 美元 CIF 几内亚，以不可撤销即期信用证付款，5 月 30 日我方时间复到有效。

2. 有效发盘具备的条件

一项法律上有效的发盘必须具备 4 个条件。

（1）表明订约意旨说明：①表明承受约束的订约意旨，可以是明示的，也可以是暗示的；②如果一方当事人在他所提出的售货或购货的建议中未表明在被接受时承受约束的意旨，那就不能断定他有订立合同的愿望，因此该项建议就不能构成发盘，而仅应被视为邀请作出发盘，或称发盘邀请。

（2）向一个或一个以上特定的人提出说明。特定的人是指在发盘中指明个人姓名或企业名称的受盘人。广告的对象是广大社会公众。商品目录、价目单和宣传品是普遍寄发给为数众多的客商的。这些对象都不属于特定的人。因此，这类行为一般不能构成发盘，而仅能被视为发盘邀请。但是，如果广告内容十分具体、明确和肯定，在一定事实情况下，也可能被见到广告的人作出接受的行为，该刊登广告的人即须按广告中所提出的条件履行其诺言。

（3）内容十分确定说明。一项订立合同“如果写明货物，并且明示或暗示地规定数量和价格或如何确定数量和价格，即为十分确定”。按此规定，一项订约建议只要列明货物、数量和价格三项条件，即可被认为其内容“十分确定”。对于其他所缺少的内容，可在合同成立后，按双方之间已确立的习惯做法、惯例或按公约予以补充。为了防止误解或可能发生的争议，我外贸企业在实际工作中应明示或暗示地至少规定 7 项主要交易条件：货物的品名、品质、数量、包装、价格、装运和支付条件。

（4）传达到受盘人的发盘无论是口头的还是书面的，只有被传达到受盘人时才生效。

3. 发盘的有效期

发盘的有效期是指可供受盘人对发盘作出接受的时间或期限。

（1）明确规定有效期并不是构成发盘不可缺少的条件。明确规定有效期的发盘指从发盘被传达到受盘人开始生效，到规定的有效期届满为止。不明确规定有效期的发盘一般按法律规定在合理时间内有效。

（2）在我国出口业务中，明确规定有效期的方法有两种：①规定最迟接受的期限；②规定一段接受的期间。

4. 发盘的撤回

发盘的撤回是指发盘人将尚未被受盘人收到的发盘予以撤销的行为。

（1）一项发价，即使是不可撤销的，得予撤回，如果撤回通知于发价送达被发价人之前或同时，送达被发价人。

（2）在实际业务中，发盘的撤回只有在使用信件或电报向国外发盘时，方可适用。如果发盘系使用电传或电子邮件等方式，则不存在撤回发盘的可能性。

5. 发盘的撤销

发盘的撤销是指发盘人将已经为发盘人收到的发盘予以撤销的行为。各国法律对已送达受盘人的发盘是否可以撤销的规定如下。

（1）大陆法系：发盘原则上对发盘人有约束力。一项发盘一经送达受盘人，即生效，就不得撤销，除非发盘人在发盘中注明不受约束。

（2）英美法系（传统观点）：发盘在被接受之前可予撤销。

（3）美国：由商人签署的买卖货物的书面发盘，并保证在一定时间内不可撤销的，即使没有对价，该发盘在规定的时间内不可撤销，如未规定时间，在合理时间内不可撤销。

（4）公约：如果撤销的通知在受盘人发出接受通知前送达受盘人，可予撤销。

但是，在下列情况下不得撤销：①发盘规定了有效期；②发盘中明确规定该发盘不可撤销；③受盘人有理由信赖该发盘不可撤销，并已本着对该发盘的信赖采取了行动。

6. 发盘的终止

发盘的终止是指发盘法律效力的消失。发盘终止的原因如下：

（1）在有效期内未被接受而过时；

（2）被受盘人拒绝或还盘；

（3）发盘人在受盘人作出接受前对发盘进行了有效的撤销；

（4）法律的适用。

知识链接

【案例1】上海A外贸公司欲向美国B公司出口服装一批，于2006年6月10日向B公司发盘。6月20日A公司接到总公司的通知，该服装价格从6月20日起提高20%。于是，A公司立即电告B公司6月10日发盘无效。6月22日B公司经研究来电表示："我方无条件接受6月10日发盘的条件"。请问A公司6月10日发盘仍有效吗？

分析：无效。因《联合国国际货物买卖合同公约》规定，如果撤销通知在受盘人发出接受通知之前到达受盘人，即合同未成立前，发盘可撤销。案例中，A公司6月20日发出撤销通知，B公司在6月22日才接受，应视为原发盘已失效。

【案例2】我国A公司在向美国B公司6月1日的电传发盘中称："确认出售1 000公吨大豆（其他交易条件略），请电汇10万美元，限6月7日复到。"B公司6月2日复电："接受，我已汇交你开户行10万美元，该款在你方交货前代你方保管。"对此A公司未作任何答复。B公司了解该商品有上涨趋势后，于6月5日来电表示："接受你方6月1日发盘，请告合同号。"请问我方应如何处理。

分析：在这种情况下，我方可重新发盘。因B公司复电称："汇交开户行10万美元，该款在交货前代你方保管。"根据《联合国国际货物买卖合同公约》，表示接受发盘时，如载有添加、限制或其他更改的答复，即为拒绝该项发盘，并构成还盘。B公司对原发盘的付款条件已作出改变，实际所汇出的10万美元并未掌握在我公司手中，按国际惯例，B公司的回复已构成还盘，A公司原发盘失效。

3.2.3 还盘（Counter-offer）

还盘又称还价，是受盘人对发盘内容不完全同意而提出修改或变更的表示。我国《合同法》对其的称呼是反要约。交易磋商中，还盘是对原发盘的拒绝，是一项新的发盘，因其对原发盘的交易条件作了修改、增添或限制，实际上构成了新的发盘。因此，还盘一经作出，原发盘失去效力，发盘人不再受到约束。它等于是受盘人向原发盘人提出的一项新发盘。还盘应注意以下问题。

（1）要识别还盘的形式，有的明确使用“还盘”字样，有的则不使用。

（2）接到还盘后，要与原发盘进行核对，找出还价中的新内容。

（3）还盘是对发盘的拒绝，原发盘人可以就此停止洽商。

（4）在表示还盘时，一般只针对原发盘提出不同意或需要修改的部分，已同意的内容在还盘中可以省略。

（5）有条件地接受也是还盘。即受盘人在答复对方发盘时虽然使用了“接受”这个词，却附加上某种条件，或在复述我方发盘内容时作了某些修改，这在法律上称为有条件的接受，并不是真正的接受，而是还盘的一种形式，实际是对原发盘的拒绝。因此，法律后果同还盘一样，原发盘人可以不受约束。

【例 1】Your offer of May 7 acceptable if payment by L/C. 你方 5 月 7 日的发盘，若改为信用证付款，我方可接受。

【例 2】We think your offer is too high，which is difficult for us to accept. 我们认为你方的发盘要价过高，我方很难接受。

【例 3】Your offer price is too high，counter-offer U.S. dollars thirty，reply fourteenth. 你方报价太高，还盘 30 美元，限 14 日复。

3.2.4 接受（Acceptance）

1. 概念

接受是指买方或卖方同意对方在发盘中提出的各项交易条件，并愿按这些条件与对方达成交易、订立合同的一种肯定的表示。接受可以由卖方表示，也可以由买方表示。缄默或不行动本身不等于接受。跟发盘一样，接受既属于商业行为，也属于法律行为。

【例 1】Yours fourteenth we accept. 你方 14 日来电我方接受。

【例 2】Yours seventeenth confirmed please advise contract number. 你 17 日来电确认请告合同号码。

以上两例中，受盘人仅简单向发盘人表示了接受，而不重复列出已达成一致的有关交易条件。同时，在实际业务中，在接受电传和信函中，必须注明对方来电、信函的日期或文号。有时，因交易金额大，或因来回磋商函电较多，为了避免差错与误解，受盘人在表示接受时，会将最后商定的各项交易条件复述一遍。

【例 3】Yours seventeenth accept WHITE-CATS washing-powder Art-no 101 packed cartons of six-doz each sterling thirty-one per carton CIF London November shipment irrevocable credit please advise contract number. 你方 17 日电接受白猫牌洗衣粉，货号 101 纸箱，每箱 24 袋，每箱 31 英镑 CIF 伦敦，11 月装运，不可撤销即期信用证付款，请告合同号码。

（1）一方的发盘经另一方接受，交易即告达成，合同即告订立；双方就应分别履行其所承担的合同义务。

（2）在实际业务中，受盘人向发盘人表示接受时一般不需要重复列出双方协商一致的各项交易条件。但有时由于交易磋商延续的时间较长，双方交换的函电较多，受盘人可在表示接受时，将双方最后商定的各项交易条件一一列出。

(3)表示接受的术语有 accept，agree，confirm 等。

说明：询盘和还盘并不是每笔交易磋商必不可少的环节，而发盘和接受是达成交易不可缺少的两个基本环节。

2. 构成接受的四个条件

1)接受必须由特定的受盘人作出

对发盘表示接受，必须是发盘中所指明的特定的受盘人，而不能是其他人。

2)接受必须表示出来

受盘人表示接受的两种方式如下。

(1)用声明作出表示，即用口头或书面形式向发盘人表示同意发盘。

(2)用行为来表示。例如卖方用发运货物、买方用支付价款等来表示。

3)接受必须在发盘的有效期内传达到发盘人

在用信件或电报等方式进行磋商时，各国对接受生效时间的规定如下。

(1)英美法系：采用投邮生效的原则，如发盘规定须作出接受的时间：当信件投邮或电报交发，接受即告生效。即使接受的函电在邮递过程中延误或遗失，也不影响合同成立。如发盘中规定接受必须于有效期内传达到发盘人，则接受的函电传达到发盘人时，接受方能生效。

(2)大陆法系：采用到达生效的原则表示接受的函电必须在发盘有效期内到达发盘人，接受才生效。

(3)《联合国国际货物买卖合同公约》：采用到达生效的原则。

(4)中国：根据我国《合同法》，我国也采用到达生效的原则。

4)接受必须与发盘相符

在外贸实际业务中，受盘人在表示接受时，往往对发盘作出某些添加、限制或其他更改。《联合国国际货物买卖合同公约》将接受中对发盘的条件所作的更改分为实质性变更和非实质性变更。

(1)实质性变更(构成一项新的发盘)，如对货物的价格、付款、质量和数量、交货时间和地点、赔偿责任范围、解决争端的添加、限制或更改等。

(2)非实质性变更(除发盘人及时向受盘人表示反对其间的差异外，仍构成接受，合同得以成立，并且合同的条件以该项发盘的条件以及在接受中所载的变更为准)，如要求提供重量单、装箱单、商检证等单据；要求增加提供装船样品或某些单据的份数；要求分两批装运等。

知识链接

【案例 1】我国 C 公司于 2006 年 7 月 16 日收到法国巴黎 D 公司发盘："马口铁 500 公吨，每公吨 545 美元 CFR 中国口岸，8 月装运，即期信用证支付，限 20 日复到有效。"我方于

17日复电："若单价为500美元CFR中国口岸可接受500公吨马口铁，履约中如有争议，在中国仲裁。"法国D公司当日复电："市场坚挺，价格不能减，仲裁条件可接受，速复。"此时马口铁价格确实趋涨。我方于19日复电："接受你方16日发盘，信用证已由中国银行开出，请确认。"但法商未确认并退回信用证。

试问：合同是否成立，我方有无失误，并说明理由。

分析：合同不成立，理由是D公司16日发盘，因C公司17日还盘已失效。我方操作有误。一是我方不应接受D公司16日发盘，而应接受其17日发盘。二是作出接受，不应用"请确认"字样或文句。

【案例2】我国A公司向国外B公司发盘："纯棉男衬衫，15 000件，大、中、小号各5 000件，每件2美元CIF大阪，订立合同后两个月装船，即期不可撤销的信用证付款，请电复。"B公司收到发盘后立即复电："接受你方发盘，订立合同后立即装船。"但A公司未作答复。

试问：请问上述情况下合同是否成立？为什么？

分析：B公司的接受无效，因其改变了装运期。A公司未答复表示不同意B公司的还盘。

课堂实训——案例分析

1. 我方某出口企业于10月1日向日商发盘称：阿托品，每100盎司一批，大连船上交货价为5美元一盎司，5日内复到有效。日商于10月7日回电表示接受，我方立即电告对方其接受有效，并着手备货。两天后，日商来电称7日电传超出发盘有效期，属无效接受，认为合同不成立。请问日商的做法是否合理？为什么？

2. 我国某公司接到美国出口商发盘供应核桃仁500公吨，限7日内复到。我公司经调查研究后，于第5日作出决定欲接受该项发盘。但此时外商又发来电传称撤销发盘。请问在此情况下，该公司应怎么办？为什么？

3. 我国某公司向英国A公司发盘出售一批大宗商品，对方在发盘有效期内复电表示接受，同时指出："凡发生争议，双方应通过友好协商解决；如果协商不能解决，应将争议提交中国国际经济贸易仲裁委员会仲裁。"第三天，我方收到A公司通过银行开来的信用证。因获知该商品的国际市场价格已大幅度上涨，我公司当天将信用证退回，但A公司认为其接受有效，合同成立。双方意见不一，于是交仲裁机构解决。

请问：按照《公约》规定，如果你是仲裁员，将如何裁决？

3.3 书面合同的签订

导入案例

【案情介绍】1988 年北京某贸易公司与日本某商事株式会社订立了一份国际货物买卖合同，约定由北京某贸易公司（卖方）向日商出售 700 吨银杏，买方须于 1988 年 6 月 15 日前开出不可撤销的可转让的即期信用证，卖方收到信用证后 6 个月内分批供货。合同签订后，北京某贸易公司与江苏某贸易中心订立了委托出口协议。协议约定某贸易中心委托北京某贸易公司出口银杏 700 吨，交货期为 1988 年年底。协议签订后，该贸易中心即着手银杏的收购工作，共收购银杏 430 多吨。江苏某贸易中心多次催促北京某贸易公司按协议办理出口，同年 11 月日商到中国看了江苏某贸易中心入库的银杏，认为质量符合要求。但履行期届满时北京某贸易公司未能按委托协议的规定履行出口任务，原因是日方不要货，只在 1989 年 1 月出口了 100 吨，余下的 300 吨没能出口，给某贸易中心造成了重大经济损失。由于双方协商不成，该贸易中心遂于 1989 年 5 月向江苏某中级人民法院起诉，请求人民法院判令北京某贸易公司承担违约责任并赔偿经济损失。

【审理结果】江苏省中、高级法院一、二审均判决北京某贸易公司败诉，并赔偿江苏省某贸易中心的经济损失。江苏省高级人民法院的判决理由是：①委托出口协议明确规定，江苏某贸易中心委托北京某贸易公司出口银杏 700 吨，受托方北京某贸易公司只收取手续费，即占合同总金额的 3%，外汇留成双方按比例进行分配。按国家当时进口的政策，符合委托出口的规定。②北京某贸易公司未按照委托出口协议出口，已构成违约，当日商违反与该贸易公司所签订的国际货物买卖合同时，又拒不向外索赔，以致超过了索赔期限。

【基本理论】代理人（Agent）是国际贸易活动中的重要当事人之一。一般来说，如果代理人未取得本人的合法授权，就认为缔结合同的主体不具备法定资格，所订合同因此无效。1983 年 2 月 15 日，国际统一私法协会制定通过《国际货物销售代理公约》，该公约是调整国际商事代理关系的一项重要的国际公约，对代理权的确定和范围、代理行为的法律效力、代理权的终止等都作了详细的规定。

外贸代理制是调整我国对外贸易活动的重要法律制度，它是我国外贸体制改革的产物，有关立法是 1991 年 8 月 29 日对外经贸部颁发的《关于对外贸易代理制的暂行规定》。

该暂行规定把我国的外贸代理分为两大类，分别适用不同的法律来调整。对于有对外贸易经营权的公司、企业代理另一有对外贸易经营权的公司、企业办理进出口业务，若代理人以被代理人名义对外签订合同，则适用《民法通则》中有关代理制度的规定加以调整；如果代理人以自己名义对外签订合同，则适用《关于对外贸易代理制的暂行规定》加以调整。对于无对外贸易经营权的公司、企业、事业单位或个人委托有对外贸易经营权的公司、企业办理进出口业务，也须适用暂行规定加以调整。

【案例分析】江苏某贸易中心、北京某贸易公司和日本某商事株式会社是本案的3个当事人。其中,江苏某贸易中心不具有外贸经营权,委托有外贸经营权的北京某贸易公司办理进出口业务,二者之间具有外贸代理关系,应适用《关于对外贸易代理制的暂行规定》,作为受托人的北京某贸易公司应承担的义务之一即及时按进出口合同及委托协议的有关规定向外商提起索赔或采取其他补救措施。但在本案中,北京某贸易公司违反了该项基本义务,在对外索赔的过程中不及时向日方索赔,以致超过了索赔期限。因此,北京某贸易公司应对江苏某贸易中心遭受的损失承担责任。

3.3.1 签订书面合同的意义

《公约》规定:销售合同无须以书面订立或书面证明,在形式方面也不受任何其他条件的限制。销售合同可以用包括证人在内的任何方法证明。在外贸实践中,签订书面合同有以下意义。

(1)合同成立的证据:根据法律的要求,凡是合同必须能得到证明,提供证据,包括人证和物证。在用信件、电报或电传磋商时,往来函电就是证明。口头合同成立后,如不用一定的书面形式加以确定,那么它将由于不能被证明而不能得到法律的保障,甚至在法律上成为无效合同。

(2)合同生效的条件:一般情况下,合同的成立是以接受的生效为条件的。但在有些情况下,签订书面合同却成为合同生效的条件。我国《合同法》第10条规定:"法律、行政法规规定采用书面形式的,应当采用书面形式。当事人约定采用书面形式的,应当采用书面形式。"

(3)合同履行的依据:国际货物买卖合同的履行涉及很多部门,如以分散的函电为依据,将给履行合同造成很多不便。所以买卖双方不论通过口头,还是信件、电报磋商在达成交易后将谈定的完整的交易条件,全面清楚地列明在一个书面文件上,对进一步明确双方的权利和义务以及为合同的履行提供更好的依据,具有重要意义。

3.3.2 书面合同的形式

1. 合同和确认书

1)合同

合同或称正式合同(Contract),一般适用于大宗商品或成交金额大的交易,其内容比较全面详细,除了包括交易的主要条件如品名、规格、数量、包装、价格、装运、支付方式、保险外,还包括商检、异议索赔、仲裁和不可抗力等条款。合同可分为"销售合同"(Sales Contract)和"购货合同"(Purchase Contract)两种文字。一般使用第三人称。

2)确认书

确认书是合同的简化形式,一般适用于成交金额不大、批数较多的轻工产品或土特产品,或者已订有代理、包销等长期协议的交易。确认书也可分为售货确认书(Sales Confirmation）和购货确认书（Purchase Confirmation）两种。无论是合同还是确认书在法律上具有同等的效力。

2. 协议(Agreement)

在法律上是“合同”的同义词。因为合同本身就是当事人为了设立、变更或终止民事权利义务关系而达成的协议。

3. 备忘录(Memorandum)

备忘录也可作为书面合同的形式之一。如果买卖双方商定的交易条件明确、具体地在备忘录中一一作了规定，并经双方签字，那么，这种备忘录的性质与合同无异。

4. 意向书(Letter of intent)

意向书不是法律文件，对当事人没有约束力。它只是双方当事人为了达成某项协议所作出的一种意愿表示。

5. 订单和委托订购单

订单（Order）指由进口商或实际买户拟制的货物订购单。委托订购单（Indent）指由代理商或佣金商拟制的代客购买货物的订购单。

3.3.3 书面合同的内容

1. 约首

约首是合同的首部，包括合同的名称、合同号码（订约日期、订约地点）、买卖双方的名称和地址以及序言等内容。序言主要是写明双方订立合同的意义和执行合同的保证、对双方都有约束力等。双方的名称应用全称，不能用简称，地址要详细列明，因涉及法律管辖权问题，所以不能随便填写。在我国出口业务中，除在国外签订的合同外，一般都是以我国出口公司所在地为签约地址。

2. 本文

这是合同的主体部分，规定了双方的权利和义务，包括合同的各项交易条款，如商品名称、品质规格、数量包装、单价和总值、交货期限、支付条款、保险、检验、索赔、不可抗力和仲裁条款等以及根据不同商品和不同的交易情况加列的其他条款，如保值条款、溢短装条款和合同适用的法律等。

3. 约尾

约尾是合同的尾部，包括合同文字的效力、份数、订约的时间和地点及生效的时间、附件的效力以及双方签字等，这也是合同不可缺少的重要组成部分。合同的订约地点往往要涉及合同所依据的法律问题，因此要慎重对待。我国的出口合同的订约地点一般都写在我国。有时有的合同将订约的时间和地点在约首订明。

知识链接

【案例1】某年我国某外贸公司出售一批核桃给数家英国客户，采用CIF术语，凭不可撤销即期信用证付款。由于销售核桃的季节性很强，到货的迟早会直接影响货物的价格，因此，在合同中对到货时间作了以下规定："10月份自中国装运港装运，卖方保证载货轮船于12月2日抵达英国目的港。如载货轮船迟于12月2日抵达目的港，在买方要求下，卖方必须同意取消合同，如货款已经收妥，则须退还买方。"合同订立后，我外贸公司于10月中旬将货物装船出口，凭信用证规定的装运单据（发票、提单、保险单）向银行收妥货款。不料，轮船在航运途中，主要机件损坏，无法继续航行。为保证如期抵达目的港，我外贸公司花重金租用大马力拖轮拖带该轮继续前进。但因途中又遇大风浪，致使该轮抵达目的港的时间，较合同限定的最后日期晚了数小时。适遇核桃市价下跌，除个别客户接受外，多数客户要求取消合同。我外贸公司最终因这笔交易遭受重大经济损失。

问题：（1）我外贸公司与英国客户所签订的合同，是真正的CIF合同吗？

（2）是或不是，请说明理由。

案例分析：（1）该案例中，合同条款规定卖方须保证货物抵达目的港的时间，这一规定与CIF术语的风险划分相矛盾，所以不是真正的合同。

（2）合同中规定付款后买方在货物不能及时抵达目的港的情况下，应买方要求，须退款。

这一要求与付款条款的规定（凭不可撤销即期信用证付款）相矛盾，所以在履行合同时买方承担很大风险。

结论：我外贸公司应吸取这次贸易的教训，在今后交易中尽力避免制订此类不切实际的合同。

【案例2】某年2月1日巴西某大豆出口商向我国某外贸公司报出大豆价格，在发盘中除列出各项必要条件外，还表示"编织袋包装运输"。在发盘有效期内我方复电表示接受，并称："用最新编织袋包装运输"。巴西方收到上述复电后即着手备货，并准备在双方约定的7月份装船。之后3月份大豆价格从每吨420美元暴跌至350美元左右。我方对对方去电称："我方对包装条件作了变更，你方未确认，合同并未成立。"而巴西出口商则坚持认为合同已经成立，双方为此发生了争执。分析此案应如何处理，简述你的理由。

案例分析：此为国际贸易磋商中的还盘问题。由于包装不属于发盘或还盘实质性条件，因此我方的回复不构成一项还盘，巴方不必对此作出回答，合同已经按照原发盘内容和接受其中的某些修改使交易条件成立。所以我方以巴方对修改包装条件未确认为理由否认合同的成立是不正确的。

【案例3】中国A公司从德国B公司进口一套大型生产设备，分三批交货。第一批交付的货物符合合同的要求，第二批交付的货物为该设备的主要部件，其型号、性能与合同不符，无法安装投产。A 公司因此提出撤销整个合同，而 B 公司提出异议。请依照《联合国国际货物销售合同公约》的有关规定分析哪方有理，为什么？

案例分析：结论：A 公司有理，理由如下。

（1）根据《联合国国际货物销售合同公约》的规定，在卖方分批交货时，如果合同项下的各批货物是互相依存、不可分割的，不能将其中的任何一批货物单独用于满足双方当事人在订立合同时所设想的目的，则买方可以同时宣告合同对已经交付或今后将交付的各批货物均为无效，即可以宣告撤销整个合同。

（2）本案分批交货的大型生产设备各部件之间是互相依存的，在德国 B 公司所交第二批货物不符合合同规定时，中国 A 公司有权根据《公约》规定撤销整个合同。

附合同样本：

BETTER SOURCE APPLIANCES (SUZHOU) LTD.

5 XINTING ROAD, SUZHOU NEW DISTRICT, SUZHOU 215151, P.R. CHINA

Tel: (512)68086182　　Fax: (512)68086181

SALES CONTRACT

TO: BINH MINH ELECTRONICS.REF.CO.LTD
NO.32 STREET 76,WARD 10,DISTRICT
6,HOCHIMINH CITY ,VIETNAM

S/C No.: BS1368
Date: 28-Mar-14

MODEL NO.	COMMODIT Y& SPECIFICATION	QUANTITY	PRICE	AMOUNT
				FOB NINIGBO, CHINA
A-D1182	DRY IRON	2 790 PCS	USD5.25	USD14,647.50
A-D1282	DYR IRON	2 130 PCS	USD5.25	USD11,182.50
A-S178	DRY IRON WITH STEAM FUNCTIONS	1 920 PCS	USD6.52	USD12,518.40
	SPARE PARTS	55.0 KGS		USD19.20
	TOTAL:	6 840 PCS 55.0 KGS		USD38,367.60

SAY TOTAL US DOLLARS THIRTY EIGHT THOUSAND THREE HUNDRED AND SIXTY SEVEN CENTS SIXTY ONLY.

SHIPMENT: On or About APR.5, 2014 from NINGBO, CHINA to HO CHI MINH CITY, VIETNAM by sea on freight collect basis

INSURANCE: COVERED BY BUYER

REMARKS: Partial shipment allowed

Buyer:
BINH MINH ELECTRONICS.REF.CO.LTD
NO.32 STREET 76,WARD 10,DISTRICT
6,HOCHIMINH CITY ,VIETNAM

Seller:
BETTER SOURCE APPLIANCES (SUZHOU) LTD.
5 XINTING ROAD, SUZHOU NEW
DISTRICT, SUZHOU 215151, P.R.CHINA
TEL: +86-512-68086182

课后复习巩固

【案例 1】

案情简介:我国某出口企业于6月1日用传真向英商发盘销售某商品,限6月7日复到。6月2日收到英商发来传真称:"如价格减5%可接受。"我方尚未对英商来电作出答复,由于该商品的国际市价剧涨,英商又于6月3日来传真表示:"无条件接受你方6月1日发盘,请告合同号码。"

试问:在此情况下,我方应如何处理?为什么?

要点评析:我方应拒绝英商6月3日通过传真表示的无条件接受,应按照最新市场价格洽谈。因为发盘在还盘生效时失效,我方6月1日的发盘在英商6月2日传真要求降价5%时已经失效。英商6月3日的无条件接受不是在6月1日的发盘有效期内作出的,因此不是有效的接受,是一项新的发盘,我方完全可以拒绝。

【案例 2】

案情简介:我国某外贸土特产品进出口公司,拟向某外商出口一批土产品。双方就出口商品品名、规格、质量、数量、价格、包装、交货日期、付款方式等交易条件通过电报往来进行磋商。3月份基本达成协议,唯有价格一项,中方坚持单价不得低于每公吨1 500元,并要求外商在"两个月内答复"。下半年,国际市场该土特产品的价格猛涨,外商才复电可按中方1 500元/公吨的价格成交。此时,中方发现国内货源已紧缺,无法供货,故未予理睬,外商于数日后未接到中方答复,便指责中方违约,并要求中方承担违约责任。

试问:中方是否要承担违约责任?为什么?

【案例 3】

案情简介:我国某外贸公司3月1日向美商发去电传,发盘供应某农产品1 000公吨并列明"牢固麻袋包装"。美商收到我方电传后立即复电表示"接受,装新麻袋装运",我方收到上述复电后即着手备货,准备于双方约定的4月份装船,两周后,某农产品国际价格猛跌,美商于6月20日来电称:"由于你方对新麻袋包装的要求未予确认,双方之间无合同",而我方坚持合同已有效成立,双方发生争执,试评析此案。

【案例 4】

案情简介:我国某出口公司于5月10日向外商发盘某商品每公吨CFR Shanghai USD $200,有效期至5月17日复到。5月12日收到该外商发来电传称:"接受CFR Shanghai USD$180",我方未予答复。5月14日,该商品价格剧涨。外商于5月15日又向我公司电传表示"接受你方5月10日发盘,信用证已开出"。

试问:此项交易是否达成?我公司应如何处理?为什么?

【案例 5】

案情简介:我国某出口公司于3月1日向外商A发盘某商品,限3月8日复到。由于传递过程中的延误,外商A表示接受的电传于3月9日上午送到我方。我方认为答复逾期，未予理睬。这时，该商品国际市场价格已上涨，我公司以较高价将该商品出售给另一个外商。22日，外商A来电称："信用证已开出，请立即装运"。我公司复电"逾期接受合同不成立。"而外商A坚持认为合同已成立。

试问：根据《公约》解释此合同是否成立？为什么？

【案例6】

案情简介：太原甲公司委托青岛乙公司进口机器一台，合同规定索赔期限在货到目的港30天内。当货到青岛卸船后，乙公司立即将货运至太原交甲公司，由于甲公司厂房尚未建好，机器无法安装，待半年后厂房完工，机器安装好进行试车，发现机器不能很好地运转，经商检机构检验证明机器是旧货，于是请乙公司对外商提出索赔，但外商置之不理。

试问：我方对此应吸取什么教训？

【案例7】

案情简介：7月17日中国某出口公司A向荷兰B公司电报发盘："售农产品C514型号300吨，即期装船，不可撤销即期信用证付款，每吨CIF鹿特丹USD$900，7月25日前电复有效。"B公司于7月22日复电如下："你7月17日发盘，我接受C514型号300吨，即期装船，不可撤销，即期信用证付款，每吨CIF鹿特丹USD$900，除通常的装运单据以外，要求提供产地证、植物检证明书、适合海洋运输的良好包装。"A于7月25日复电如下："你22日电，十分抱歉，由于世界市场价格变化，收到你接受电报以前，我货已另行售出。"为此，双方就合同是否成立发生激烈的争论。请阐述你的观点及理由。

【案例8】

案情简介：H公司有一批羊毛待售，4月2日公司销售部以信件的形式向某市第一纺织厂发出要约，将羊毛的数量、质量、价格等主要条款作了规定，约定若发生争议将提交某仲裁委员会仲裁，并特别注明希望在15日内得到答复。但由于工作人员疏忽，信件没有说明要约的起算日期，信件的落款也没有写日期。4月4日公司人员将信件投出，4月17日纺织厂收到信件。恰巧纺织厂急需一批羊毛，第二天即拍发电报请其准备尽快发货。邮局于4月19日送达H公司。不料H公司却在4月18日由于未收到纺织厂的回信，已将羊毛卖给另一纺织厂。纺织厂几次催货未果，向仲裁委员会提请仲裁，要求H公司赔偿其损失。请根据《公约》规定对此案例进行分析。

第4章 商品的名称、品质、数量和包装条款

导入案例

【案例1】我方出口苹果酒一批，国外开来信用证上货物的名称为“Apple Wine”，于是为了单证一致，所有单据上均用了“Apple Wine”，不料货到国外后被海关扣留罚款，因该批酒的内外包装上均写的是“Cider”字样，结果外商要求我方赔偿其罚款损失。问：我方对此有无责任？

【案例2】某出口公司与国外成交红枣一批，合同与开来的信用证上均写的是三极品，但到发货装船时发现三级红枣库存已无，于是改以二极品交货，并在发票上注明“二级红枣仍按合同签订的三级红枣计价。”问：这种以好顶次、原价不变的做法妥当吗？是否可行？

4.1 商品的名称

商品是国际货物买卖的物质基础，所有的商品都表现为一定的品质。每一笔交易都有一定的数量，而交易的大多数商品，又需要有一定的包装。因此，商品的名称（品名）、品质、数量、包装是买卖双方交易磋商和签订合同过程中必须解决的重要问题之一。商品的名称和质量是国际货物买卖合同中的主要条款之一。

商品的名称（品名）是指能使某种商品区别于其他商品的一种称呼或概念。商品的名称在一定程度上体现了商品的自然属性、用途以及主要的性能特征。命名商品的方法包括以其主要用途命名、以其所使用的主要原材料命名、以其主要成分命名、以其外观造型命名、以其褒义词命名、以人物名字命名、以制作工艺命名。

1）列明合同中的名称（品名）条款的意义

（1）在合同中规定商品的具体名称是合同的要件。

（2）这项规定是买卖双方在货物交收方面的一项基本权利和义务。

（3）这项规定是交易的物质基础和前提，并在此基础上对其他条款进行磋商。

（4）如果卖方交付的货物不符合合同规定的名称（品名），买方有权拒收、撤销合同并提出损害赔偿。

2）确定名称（品名）时的注意事项

（1）文字表达应明确、具体，真正反映出商品的特点，避免使用空泛、笼统的文字。

（2）有些商品的名称，各地叫法不一，为了避免误解，应尽可能使用国际上通用的名称。

(3)注意选用对我方有利的名称。如果一种商品可以有不同的名称,则在确定名称时,必须注意有关国家的海关关税和进出口限制的有关规定,选用有利于减少关税或方便进口的名称作为合同的品名。同时,还必须注意名称与运费、仓储费的关系。

3)品名条款的内容

(1)在合同开头部分列明,如:黄豆、苹果。

(2)品名条款与品质条款合并,如:东北大米,特级。

导入案例

【案例1】我方某外贸公司向某外国公司出口一批货物,双方在签订的合同中,明确规定了商品的规格、等级等品质标准。我方业务员在合同签订后,又给对方寄了一个样品。之后我方货物运抵对方时,外方认为我方售给的商品只符合合同的品质标准,而与样品不符,要求我方赔偿。问:我方是否应承担赔偿?

【案例2】"凤凰"自行车在我国可谓家喻户晓,人人皆知。可在20世纪90年代初,"凤凰"自行车参加了意大利米兰的国际自行车展览会。展览会上,与国外五颜六色、灵巧轻便、多挡变速的自行车放在一起,显得品种单调、款式陈旧。尽管最后"凤凰"自行车只卖到欧美名牌自行车价格的1/10,可仍无人问津。请分析:"凤凰"为何飞不起来呢?

4.2 商品的质量

商品的质量是商品的外观形态和内在质量的综合体现。商品的外观形态是通过人们的感觉器官可以直接获得的商品的外形特征。商品的内在质量是指商品的物理性能、化学成分、生物特征、技术指标和要求等,一般需借助各种仪器、设备分析测试才能获得。

商品质量的优劣不仅关系到商品的使用效能,影响着商品售价的高低、销售数量和市场份额、买卖双方经济利益的实现程度,而且还关系到商品信誉、企业信誉、国家形象和消费者利益。我国政府把"以质取胜"作为扩大出口和发展对外贸易的基本战略之一。

我国对进出口商品质量的基本要求如下。

(1)对进口商品质量的要求:在进口贸易中,必须严格把好质量关;选购进口商品时,还应考虑我国国内现实的消费水平。

(2)对出口商品质量的要求:强化出口商品生产厂商或销售商的质量观念;发展适销对路的商品出口;建立行之有效的企业质量、环境管理体系;实行出口商品质量许可制度;出口商品质量应符合进口国的有关法令规定和要求。

1. 商品质量的规定方法

1)用实物样品表示商品品质

本方法包括凭卖方样品买卖和凭买方样品买卖。样品(Sample)是买卖双方交易磋商后一致同意商品交货的代表，通常是从一批商品中抽取出来或由生产和使用部门加工设计出来的能够代表商品品质的少量实物。

（1）原样（也称代表性样品）：卖方所提供的能充分代表日后整批交货品质的少量实物。

（2）复样（也称留样）：向买方送交样品时，卖方应留存的一份或数份同样的样品。

（3）对等样品：在实际业务中，如卖方认为按买方来样供货没有切实把握，卖方可以根据买方来样仿制或从现有货物中选择品质相近的样品提供给买方。这种样品称为对等样品或回样。

（4）封样：由第三方或由公证机构在一批货物中抽取同样质量的样品若干份，每份样品采用铅丸、钢卡、封条等方式加封识别，由第三方或公证机构留存一份备案，其余供当事人使用。

特别提示：鉴于凭样品买卖多属品质难以标准化的商品，在合同条款中应相应作出灵活规定，可在买卖合同中特别记明："品质与样品大致相同"（Quality shall be about equal to the Sample）或"品质与样品近似"（Quality is nearly same the Sample）。

对以介绍商品为目的而寄出的供对方参考的样品对双方均无约束力。在寄送样品时，应标明"仅供参考（For reference only）"字样，以免造成误会。

2）用文字说明表示商品的质量

（1）凭规格买卖：指一些足以反映商品品质的主要指标，如：化学成分、含量、纯度、性能、容量、长短、粗细等。如电池，从 1 号到 5 号，长短粗细及电容量都不相同。某种特定的规格适应特定的用途，一般不能混用。

（2）凭等级买卖：指同一类商品，按规格的差异，如：品质差异、质量、成分、外观等的不同，分品质优劣不相同的若干等级。如我国出口的冻带骨兔肉（去皮、头、爪、内脏）分为如下等级。

特级：每只净重不低于 1 500 克；

大级：每只净重不低于 1 000 克；

中级：每只净重不低于 600 克；

小级：每只净重不低于 400 克。

（3）凭标准买卖：将商品的规格和等级予以标准化。以标准物表示交易商品质量的两种方法：①良好平均品质（Fair Average Quality，F.A.Q.）；②上好可销品质（Good Merchantable Quality，G.M.Q.）。

（4）凭品牌名或商标买卖。如：李宁、安踏等。

（5）凭产地名称或凭地理标志买卖。如：长白山人参、北京烤鸭、四川榨菜、东北大米等。

（6）凭说明书和图样买卖。如：机器、电器和仪表等技术密集型产品等。

在实践中，一般只采用样品或者文字说明中的一种方式来表示。如果有些商品需要既用文字说明又用样品表示质量，则一旦成交，卖方必须承担交货质量既符合文字说明又符合样品的责任。在实际业务中，可以使用一种文字说明的方法，也可以同时使用两种或两种以上文字说明表示质量的方法。应严格区分"参考样品（Reference Sample）"和"样品"。有些特殊商品(如珠宝、工艺品等)的交易可按照“看货成交”方式进行。

2. 买卖合同中的品名质量条款

合同中的质量条款主要列明商品的品名、规格或牌名等项内容。如果是凭样品买卖,则要列明样品的编号或寄送日期。

【例 1】凭样品买卖的质量规定

质量:品质应严格符合卖方于 2014 年 1 月 1 日提供的样品。样品号:NT002 长毛绒玩具熊,尺码:24 英寸。

Quality: Quality to be strictly as per sample submitted by seller on 1st Jan, 2014. Sample number: NT002 Plus toy bear size 24.

【例 2】质量:饲料蚕豆,水分(最高)15%,杂质(最高)2%。

Quality: Feeding Broadbean, Moisture (Max) 15%, Admixture (Max) 2%。

知识链接

一笔既凭规格又凭样品的买卖,如果卖方所交货物与规格完全相符,但与样品有差别,卖方是否仍要负责任?

【案例 1】某年我国某外贸公司向德国出口大麻一批,合同规定水分最高 15%,杂质不超过 3%,但在成交前,我方曾向对方寄过样品,合同订立后我方又电告对方“成交货物与样品相似”。货到德国后,买方出具了货物品质比样品低 7% 的检验证明,并要求赔偿 600 英镑的损失。我方拒绝赔偿,并陈述理由:我批商品在交货时是经过挑选的,因为是农产品,不可能做到与样品完全相符。但也不至于比样品低 7%。问题:我方失误在哪里?是否可以以该商品并非凭样成交为由而不予理赔?

【案例 2】我出口公司与美商凭样成交一批高级瓷器,复验期为 60 天,货到国外经美商复验后,未提出任何异议,但事隔一年,买方来电称:瓷器全部出现“釉裂”,只能削价处理销售,因此要求我方按成交价赔偿 60%,我方接电话后立即查看留存的复样,发现其釉下也有裂纹。

试问:我方应如何处理?

3. 品质机动幅度与品质公差条款

订立品质条款时,一般要求明确、具体、切合实际,以防产生不必要的争议,但也不能订得过死,因此要注意条款的科学性和灵活性,要有一定的回旋余地。

品质机动幅度是指允许卖方所交货物的品质指标可以在一定的幅度范围内的差异。只要卖方所交货物的品质没有超出机动幅度的范围,买方就无权拒收货物。品质机动幅度的规定方法主要有以下 3 种。

1)规定范围

对某项货物的品质指标规定允许有一定差异范围。例如:漂布,幅阔 35/36 英寸。

2)规定极限

对有些货物的品质规格,规定上下极限(最高、最低、最多、最少、最大、最小)。例如:大米，水分最高 15%，杂质最高 1%。

3）规定上下差异

规定上下差异也是使货物的品质规定具有必要的灵活性的有效方法。例如：灰鸭毛，含绒量 18%，上下 1%。

在品质机动幅度内，一般不另行计算增减价，即按照合同价格计收价款。但有些货物，如果经买卖双方协商同意，也可在合同中规定按交货的品质情况加价或减价，这就是所谓的品质增减价条款。

品质公差是指工业制成品在加工过程中所产生的误差。这种误差的存在是绝对的，它的大小反映出品质的高低是由科学技术发展程度所决定的。品质公差范围内买方无权拒收货物，也不得要求调整价格。例如：出口手表，允许每 48 小时误差 1 秒；出口棉布，每匹可以有 0.1 米的误差。

导入案例

【案例 1】某外贸公司向外商出口一批水果罐头，合同中规定每箱 30 听。但在交货时，有的一箱装 30 听，有的装 24 听，虽然总数不差，而且每听容积一致，对售价也没有影响，但仍被买方拒收，理由是与合同数量条款不符。问：该外贸公司是否有责任？

【案例 2】某单位对中东某海湾国家出口电扇 1 000 台，国外来证规定不许分批装运。但在出口装船时发现有 40 台的包装破裂，有的风罩变形，有的开关按钮脱落，临时更换已来不及，为保证质量起见，发货人员认为根据“UCP6003”规定，即使不准分批装运，在数量上也可有 5% 的伸缩。如少装 40 台并未超过 5%，结果实装 960 台。当持单到银行议付时，则银行不予议付。问：原因何在？

4.3 商品的数量

商品的数量是国际货物买卖合同中的主要交易条件之一。商品的数量是指用一定的度量衡单位表示的商品的质量、数量、长度、面积、体积、容积等。国际贸易中，使用的数量计算方法如下所示。

（1）按质量计算。常用的质量单位有：公吨（mt）、长吨（lt）、短吨（st）、千克（kg）、克（g）、磅（Pound，lb）、盎司（Ounce）、克拉（Carat）等。

（2）按容积计算。如公升（Litre）、加仑（Gallon）、蒲式耳（Bushel）等。

（3）按个数计算。常用的个数计量单位有：件（Piece）、套（Set）、打（Dozen）、罗（Gross）、令（Ream）、卷（Roll）、袋（Bag）、箱（Case）等。

（4）按长度计算。常用的长度单位有米（Meter）、英尺（Foot）、码（Yard）、寸（Inch）等。

（5）按面积计算。主要的面积单位有平方米（Square Meter）、平方英尺（Square Foot）、平方码（Square Yard）等。

（6）按体积计算。主要的体积单位有立方米（Cubic Meter）、立方英尺（Cubic Foot）、立方码（Cubic Yard）。

在洽谈交易和签订合同时，必须明确规定使用何种度量衡制度，同时，还要掌握各国度量衡制度之间的换算方法。

1. 质量的计算方法

1）按毛重（Gross Weight）计算

毛重是指商品本身的质量加上包装物的质量，即加上皮重。

毛重 = 净重 + 皮重（包装的质量）

实例：以毛作净（Gross for Net）

2）按净重（Net Weight）计算

净重 = 毛重 - 皮重

在国际贸易中皮重的计算方法有四种。

（1）按实际皮重（Actual Tare），即按包装的实际质量计算。

（2）按平均皮重（Average Tare），即按部分商品包装的实际质量求出平均包装质量。

（3）按习惯皮重（Customary Tare），即对规格化的包装按市场上公认的包装质量计算。

（4）按约定皮重（Computed Tare），即按买卖双方事先约定的皮重计算。

说明：在国际贸易实务中，如果买卖双方没有明确采用何种方法计算质量时，应按净重计量和计价。

3）其他计算质量的方法

（1）按公量（Conditioned Weight）计重

公量 = 净重 - 商品实际水分 + 标准水分

适用商品：羊毛、生丝等。

（2）按理论质量计重（Theoretical Weight），根据件数计算有固定规格和体积的商品的总质量。适用商品如马口铁、钢板等。

（3）法定质量（Legal Weight）和净净重（Net Net Weight）

法定质量 = 纯商品的质量 + 内包装的质量

净净重 = 纯商品的质量 - 包含杂物的质量

2. 国际贸易中常用的度量衡制度

目前国际贸易中常用的度量衡制度有公制、美制和英制。我国采用的度量衡制度是国际单位制（可以和其他度量衡制度结合使用）。

3. 买卖合同中的数量条款

英国的法律规定：卖方交付货物的数量如果少于约定数量，买方可以拒收货物；卖方实际交货数量多于约定数量，买方可以只接受约定数量而拒收超过部分，也可以全部拒收。

《公约》规定：①如果卖方交货数量多于约定数量，买方可以收取，也可以拒绝收取多交部分货物的全部或一部分；②如果卖方实际交货数量少于约定数量，卖方应该在规定的交货期届满前补交,但不得使买方遭受不合理的不便或承担不合理的开支,然而买方保留要求损害赔偿的任何权利。

4. 数量的机动幅度条款

(1)买卖合同中的数量机动幅度条款。短装条款(More or Less Clause)是指在合同中明确规定卖方可以多交或少交若干,但以不超过合同规定的百分之几为限。溢短装条款的内容:①溢装或短装的百分比;②溢短装的选择权;③溢短装部分的作价。

例:1 000 公吨,4% 增减,由买方选择;增减部分按合同价格计算。

(2)溢短装条款的实际运用:①由卖方决定(At seller's option):大多数情况下;②由买方决定(At buyer's option):买方派船装运时;③由承运人决定(At ship's option):租船运输时;④约数(About)条款:《跟单信用证统一惯例》规定:About 用于涉及信用证金额、货物数量或单价时,可解释为允许有 10% 增减;⑤溢短装下的货款总额 = 合同单价 × 实际交货数量(在数量机动范围内)。

导入案例

【案例 1】我国某出口公司与某国进口商按每公吨 500 美元的 FOB 价格于大连成交某农产品 200 公吨,合同规定包装条件为每 25 kg 双线新麻袋装,信用证付款方式。该公司凭证装运出口并办妥了结汇手续。事后对方来电称:该公司所交货物扣除皮重后实际到货不足 200 公吨,要求按净重计算价格,退回因短量多收的货款。我公司则以合同未规定按净重计价为由拒绝退款。分析该公司的做法是否可行,并说明理由。

【案例 2】某笔交易合同订明由我方提供双层旧麻袋装,装船时因缺这种麻袋就自行换成单层新麻袋,也没有要求对方额外支付费用,但对方认为我方包装不符规定,向我方索赔。请问对方是否有理?

4.4 商品的包装

根据《公约》的规定:卖方必须按照合同规定的方式装箱或者包装。卖方交付的货物,如未按合同规定的方式装箱或者包装,就构成违约。商品包装的分类有运输包装和销售包装。

1. 运输包装

1)运输包装的定义

运输包装(又称大包装或外包装),是将货物装入特定容器,或以特定方式成件或成箱的包装。商品的包装是为了有效地保护商品品质的完好和数量的完整,采用一定的方法将商品置于合适容器的一种措施。

2）运输包装的作用

（1）保护货物在长时间和远距离的运输过程中不被损坏和散失。

（2）方便货物的搬运、储存和运输。

3）运输包装的种类

运输包装的种类有箱、包、袋、桶等。集合运输包装是指将一定数量的单件包装组合成一件大的包装或装入一个大的包装容器内（如托盘、集装袋等）。

4）运输包装的标志

运输包装的标志是为了方便货物运输、装卸及储存保管，便于识别货物和防止货物损坏而在商品外包装上刷写的标志。

（1）运输标志：又称唛头，是一种识别标志，通常由一个简单的几何图形和一些字母、数字及简单的文字组成。其作用是在运输过程中使有关人员易于辨认货物，便于核对单证，使货物顺利和安全地运抵目的地。

运输标志的三项基本内容：①收／发货人的名称代号；②目的港和目的地的名称；③件号。

联合国欧洲经济委员会制定的标准运输标志的四要素包括：①收货人或买方的名称首字母或简称；②参照号码；③目的地；④件数号码。

（2）指示性标志：以简单醒目的图形和文字在包装上标出，提示人们在装卸、运输和保管的过程中的注意事项，是一种操作注意标志，是根据商品的特性，对一些容易破碎、残损、变质的商品，在搬运装卸操作和存放保管条件方面所提出的要求和注意事项。

（3）警告性标志：指在装有爆炸品、易燃物品、腐蚀物品、氧化剂和放射物质的运输包装上用图形或文字表示各种危险品的标志。

在我国出口危险品货物的运输包装上，要标明我国和国际上所规定的两套危险品标志。

说明：除上述三种包装标志外，商品的运输包装上一般还刷上包件的毛重、净重、体积尺码和商品的生产国家或地区。

2. 销售包装

（1）销售包装的定义：销售包装是在商品制造出来以后以适当的材料或容器所进行的初次包装，又称内包装、小包装，是直接接触商品并随商品进入零售点和消费者直接见面的包装。

（2）销售包装的作用：①保护商品的品质；②方便消费者识别、选购、携带和使用；③促进销售，提高商品价值。

（3）常见的销售包装种类：①挂式包装；②堆叠式包装；③便携式包装；④一次用量包装；⑤易开包装；⑥喷雾包装；⑦配套包装；⑧礼品包装。

（4）销售包装的装潢和文字说明注意：有些国家明文规定所有进口商品的文字说明必须使用本国文字。

（5）物品条码标志是一种产品代码，它是由一组粗细间隔不等的平行线条及其相应的数字组成的标志。国际上通用的条码种类包括：① UPC 码（美国统一代码委员会编制）；

② EAN 码（国际物品编码协会编制）（EAN 码由 12 位产品代码和 1 位校验码构成）。我国加入国际物品编码协会（EAN）的时间是 1991 年。我国条码的国别号，如 690 691 692。

补充说明：①商品的包装除运输包装和销售包装外，衬垫物也是包装的重要组成部分；②衬垫物一般用纸屑、纸条、防潮纸和各种塑料衬垫物；③我国出口包装不准用报纸之类作衬垫物。

商品在包装时要注意以下问题。

（1）合同中包装条款的内容一般包括包装材料、包装方式和每件包装中所含物品的数量或者质量。

（2）除非买卖双方对包装方式的具体内容经事先充分交换意见或由于长时间的业务交往已取得一致认识，在合同中不宜采用笼统的规定方法。

（3）按国际贸易习惯，唛头一般由卖方决定。如买方要求，可在合同中具体规定。买方要求在合同订立后由其指定，则应具体规定指定的最后时限，并订明若到时限尚未收到有关唛头通知，卖方可自行决定。

（4）在出口实践中，包装费用一般包括在货价以内。如买方要求特殊包装，除非事先明确包装费用包括在货价以内，其超出的包装费用原则上应由买方负担。

（5）在进口实践中，对包装技术性较强的商品，通常要在单价条款后注明“包括包装费用”，以免事后发生纠纷。

知识链接

【案例】2003 年 3 月初，山东某乡镇企业与 A 国的 M 贸易公司签订了一份出口烤花生的合同。合同规定出口数量为 40 吨，采用纸箱装，每箱装 10 袋，每袋 450 克。合同规定，付款方式为即期信用证，交货时间为当年的 4 月 30 日前，目的港为 A 国的 S 港。由于 M 贸易公司对货物的内包装袋不太满意，认为太粗糙，图案很不理想，于是签约时决定使用自己的包装袋。因此，在合同的包装条款中附带了一句：内包装袋由 A 方提供。

合同签订后，中方遂抓紧时间组织加工，同时催促 A 方抓紧运送内包装袋。中方于 4 月 15 日将货物加工完毕，只等 A 方内包装袋到位，但 A 方内包装袋始终未到。中方多次催促之后，A 方提供的内包装袋终于在 4 月 24 日到货。中方立即组织装袋打包，但货物终于没能赶上 28 号的船期，中方于 28 日致电 A 方公司，指出由于 A 方公司内包装袋的迟交，导致了中方公司不能按时交货，因此要求将交货期改为 5 月 15 日之前。

29 日，对方回电说：“由于贵方延迟交货已成事实，我方不同意贵方迟交系由我方造成的说法。但我方考虑到贵方的实际困难，要求中方公司在价格上减让 10%，否则拒绝改期交货。”中方加工厂在接到对方的电函后，与对方交涉，对方作出让步，同意交货期改为 5 月 15 日之前，中方价格减让了 8%。考虑到货物迟交已经形成事实，而且货物已经准备就绪，市场行情不断看跌，没有别的选择，只好同意了对方的要求。试分析发生纠纷的原因。

分析：本案例属于由于买方没有及时提供约定包装导致最后我方交货延误。通常交易中商品包装由卖方提供，若买方对于包装有特殊要求，则应该提供或者承担相关的费用。我方在该案例中的失误在于没有能够在合同中明确对方提交货物内包装的时间，导致中方货物准备好了，但是由于对方内包装没有到位，没能够及时出运导致延期，而不得不接受对方降价的要求。

课后复习巩固

【案例 1】

案情简介：出口合同规定的商品名称为“手工制造书写纸”。买主收到货物后，经检验发现该货物部分工序为机械操作，而我方提供的所用单据均表示为手工制造，按该国法律应属“不正当表示”和“过大宣传”，遭用户退货，以致使进口人蒙受巨大损失，要求我方赔偿。理由有二：①该商品的生产工序基本上是手工操作，在关键工序上完全采用手工制作；②该笔交易是经买方当面先看样品成交的，而实际货物质量又与样品一致，因此应认为该货物与双方约定的品质相符。后又经有关人士调解后，双方在友好协商过程中取得谅解。对此给予评论。

【案例 2】

案情简介：买方向卖方订购 50 公吨货物，合同规定 A、B、C、D、E 五种规格按同等数量搭配。卖方按照合同开立发票，买方凭发票和其他单据付了款。货到后发现所有 50 公吨货物均为 A 规格，买方只同意接受其中的 1/5，拒收其余的 4/5，并要求退回 4/5 的货款。卖方辩说，不同规格搭配不符合合同，只能给予适当经济赔偿，不能拒收，更不能退款。于是诉诸法院。你认为法官该如何判决？理由何在？

【案例 3】

案情简介：合同规定水果罐头装入箱内，每箱 30 听。卖方按合同规定如数交付了货物，但其中有一部分是装 24 听的小箱，而所交货物的总听数并不短缺。可是，买方以包装不符合合同规定为由拒收整批货物，卖方则坚持买方应接受全部货物，理由是经买方所在地的公证机构证实：不论每箱是装 24 听或 30 听，其每听市场价格完全相同。于是引起诉讼。对此，你认为法官应如何判决？依据何在？

【案例 4】

案情简介：某出口公司向美国出口自行车 3 000 辆，合同规定黑色、墨绿色、湖蓝色各 1 000 辆不分运，发运时发现墨绿色的库存仅有 950 辆，于是便以黑色车 50 辆顶替，问这样做有无问题？

【案例 5】

案情简介：我国某公司向英国出口大豆一批，合同规定水分最高为 14%，杂质不超过 2.5%，在成交前我方曾向买方寄过样品，订约后我方又电告买方成交货物与样品相似，当货物到达英国后，买方提出货物与样品不符，并出示相应的检验证书证明货物的质量比样品低 7%，并以此要求我方赔偿 15 000 英镑的损失。

试问:在此情况下,我方是否可以以该项交易并非凭样品买卖为由而不予理赔?

【案例 6】

案情简介:中国 A 公司曾向 B 外商出售一批农产品。成交前,该公司给外商寄送过样品。签约时,在合同品质条款中规定了商品的具体规格。签约后,卖方经办人员又主动电告买方,确认"成交商品与样品相似"。在货物装运前,中国进出口商品检验检疫局进行了检验并签发了品质规格合格证书。但该批货物运到目的地后,买方认为所交货物品质比样品低,要求减价。卖方认为,合同并未规定凭样成交,而且所交货物,经检验符合约定的规格,故不同意减价。于是买方便请当地检验机构检验,出具了交货品质比样品低 7% 的证明,并据此提出了索赔要求,卖方拒赔。由于合同中未规定仲裁条款,而发生争议后双方又达不成仲裁协议,买方遂请中国仲裁机构协助处理解决此案争议。鉴于签约前卖方给买方寄送过样品,签约后卖方又主动确认"交货与样品相似"且存样已经遗失,故在仲裁机构的协调下,由卖方赔付买方品质差价的办法了结此案。

试问:你认为中国仲裁机构会这样处理的理由是什么?我方应该吸取哪些教训?

【案例 7】

案情简介:有一份 CIF 合同在美国订立,由美国商人 A 出售一批 IBM 电脑给香港商人 B,按 CIF 香港成交。双方在执行合同的过程中,对合同的形式及合同有关条款的解释发生争议。请分析解决此项纠纷应适用我国香港地区法律还是美国法律?

第 5 章　商品价格与国际贸易术语

导入案例

某公司进口一批货物以 FOB 条件成交。结果在目的港卸货时,发现货物有两件外包装破裂,里面货物有被水浸痕迹。经查证,外包装是货物在装船时因吊钩不牢掉到船甲板上摔裂的,因包装破裂导致运输过程中外包装里面的货物被水浸泡。

试问:(1)FOB 条件成交意味着什么?

(2)在这种情况下,进口方能否以卖方没有完成交货义务为由向卖方索赔?

5.1　买卖合同中的价格条款

价格条款是国际货物买卖合同的主要交易条件。价格条款应包含的主要内容:作价方法、计价货币、贸易术语和价格调整条款。

5.1.1　作价方法

1. 固定价格方式

固定价格方式(大多数情况下采用)是在合同中规定货物的单价(或总价),例如:US$ 300 per metric ton CIF New York。

2. 暂不固定价格方式

暂不固定价格方式是约定将来确定价格的方法,例如:Official London Metal Exchange Copper Grand A cash settlement quotation with premium USD100 per metric ton。

3. 暂定价格方式

暂定价格方式(一般不宜采用)是先在合同规定一个暂定价格,在交货前的一定时间再由双方按照当时市价商定最后价格。

4. 滑动价格方式

滑动价格方式指对成套设备、大型机械交易,先在合同中规定一个基础价格,交货时或交货前按工资、原材料价格变动的指数作一定调整,以确定最后价格。

5.1.2　计价货币

计价货币与支付货币可以是同一种货币,也可以是不同货币。这两种货币既可以是出口国货币和进口国货币，也可以是第三国货币。计价货币和支付货币应该是可自由兑换的货币。出口业务中，应尽可能争取使用硬币；进口业务中，应尽可能争取使用软币。除了使用软/硬币以外，在外贸实践中减少外汇风险的方法有以下几种。

（1）压低进口价格或提高出口价格进口。采用硬币支付时，压低进口价格出口；采用软币收汇时，提高出口价格。

（2）软、硬币结合使用。在不同的合同中使用多种软、硬币。

（3）订立外汇保值条款（出口合同）：①计价货币和支付货币均为同一软币；②软币计价、硬币支付；③软币计价、软币支付（一揽子汇率保值）。

5.1.3 贸易术语

1. 贸易术语的含义和作用

贸易术语（Trade Terms），又称价格条件（Price Terms）、价格术语，是指用一个简短的概念或简短的英文字母缩写来标明商品的价格构成和买卖双方各自承担的责任、费用和风险以及货物所有权转移的界限的专门用语。贸易术语的作用是，既可以节省交易磋商的时间和费用，又可以简化交易磋商和买卖合同的内容，有利于交易的达成和贸易的发展。

2. 有关贸易术语的国际惯例

国际贸易惯例（International Trade Customs）是指在国际贸易长期实践中逐渐形成的为国际普遍接受的贸易习惯和通行做法，包括成文和不成文的原则、准则和规则。国际贸易惯例的形成必须具备一些条件：①经过长期反复的实践而形成；②内容比较明确和规范；③与现行法律没有冲突；④不违背公共秩序和良好风俗；⑤得到国际认可等。

国际贸易惯例的性质一般不具有强制性，买卖双方可以用合同的形式对惯例作任意的修改。如果某国通过立法或者某些国际公约赋予了某些惯例以法律效力，则该惯例就在该国具备法律效力。如果合同双方当事人在合同中规定其合同适用某惯例，则该合同就受惯例的约束。

1）《1932 年华沙—牛津规则》（《Warsaw-Oxford Rules 1932》）

由国际法协会制定，专门规定和解释 CIF（Cost，Insurance And Freight，成本加保险费加运费）术语。1928 年，国际法协会在华沙开会，制定关于 CIF 买卖合同的统一规则。经数次修订，在 1932 年牛津会议上定型。该惯例以英国的贸易习惯和案例为基础，对 CIF 买卖合同的性质、买卖双方承担的费用、责任、风险作了规定。

2）《1990 年美国对外贸易定义修正本》（《Revised American Foreign Trade Definition 1990》）

1919 年由美国国内 9 个商业团体联合制定，时称《美国出口商品报价缩写条例》，后经多次修订。1990 年修订本中规定和解释的贸易术语有：

Ex Works，简称 EXW（工厂交货）；

Free Along Side，简称 FAS（运输工具旁边交货）；

Free on Board，简称 FOB（运输工具上交货）；

Cost and Freight，简称 CFR（成本加运费）；

Cost，Insurance and Freight，简称 CIF（成本加保险费加运费）；

Delivered ex Quay，简称 DEQ（目的港码头交货）。

3）《2010 年国际贸易术语解释通则》——Incoterms®2010

1936 年由国际商会（ICC）制定，经过 1953、1967、1976、1980、1990、1999 和 2009 年 7 次修订，最后一次修订于 2011 年 1 月 1 日生效，其规定和解释了国际贸易中使用的 11 种贸易术语，是当今国际上内容最全、影响最大、使用最多的惯例。

5.1.4 相对于 Incoterms®2000，Incoterms®2010 的主要变化

相对于 Incoterms®2000，Incoterms®2010 的主要变化如下。

（1）贸易术语分类的调整：由原来的 EFCD 4 组分为 2 组：适用于各种运输方式。

（2）贸易术语的数量由原来的 13 种变为 11 种。

（3）《2010 年国际贸易术语解释通则》删去了《2000 年国际贸易术语解释通则》4 个贸易术语：DAF（Delivered at Frontier）边境交货、DES（Delivered ex Ship）目的港船上交货、DEQ（Delivered ex Quay）目的港码头交货、DDU（Delivered Duty Unpaid）未完税交货。

（4）新增了 2 个贸易术语：DAT（Delivered at Terminal）在指定目的地或目的港的集散站交货、DAP（Delivered at Place）在指定目的地交货。即用 DAP 取代了 DAF、DES 和 DDU 3 个术语，DAT 取代了 DEQ，且扩展至适用于一切运输方式。

（5）《2010 年国际贸易术语解释通则》取消了“船舷”的概念，卖方承担货物装上船为止的一切风险，买方承担货物自装运港装上船后的一切风险。在 FAS、FOB、CFR 和 CIF 等术语中加入了货物在运输期间被多次买卖（连环贸易）的责任义务的划分。考虑到一些大的区域贸易集团内部贸易的特点，规定 Incoterms® 2010 不仅适用于国际销售合同，也适用于国内销售合同。

第一组：适用于任何运输方式的术语 7 种：EXW、FCA、CPT、CIP、DAT、DAP 以及 DDP。

EXW（Ex Works）	工厂交货
FCA（Free Carrier）	货交承运人
CPT（Carriage Paid to）	运费付至目的地
CIP（Carriage and Insurance Paid to）	运费 / 保险费付至目的地
DAT（Delivered at Terminal）	运输终端（目的地或目的港的集散站）交货
DAP（Delivered at Place）	目的地交货
DDP（Delivered Duty Paid）	完税后交货

第二组：适用于水上运输方式的术语 4 种：FAS、FOB、CFR、CIF。

FAS（Free Alongside Ship）	装运港船边交货
FOB（Free on Board）	装运港船上交货
CFR（Cost and Freight）	成本加运费

CIF(Cost, Insurance and Freight)　　成本、保险费加运费

5.2 6种主要贸易术语

5.2.1 FOB术语

1. 概念

FOB, Free on Board (insert named port of shipment) Incoterms®2010——装运港船上交货

FOB术语指卖方以在指定装运港将货物交至买方指定的船舶或通过取得已交付至船上货物的方式交货。卖方负责出口清关，仅适用于海运和内河水运。风险转移：货物交到船上时转移，买方必须承担自那时起货物灭失或损坏的一切风险。

2. 双方的责任、费用和风险划分

1）卖方费用(Seller's Obligations)

（1）许可、授权、安检通关(Clearance)：卖方必须自担风险和费用，取得任何出口许可证或其他官方许可，并在需要办理海关手续时，办理货物出口所需的一切海关手续。

（2）在指定装运港内的装货点将货物装船（Shipment）：卖方必须在约定的日期或期限内，在指定的装运港内，按照该港习惯方式，将货物交至买方指定的船只上。

（3）提供交货的充分通知（Shipping Advice）：卖方必须给予买方说明货物已按照合同规定交货的充分通知。

（4）提交通常证据(The Usual Proof)：卖方必须自付费用向买方提供证明货物已按照合同规定交货的通常单据，包括海运提单（Ocean Bill of Lading，B/L）、商品检验证明（Certificate of Inspection）、原产地证明(Certificate of Origin)、商业发票(Commercial Invoice)、装箱单(Packing List)等。

2）卖方费用(Seller's Costs)

卖方费用即装船前及装船过程中发生的费用。

（1）装船前发生的费用：进货成本，国内运输费用，包装费用，加工整理费，仓储费，栈租费，经营管理费，银行费用，认证费，商检费，许可、授权费，安检、报关费以及其他费用等。

（2）装船过程中发生的费用：停泊费、驳船费、港口费、起吊费、垫料费、平舱费以及理舱费等。

3）卖方风险(Seller's Risks)

卖方风险即货物在装运港装上船前的风险。

4）买方的责任(Buyer's Obligations)

（1）租船或订舱，并按期派船到指定装运港。

（2）通知卖方：买方必须给予卖方有关船名、装船点和要求交货时间的充分通知。

（3）许可、授权、安检通关：买方必须自担风险和费用，取得任何进口许可证或其他官方

许可，并在需要办理海关手续时，办理货物进口和在必要时从他国过境所需的一切海关手续。

（4）付款赎单：买方必须按照销售合同规定支付价款。

（5）接受货物：买方必须在卖方按照合同规定交货时受领货物。

（6）投保货物运输险（非买方必须承担的责任）。

5）买方费用（Buyer's Costs）

买方必须支付货物在指定的装运港装上船之时起与货物有关的一切费用以及在需要办理海关手续时，货物进口应交纳的一切关税、税款和其他费用，及办理海关手续的费用，以及货物从他国过境的费用。

6）买方风险（Buyer's Risks）

货物在装运港装上船后的一切风险。

3. 应用 FOB 术语应注意的要点

在按 FOB 条件成交时，卖方要负责支付货物装上船之前的一切费用。但各国对于“装船”的概念没有统一的解释，有关装船的各项费用由谁负担，各国的惯例或习惯做法也不完全一致。如果采用班轮运输，船方管装管卸，装卸费计入班轮运费之中，自然由负责租船的买方承担；而采用程租船运输，船方一般不负担装卸费用。这就必须明确装船的各项费用应由谁负担。为了说明装船费用的负担问题，双方往往在 FOB 术语后加列附加条件，这就形成了 FOB 的变形。主要包括以下几种。

（1）班轮运输（Liner），由于班轮公司管装管卸，装船费用由负责运输的一方负担。

（2）租船运输（Charter），船方一般不管装卸，因此需进一步明确费用的负担。

可用变形如下：

（1）FOB Liner Terms（FOB 班轮条件）：这一变形是指装船费用按照班轮的做法处理，即由船方或买方承担。所以，采用这一变形，卖方不负担装船的有关费用。

（2）FOB Under Tackle（FOB 吊钩下交货）：指卖方负担费用将货物交到买方指定船只的吊钩所及之处，而吊装入舱以及其他各项费用，概由买方负担。

（3）FOB Trimmed（FOB 平舱费在内，FOB T）：指卖方负责将货物装入船舱并承担包括平舱费在内的装船费用。平舱费是指对装入船舱的散装货物进行平整所需的费用。

（4）FOB Stowed（FOB 理舱费在内， FOB S）：指卖方负责将货物装入船舱并承担包括理舱费在内的装船费用。理舱费是指货物入舱后进行安置和整理的费用。

（5）FOB Trimmed & Stowed（FOB 平舱并理舱， FOB T&S ）：卖方不仅要负担装货费，还要负担理舱和平舱的费用。

知识链接

【案例 1】1996 年 11 月，我国 F 省粮油进出口公司与巴西某公司签订一份出口油籽的合同。合同采用 FOB 价格术语，买方需于 1997 年 2 月份派船到厦门港接货。合同还规定：

"如果在此期间内不能派船接货，卖方同意保留28天，但仓储、利息、保险等费用皆由买方承担。"3月1日，卖方在货物备妥后电告买方应尽快派船接货。但是一直到3月28日，买方仍未派船接货。于是卖方向买方发出警告，声称将撤销合同并保留索赔权。买方在没有与卖方进行任何联系的情况下，直到1997年5月5日才将船只派到厦门港。这时卖方拒绝交货并提出损失赔偿，买方则以未订到船只为出拒绝赔偿损失，双方争议不能和解，故起诉到法院。

分析：本案例是涉及FOB价格术语下船货衔接的问题。按照FOB价格术语，成交的合同属于装运合同，这类合同中卖方的一项基本义务是按照规定的时间和地点完成装运。然而，由于FOB条件下是由买方负责安排租船订舱，所以，就存在一个船货衔接问题，处理不当，自然会影响到合同的顺利执行。根据有关法律和惯例，如果买方未能按时派船，卖方有权拒绝交货，而且由此产生的各种损失均由买方负担，因此，在FOB术语下成交的合同，对于装运期和装运港要慎重规定，订约之后，有关备货和派船事宜，双方要加强联系，密切配合，保证船货衔接。

在此案例中，我方作为卖方尽到了自己的责任。在装运期临近时，卖方电告催促买方派船接货。但买方仍没有及时派船接货。根据《联合国国际货物销售合同公约》的规定，卖方有解除合同之权利，并要求买方赔偿损失。

【案例2】我国某内陆出口公司于2000年2月向日本出口30吨甘草膏，每吨40箱，共1 200箱，每吨售价1 800美元，FOB天津新港，共54 000美元，即期信用证，装运期为2月25日之前，货物必须装集装箱。该出口公司在天津设有办事处，于是在2月上旬便将货物运到天津，由天津办事处负责订箱装船，不料货物在天津存仓后的第二天，仓库午夜着火，抢救不及时，1 200箱甘草膏全部被焚。结果该公司只得重新备货，但已耽误了装船期，与日方商议后重新发货并支付了晚交货的罚金。

分析：在FOB术语下卖方的责任和风险是在货物装上船时发生转移，在装船前的损失应由卖方自担。其实，该出口公司所在地正处在铁路交通的干线上，外运公司和中远公司在该市都有集装箱中转站，既可接受拼箱托运也可接受整箱托运。假如当初采用FCA（该市名称）对外成交，出口公司在当地将1 200箱交中转站或自装自集后将整箱（集装箱）交中转站，不仅风险转移给买方，而且当地承运人（即中转站）签发的货运单据即可在当地银行办理议付结汇。这减轻了自身的风险又能提前收汇。

【启示】我国一些进出口企业长期以来不管采用何种运输方式，对外洽谈业务或报盘仍习惯用FOB、CFR和CIF三种贸易术语。但在集装箱运输的情况下，集装箱一般在堆场就交给了承运人，若采用FOB、CFR和CIF价格术语卖方的责任和风险是在货物装上船时发生转移的。也就是说，卖方将承担货物在装上船前的风险和费用，风险转移和交货点不统一。FOB与CIF、CFR运输适用于海运和内河运输，是"港口至港口"（Port to Port）的术语，而集装箱运输可能是"门到门"（Door to Door）等。故FOB与CIF、CFR有自身的局限性，不适合集装箱运输。

【解决办法】采用其他适合的贸易术语，如FCA、CFR、CIP等。

5.2.2 CIF 术语

1. 概念

CIF，Cost Insurance and Freight（insert named port of destination）Incoterms®2010——成本加保险费加运费

CIF 术语指卖方在船上交货或以取得已交付至船上货物的方式交货。卖方负责出口清关，签订运输合同，并支付必要的成本和运费，将货物运至指定的目的港。它仅适用于海运和内河水运。

风险转移：卖方将货装上船交给承运人即完成交货义务，货物交到船上时转移，而不是货物到达目的港之时。买方必须承担货物装上船之时起货物灭失或损坏的一切风险。

注意：CIF 的风险划分点与费用划分点不一致。

2. 买卖双方责任、费用和风险划分

卖方责任：FOB 责任 + 租船订舱 + 投保

卖方费用：FOB 费用 + 运费 + 保险费

卖方风险：与 FOB 相同

买方责任：FOB 责任 - 租船订舱 - 投保

买方费用：FOB 费用 - 运费 - 保险费

买方风险：与 FOB 相同

3. 实践中应注意的问题

1）关于保险问题

（1）保险的险别：保险条款规定的最低险别。

（2）保险的金额：投保金额 =CIF 发票金额 ×（1+10%）。

2）关于租船订舱问题

适航性（Seaworthiness）

适货性（Fitness）

运输路线为惯常航线（The Usual Route）

关于船舶的船籍与船旗

3）关于海运运费及卸货费负担问题（CIF 的变形条款）

租船运输方式下需要明确卸货费的负担

CIF Liner Terms（CIF 班轮条件）

CIF Ex-Ship' Hold（CIF 舱底交货）

CIF Ex-Tackle（CIF 卸离吊钩）

CIF Landed（CIF 卸到岸上）

4）关于交货方式问题

交货方式分为象征性交货（Symbolic Delivery）和实际交货（Physical Delivery）。

（1）象征性交货：卖方只要在规定的时间和地点完成装运，并按时向买方提交了合同规

定的相关单据（如提单、发票等），就算完成交货义务，而无须保证将货物运到目的地。主要特点有：交货与收货并不同时发生；货交承运人或其代理人；交单代替交货；只规定装运期限，不规定到货期限；风险转移与买方接收货物不同时发生。

（2）实际交货：卖方必须在规定的时间和地点，将符合合同规定的货物提交给买方或买方指定的人，而不能以交单代替交货。主要特点有：①交货与收货同时发生；②货物直接交给买方或其指定人，交单不能代替交货；③不限定装运期限，而限定到货期限；④风险转移与买方接收货物同时发生。

按 CIF 成交的合同属于象征性交货，因此 CIF 合同具有凭单交货、凭单付款的特点。凭单交货、凭单付款要求卖方应按合同规定向买方相关单据，且应保证正确和齐全。其中，正确指单单一致和单证一致；齐全指种类、份数齐全。

知识链接

【案例 1】有一份 CIF 合同，日本某公司出售 450 公吨洋葱给澳大利亚公司，洋葱在日本港口装船时，经公证行验明：完全符合商销品质，并出具了合格证明。但该批货物运抵澳大利亚时，洋葱已全部腐烂变质，不适合人类食用，买方因此拒绝收货，并要求卖方退回已付清的货款。

试问：在上述情况下，买方有无拒收货物和要求卖方退回货款的权利？

分析：（1）在上述情况下，买方无拒收货物和要求卖方退回货款的权利。

（2）此案例涉及 CIF 术语，CIF 术语条件下成交时，买卖双方的风险界点在装运港装上船，货物在装上船前的风险由卖方承担，货物装上船以后的风险由买方承担；CIF 合同典型象征性交货，即卖方凭单交货，买方凭单付款，只要卖方所提交的单据是齐全的。

（3）结合本案例，这一批洋葱在装运港装船时，经公证行验证符合商销品质，很显然洋葱的腐烂变质完全发生在货物装船的运输途中，而这个风险理应由买方承担，此为其一；其二，CIF 合同为象征性交货，现日本方提供的单据齐全、正确，买方仍需付款，故买方是无拒收货物和要求卖方退回货款的权利的。

【案例 2】我国某公司以 CIF 条件出口一批罐头。合同签订后，接到买方来函，声称合同规定的目的港口最近经常发生暴乱，要求我方在办理保险时加保战争险。对此，我公司应如何处理？这批货物运抵目的港后，我方接到买方支付货款的通知，声明因货物在运输途中躲避风暴而增加的运费已代我公司支付给船公司，故此，所付的货款中已将此项费用扣除。

试问：对此，我公司应如何处理？

分析：（1）我方应回函买方，声明如战争险的费用在由买方支付条件下，我方可答应买方要求，否则可以拒绝买方的要求。在 CIF 术语中，卖方负责投保并支付保险费，仅需投保最低险别，没有义务投保战争险，除非买方要求并由买方承担费用，那么卖方可以投保战争险，或者双方在合同中另有约定。在上述案例中买方是在合同签订以后要求加保战争险，故而加保战争险就应由买方支付相应的保险费。

（2）我方应拒绝买方将因货船躲避风暴而增加的费用从货款中扣除的做法，应向买方追回这笔款项。按 CIF 条件成交时，卖方负责租船订舱、支付运费，但卖方支付的运费是从装运港至目的港的正常运费，因运输途中的风险而增加的运费，按照风险责任的划分，由买方承担货物装上船后的风险和费用。

【案例 3】某年，中国某出口商以 CIF 魁北克价格向加拿大某进口商出口 500 公吨核桃仁，由于核桃仁属季节性商品，进口商要求且双方同意订立如下合同条款。

信用证开证日期：9 月底。

装运：不迟于 10 月 31 日，不允许分装和转船。

到达日期：不得迟于 11 月 30 日。否则，买方有权拒收货物。

支付条件：信用证下 90 天远期汇票。

由于天气恶劣，班轮于 12 月 5 日才到达魁北克。因此，进口商拒绝提货，除非按货物总价值打 20% 折扣以赔偿进口商所发生的损失。经过多轮痛苦谈判，该交易以出口商损失 360 000 美元，即货物总价值的 15% 折扣而告终。

试问：该案例的问题何在呢？

分析：该案例的问题在于到达日期条款。对于出口商来说，其最大错误在于因自己的无知或疏忽而同意将这一条款写进了合同。

上述合同虽然是以 CIF 术语的形式订立的，但并非真正的 CIF 合同。根据《INCOTERMS® 2000》，CIF 的交货点在装运港船舷，卖方只要在规定时间将货物越过装运港船舷，就完成了交货义务，所以真正的 CIF 合同属于装运类合同，卖方无须保证货物何时到达何地。由于国际贸易术语是惯例，属于选择性约束力，当事方可以将惯例修改之后写入合同，合同规定高于惯例。本案即属此种情况：合同虽选用 CIF 术语，但同时规定货物保证到达目的港的时间，是一份有名无实的 CIF 合同，这种合同实质上是一种到货类合同。可见本案中卖方拿的是装运类的低价格，承担的却是到达类的高风险。

5.3.3 CFR 术语

1. 概念

CFR，Cost and Freight（Insert named port of destination）Incoterms®2010——成本加运费

CFR 术语指卖方在船上交货或以取得已交付至船上货物的方式交货。卖方负责出口清关，签订运输合同，并支付必要的成本和运费，将货物运至指定的目的港。它仅适用于海运和内河水运。风险转移：卖方将货装上船交给承运人即完成交货义务，货物交到船上时转移，而不是货物到达目的港之时。买方必须承担货物装船之时起货物灭失或损坏的一切风险。

2. 双方责任、费用和风险划分

卖方责任：FOB 责任 + 租船订舱

卖方费用：FOB 费用 + 运费

卖方风险：与 FOB 相同

买方责任：FOB 责任－运输

买方费用：FOB 费用－运费

买方风险：与 FOB 相同

CFR = FOB + F　或　CFR = CIF－I

3. 应用 CFR 术语应注意的问题

（1）关于及时发装船通知的问题；

（2）关于租船或订舱问题；

（3）关于海运运费及卸货费负担问题（CFR 的变形条款）。

CFR Liner Terms（CFR 班轮条件）

CRF Ex-Ship' Hold（CFR 舱底交货）

CRF Ex-Tackle（CFR 卸离吊钩）

CRF Landed（CFR 卸到岸上）

知识链接

【案例 1】我国某公司以 CFR 术语出口一批瓷器，我方按期在装运港装船后，即将有关交易单据寄交买方，要求买方支付货款。过后，业务人员才发现忘记向买方发出装船通知。此时，买方已来函向我方提出索赔，因为货物在运输途中因海上风险而损毁。

试问：我方能否以货物运输风险是由买方承担为由拒绝买方的索赔？

分析：（1）这个案例涉及 CFR 术语，根据 CFR 术语，买卖双方的风险界点在装运港装上船时发生转移，交货前的风险由卖方承担，货物装上船以后的风险由买方承担。鉴于此，卖方为了保证自己在遭到风险时能够将损失减低，可以通过向保险公司办理货运保险手续将风险转嫁给保险公司，但是买方能否及时办理保险取决于卖方在装运港装船后是否及时向买方发出装船通知。根据 CFR 术语，卖方在货物装船后及时向买方发出装船通知是其重要义务，如果卖方未及时向买方发出装船通知导致买方未能及时办理保险手续，由此引起的损失由卖方负担。

（2）就本案例而言，很显然卖方没有及时向买方发出装船通知，结果买方未办理货物保险，而货物却因海上风险而损毁，故此我方理应对该项货物损失负责，而不能以风险已转移给买方为由而拒绝卖方的索赔。

【案例 2】我国 L 公司于某年 3 月与英国 B 公司按 CFR 条件签订了一份出口帆布手包的合同。根据合同规定，L 向 H 海运公司办理定舱。H 接受承运后开始进行配载。由于 L 业务繁忙，H 没有到生产厂家亲自查看整批货物装箱情况。货物装箱完毕后，H 在合同规定的装运期内，将货物送往利物浦。1 个月后，B 来电向 L 索赔，原因是帆布包有很大刺激性气味，影响推销。经查，帆布包刺激气味是运输过程造成的。同时，L 认为双方是在 CFR 条件下交易的，自己已经完成了交货，因此之后的货物灭失或损坏的风险应该由 B 自己承担。L 进一步分析认为，CFR 要求 B 公司购买保险，所以 B 也应该向保险公司申请赔付。第二天B再次来电称根据Inconterms®2000，卖方提供符合合同规定的货物是卖方基本义务。经查，帆布包之所以产生刺激性气味，是由于集装箱油漆没有干透所致。在CFR下，卖方负责租船订舱，因此向L索赔是完全合理的。

试问：你认为是谁的责任：卖方、买方还是承运人？可否向保险公司索赔？

分析：（1）在CFR条件下，L作为卖方，完成了交货义务，则风险已经转移到了买方B。但是对货物造成的损失，确实是由于运输集装箱的问题，L应承担了责任。风险与责任的关系如下。风险是指事故发生的可能性，但人们对灾害发生在认识上有不确定性。CFR条件下船舷只能是划分双方风险的界线。责任是合同规定的买卖双方必须尽的义务，是双方约定的。责任并不随着风险的转移而转移。卖方的责任直至买方接受了货物，甚至买方接受了货物的一定时期后才终止。

（2）保险公司的承保问题。要想得到保险公司赔付，被保险人必须满足以下3个条件：①被保险人在保险事故发生时必须具有保险利益；②他必须投了相关险别；③损失不属于除外责任。

（3）不适货的责任归属问题。适货（Cargo Worthiness）意味着船舶及其设备适于接受货物，以便将货物运至目的港，以履行承运人要把货物安全运达目的地交与收货人的责任。因不适货而造成的货损是承运人的责任。

结果：L再次调查，情况属实。于是同意降价20%，收回货款后了结此案。L公司可向承运人要求索赔。

课堂实训

【案例1】某公司以FOB条件出口一批茶具，买方要求公司代为租船，费用由买方负担。由于公司在约定日期内无法租到合适的船，且买方不同意更换条件，以致延误了装运期，买方以此为由提出撤销合同。问买方的要求是否合理？

【案例2】我方按CIF条件进口一批床单，货物抵达后发现床单在运输途中部分受潮，而卖方已如期向我方递交了合同规定的全套合格单据并要求我方支付货款。问我方能否以所交货物受潮而拒付货款并向卖方提出索赔？

【案例3】我国某公司以CFR条件进口一批大豆，在约定日期未收到卖方的装船通知，却收到卖方要求该公司支付货款的单据。过后我方接到货物，经检验部分货物在运输途中因海上风险而丢失。问该公司应如何处理？为什么？

5.3.4 FCA术语

FCA，Free Carrier（insert named place of delivery）Incoterms®2010——货交承运人。

FCA术语指卖方在卖方所在地或其他指定的地点将货物交给买方指定的承运人或其他人，卖方需办理出口清关手续。它适用于任何运输方式。

采用 FCA 术语，卖方在规定的时间、地点将货物交买方指定的承运人或第一承运人监管后，即完成交货义务，交货后风险转移给买方。这里的承运人，既可以是实际履行运输合同的承运人，也可是运输代理人。

FCA 术语是在 FOB 术语的基础上发展而来的，双方责任、费用和风险的划分与 FOB 术语基本相同。FCA 术语适用于各种运输方式，特别是以集装箱为运输媒介的国际多式联运。

使用 FCA 术语的注意事项：若双方约定的交货地点在卖方所在地，卖方负责把货物装上买方指派的承运人提供的运输工具，卖方应负责装货。若交货地点在其他地方，卖方负责货交承运人，在自己提供的运输工具上完成交货义务，无须卸货。卖方不承担装货费。

知识链接

【案例】A 公司按 FCA 条件向国外 B 公司进口一批化工原料，合同中规定由卖方 B 公司代办运输事项。结果在装运期满时，国外卖方来函通知，无法租到船，不能按期交货。因此 A 公司向国内用户支付了 10 万元违约金。

试问：对 A 公司的这 10 万元损失可否向国外的卖方 B 公司索赔？

分析：（1）A 公司的 10 万元延期交货违约金，应由自己承担，不能向国外的卖方 B 公司索赔。（2）这个案例涉及 FCA 术语问题，买方负责订立运输契约，指定承运人到装运地点接货，买方可以委托卖方代办运输事项，但此项活动的风险和费用均由买方承担。（3）结合本案例，FCA 术语应由 A 公司负责租船订舱，但 A 公司在自己承担风险的责任下由卖方代办运输，所以卖方租不到船、订不到舱的风险应由 A 公司承担，由此而导致的对国内企业的违约金的损失也应由 A 公司承担。

启示：该案例不仅仅适用 FCA，在 FAS、FOB 等由买方负责安排运输时，若由卖方代办，则一切风险、费用及损失应由买方承担。

5.3.5 CPT 术语

CPT，Carriage Paid to ...（insert named place of destination）Incoterms® 2010——运费付至……

CPT 术语指卖方将货物在双方约定的地点交给卖方指定的承运人或其他人，卖方必须签订运输合同并支付将货物运至指定目的地的费用。它适用于任何运输方式，特别是以集装箱为运输媒介的国际多式联运。风险转移是指卖方将货物交付给承运人即完成交货义务，货物交到承运人时转移，而不是货物到达目的地之时。买方必须承担货物交给承运人之时起货物灭失或损坏的一切风险。

CPT 是在 CFR 术语的基础上发展而来的，双方责任、费用和风险的划分与 CFR 术语基本相同。采用 CPT 术语，卖方负责订立运输契约并支付运费，在合同规定的时间、地点将货物交给承运人或第一承运人监管，即完成交货义务，交货后风险转移给买方。

5.3.6 CIP 术语

CIP，Carriage Insurance Paid to...（insert named place of destination）Incoterms®2010——运费、保险费付至……

CIP 术语指卖方在船上交货或以取得已交付至船上货物的方式交货。卖方负责出口清关，签订运输合同，并支付必要的成本和运费，将货物运至指定的目的港。卖方还要为买方在运输途中货物的灭失和损坏风险办理保险，支付保险费用。它适用于任何运输方式，特别是以集装箱为运输媒介的国际多式联运。

卖方将货装上船交给承运人即完成交货义务，风险在货物交到船上时转移，而不是在货物到达目的港之时转移。买方必须承担货物装上船之时起货物灭失或损坏的一切风险。

CIP 术语是在 CIF 术语的基础上发展而来的，双方责任、费用和风险的划分与 CIF 术语基本相同。采用 CIP 术语卖方要负责订立运输契约并支付运费，办理货物运输保险，支付保险费，在合同规定的时间、地点将货物交给承运人或第一承运人监管，即完成交货义务，交货后风险转移给买方。

知识链接

【案例】我方按 CIP 南京条件进口 10 公吨化肥，其经海上运输，抵达上海港后转为公路运输运至南京。我方受领货物后，卖方要求我方支付货款和公路运费。

试问：卖方行为是否合理？

分析：不合理。因为 CIP 南京，卖方负责办理运输并支付运费到南京，因此卖方只需支付货款即可。

FCA、CIP 和 CPT 是分别从 FOB、CIF 和 CFR 三个传统的术语发展而来的，FCA、CIP 和 CPT 三者之间的相互关系类似于 FOB、CIF 和 CFR 之间的关系，但这两组贸易术语也存在着很多方面的区别，见表 5-1。

表 5-1　FCA、CIP 和 CPT 与 FOB、CIF 和 CFR 两组贸易术语的比较

比较项目	POB/CFR/CIF	FCA/CPT/CIP
运输方式	海运和内河运输	各种运输方式（单式和多式）
承运人	船公司	船公司、铁路局、航空公司或多式联运经营人
交货地点	装运港船上	视不同运输方式而定
风险转移界限	装运港船舷	货交承运人监营后

续表

比较项目	POB/CFR/CIF	FCA/CPT/CIP
装卸费用负担	FOB 的各种变形以明确装船费用由谁负担，CFR、CIF 的各种变形以明确卸货费用由谁负担	FCA 卖方负担装船费，CPT、CIP 卖方负担卸货费，不存在术语变形
运输单据	已装船清洁提单	提单、海运单、内河运单、铁路运单、公路运单、航空运单或多式联运单据
后注地名	FOB 后加注装运港名称，CFR、CIF 后加注目的港名称	FCA 后加注装运地名称，CPT、CIP 后加注目的地名称

11 种贸易术语买卖双方责任划分一览表，见表 5-2。

表 5-2　11 种贸易术语买卖双方责任划分一览表

买卖双方的责任划分

条款	装柜	起运港报关	起运港本地拖车	起运港卸柜	起运港装货费	至目的港运输	目的港卸柜	目的港装车	至目的地运输	保险	目的港清关	进口关税
EXW	买	买	买	买	买	买	买	买	买	买	买	买
FCA	卖	卖	卖	买	买	买	买	买	买	买	买	买
FAS	卖	卖	卖	卖	买	买	买	买	买	买	买	买
FOB	卖	卖	卖	卖	卖	买	买	买	买	买	买	买
CFR	卖	卖	卖	卖	卖	卖	买	买	买	买	买	买
CIF	卖	卖	卖	卖	卖	卖	买	买	买	卖	买	买
DAT	卖	卖	卖	卖	卖	卖	卖	买	买	买	买	买
CPT	卖	卖	卖	卖	卖	卖	卖	卖	卖	买	买	买
DAP	卖	卖	卖	卖	卖	卖	卖	卖	卖	卖	买	买
CIP	卖	卖	卖	卖	卖	卖	卖	卖	卖	卖	买	买
DDP	卖	卖	卖	卖	卖	卖	卖	卖	卖	卖	卖	卖

在进出口业务中，企业合理、慎重、恰当地选用贸易术语，对促进成交、提高效益和避免争议都具有重要的意义。一般说来，选用贸易术语时受制于以下因素：①货物在市场上的销售状态；②自身的运输条件；③运价的变动情况；④货物本身的特点；⑤运输途中的风险程度；⑥装卸港口的情况；⑦办理海关手续的难易程度；⑧支付方式。

在外贸实践中，FOB、CFR、CIF 最为常用的原因：这三种贸易术语产生时间最早，最为人们所熟悉和习惯使用；买方和卖方一般都不愿意承担在对方国家内所发生的风险，而这三种贸易术语下买卖双方的风险划分点与关境界线基本一致；这三种贸易术语下买卖双方不必到对方国家办理货物的交接，对买卖双方比较有利。

课堂实训

【案例 1】我国某公司按 FOB 术语与英国 A 客户签约成交。我方于9月1日凌晨2点装船完毕，受载货轮于当日下午起航。由于9月1、2日是周末，我方未向买方发出装船通知。3日收到买方急电称：货轮于3日4时遇难沉没，货物灭失，你方应赔偿全部损失。试分析我方公司是否应承担赔偿责任。

【案例 2】我国某公司按 FOB 条件出口一级大米300公吨，装船时货物经过检验符合合同约定的品质条件，装船后卖方及时向买方发出了装船通知。航行途中船遇大浪，大米遭海水浸泡，品质受到影响。货抵目的港后只能按三级大米作价出售。进口方要求出口方赔偿差价损失。试分析在上述情况下出口方对该项损失是否应该负责？为什么？

【案例 3】有一份 CIF 合同，出口方按合同规定的时间和装运港完成交货义务，且投保了货运险。载货船舶离港后不久触礁沉没。事后当出口方凭提单、保险单、发票等货运单据要求买方付款时，买方以货物全部损失为由拒绝接收单据和付款。试分析在上述情况下，卖方有无权利凭规定的单据要求买方付款？原因何在？

【案例 4】2010年5月，江西某公司（出口方）与美国某贸易公司（进口方）按 CIF 洛杉矶出售一批日用瓷具，支付条件为信用证，出口方需要提供已装船提单等有效单证。随后出口方与宁波某运输公司签订全程运输合同。8月初在江西将货物交给承运人。在国内运输途中发生车祸，部分瓷具因震荡受损。出口方随即与进口方洽商将信用证有效期和装船期延展20天。美商同意延期，但要求货价降5%。出口方只同意受震荡的瓷具降价1%，但美商坚持整批货物降价。最后出口方让步，同意受震荡的货物降2.5%，其余也降1.5%，共计损失15万美元。事后，出口方向承运人索赔。承运人同意承担震荡货物损失和有关仓储费用，但对其他损失不予承担，认为那是出口方与进口方单方面协商所致，与其无关。经协商，承运人赔偿损失5.5万美元。试分析本案例中出口方贸易术语的选用是否得当？

【案例 5】我国北京 A 公司拟向美国纽约 B 公司出口某商品50 000箱，A 公司提出按 FCA 北京条件成交，而 B 公司则提出采用 FOB 天津新港条件。试分析 A、B 公司提出上述成交条件的原因。

课后复习巩固

【案例 1】

案情简介：印度孟买一家电视机进口商与日本京都电器制造商洽谈买卖电视机交易。从京都（内陆城市）至孟买，有集装箱多式运输服务，京都当地货运商以订约承运人的身份可签发多式运输单据。货物在京都距制造商5千米的集装箱堆场装入集装箱后，由货运商用卡车经公路运至横滨，然后再装上船运至孟买。京都制造商不愿承担公路和海洋运输的风险；

孟买进口商则不愿承担货物交运前的风险。试对以下问题提出你的意见，并说明理由。

(1)京都制造商是否可以向孟买进口商按FOB、CFR或CIF术语报价？

(2)京都制造商是否应提供已装船运输单据？

(3)按上述情况，你认为京都制造商应该采用何种贸易术语？

【案例2】

案情简介：我国某出口公司拟出口化妆品去中东某国。正好该国某中间商主动来函与该公司联系，表示愿意为推销化妆品提供服务，并要求按照每笔交易的成交金额给予佣金5%。不久，经该中间商与当地进口商达成CIFC 5%总金额50 000美元的交易，装运期为订约后的2个月，并签订了销售合同。合同签订后，该中间商即来电要求我出口公司立即支付佣金2 500美元。我公司复电称：佣金需待货物装运并收到全部货款后才能支付。于是，双方发生了争议。

试问：这起争议发生的原因是什么？我出口公司应吸取什么教训？

【案例3】

案情简介：与利比亚商人订立的出口合同，使用的贸易术语为CFR，目的港规定为的黎波里，我方交货时误将货物运往黎巴嫩的的黎波里港，造成损失。试总结我方工作中的教训。

【案例4】

案情简介：我国某外贸公司以FOB中国港口条件与新加坡商人达成一笔出口交易，新商开来信用证的金额和单价均按FOB中国某港口计，要求货运日本横滨港，并在提单上表明“运费已付”字样。

试问：新商为什么要这样做？我方应如何处理？

【案例5】

案情简介：我国某公司以FOB条件出口一批冻鸡。合同签订后接到买方来电，称订舱较为困难委托我方代为订舱。为了方便合同履行，我方接受了对方的要求。但由于船期比较紧张，时至装运期我方在规定装运港无法订到合适的舱位，且买方又不同意改变装运港。因此，到装运期满时货仍未装船，买方因销售季节即将结束便来函以我方未按期订舱履行交货义务为由撤销合同。

试问：我方应如何处理？

【案例6】

案情简介：我方从泰国A公司进口一批大米，签订“CFR上海”合同，货轮在台湾海峡附近沉没。A公司未及时向我方发出装船通知，我方未办理投保，无法向保险公司索赔。故我方要求对方承担责任，但泰国A公司以货物离港，风险已经转移给我方为由拒绝承担责任。

试问：泰国A公司的行为是否合理？究竟应由谁承担责任？为什么？

【案例7】

案情简介：我国某出口公司按CIF条件、凭不可撤销即期议付信用证支付方式向科威特

ABC公司出售货物一批。ABC公司按合同规定开来不可撤销即期议付信用证,并经我方审核无误。我出口公司在信用证规定的装运期限内将货物在装运港装上开往目的港的海轮,并在装运前向中国人民保险公司按CIC条款办理了货物运输保险。但装货海轮在开航后不久起火爆炸沉没,该批货物全部灭失。

试问:你认为我出口公司该如何处理?并说明理由。

【案例8】

案情简介:我方按CIF条件进口一批床单,货物抵达我方后发现床单在运输途中部分受潮,而卖方已如期向我方提交了合同规定的全套合格单据并要求我方支付货款。

试问:我方能否以所交货物受潮为由而拒付货款或向卖方提出索赔?

【案例9】

案情简介:我国某出口公司对某日商出口大米,作出发盘,其中规定:每公吨CIF大阪150美元,装运港是大连,现日商要求我方改报FOB大连价。

试问:我出口公司对价格应如何调整?如果最后按FOB条件签订合同,买卖双方在所承担的责任、费用和风险方面有何差别?

【案例10】

案情简介:我方进口商以FOB条件从巴西进口橡胶,但是我方由于租船困难,不能在合同规定的时间内到装运港接运货物,从而出现了较长时期的货等船现象,于是巴西方面要求撤销合同并向我方进口商提出赔偿损失的要求。

试问:巴西出口商的做法是否合理?

第 6 章　出口成本核算

导入案例

青岛一企业拟向香港出口一批货物，报价为 USD 120.00 per M/T FOB QINDAO. 香港进口商回电同意报价，但要求贸易术语改为 CIF Hong Kong，即要求 USD120.00 per M/T CIF Hong Kong，请依据 INCOTERMS®2010 的规定，分析出口商可否接受。

6.1　出口报价的核算

6.1.1　出口价格

在国际货物买卖中，货物的价格包括成本、费用（人民币费用、外币费用）和预期利润三大要素。

出口价格＝出口总成本＋费用＋出口利润

1. 成本(Cost)

出口货物的成本主要是指采购成本。它在出口价格中所占比重最大，是价格中的主要组成部分。

采购成本＝未完税货价＋增值税额

＝未完税货价 ×（1+ 增值税率）

2. 费用(Expenses/Charges)

（1）国内费用＝国内运费＋定额费用＋银行费用＋证书费＋其他费用

（2）国外费用＝国外运费＋国外保险费＋佣金

3. 预期利润(Expected Profit)

预期利润是出口商的收入，也是经营好坏的主要指标。

6.1.2　佣金和折扣

1. 佣金和折扣的含义

1）佣金（commission）

卖方或买方付给中间商为其对货物的销售或购买提供中介服务的酬金。我国的外贸公司在代理国内企业进出口业务时，通常由双方签订协议规定代理佣金比率，而对外报价时，佣金率不明示在价格中，这种佣金被称为“暗佣”。如果在价格条款中，明确表示佣金多少，则称为“明佣”。在我国的对外贸易中，它主要出现在我国出口企业向国外中间商的报价中。

2）折扣（Discount）

卖方按照原价给买方一定的减让。折扣是卖方在原价格的基础上给予买方的一定比例的价格减让。使用折扣方式减让价格，而不直接降低报价，使卖方既保持了商品的价位，又明确表明了给予买方的某种优惠，是一种促销手段，如数量折扣、清仓折扣、新产品折扣等。比如每件 20 美元 CIF 纽约减 5%折扣。卖方在开具发票时，应标明折扣，并在总价中将折扣减去。

2. 佣金和折扣的作用

佣金和折扣可调动中间商和买方推销和经营我方出口货物的积极性，增强出口货物在国外市场的竞争力，从而扩大销售。

3. 佣金和折扣的区别

（1）佣金是中间商的报酬，折扣是卖方给买方的优惠。

（2）佣金计算在保险金额内，折扣不计算在保险金额内。

（3）佣金应纳税（佣金属于收入的一部分），折扣（不构成应纳税所得额）无须纳税。

4. 佣金和折扣的表示方法

1）佣金的表示方法

（1）用文字表示。例如：US$335 /MT CIF New York including 2% commission。

（2）在贸易术语后加 C 并注明百分比。例如：US$335 /MT CIFC2% New York。

2）折扣的表示方法

（1）一般用文字表示。例如：US$300 /MT FOB Shanghai less 2% discount。

（2）也可以用字母表示为：“D”。

3）相关说明

（1）在实践中除非事先另有约定，如有关价格条款中对佣金或折扣未作表示，通常理解为不含佣金或不给折扣的价格（即净价）。

（2）如净价成交，可在价格条款中明确表明“净价”字样。例如：US$300/MT FOB Shanghai net。

5. 佣金和折扣的计算方法

1）佣金的计算

佣金额 = 含佣价 × 佣金率

净价 = 含佣价 − 佣金额 = 含佣价 ×（1− 佣金率）

含佣价 = 净价 /（1− 佣金率）

2）折扣的计算

折扣 = 发票金额 × 折扣率

卖方实际净收入 = 原价 − 折扣额

3）计算实例

（1）若某商品单价为 USD100 per carton　CIFC3% London，则 CIF 净价为多少？

解析：净价 = 含佣价 - 佣金 = 含佣价 ×（1- 佣金率）=100 ×（1-3%）=97 USD/CARTON

（2）若某商品单价为 USD100 per carton CFR Hamburg，则 CFRC5% 为多少？

解析：含佣价 = 净价 /（1- 佣金率）=100/（1-5%）=105.26 USD/CARTON

（3）若某商品单价为 USD100 per metric ton CFR Hamburg less 2% discount，则实际的单价为多少？

解析：折扣 = 发票金额 × 折扣率 =100 ×2% = 2 USD，　实际单价为 100-2=98 USD/METRIC TON。

课堂练习

（1）如果报含佣价 CFRC5% 每公吨 100 美元，那么每公吨付佣金是多少？

（2）如果原报含佣价 CFRC5% 每公吨 100 美元，那么 CFR 净价是多少？

知识链接

判断下列我方出口单价的写法是否正确，如有误，请更正并说明理由。

（1）3.5 yuan per yard CIFC Hong Kong

（2）£500 per carton CFR Britain net

（3）USD，1000 per ton FOB London

（4）每打 100 法国法郎 FOB 净价减 1% 折扣

（5）2 000 日元 CIF 大连包含佣金 2%

（6）每斤 4.5 美元

（7）每公吨 200 美元 FOB 新港

（8）每箱 50 元 CIF 伦敦

（9）每台 300 德国马克 CIF 上海

（10）每辆 40 美元 CFR 新加坡

6. 佣金和折扣的支付方法

（1）佣金通常由我出口企业收到全部货款后再支付给中间商或代理商。

（2）折扣一般由买方在支付货款时扣除。

（3）具体的支付时间应该在合同中详细列明。

课堂练习

1. 如报净价 CFR 每公吨 100 美元，在不影响收入的条件下，则 CFRC5% 价是多少？

2. 如原报价 CFRC2% 每公吨 100 美元，在不影响收入的条件下，则 CFRC5% 价是多少？

3. 某出口公司对外报价某商品每公吨 2 000 美元 CIF 纽约，外商要求 4% 佣金。在保持我方净收入不变的情况下，应该报含佣价是多少？

4. 某公司向香港客户出口水果罐头 200 箱，每箱 132.6 港币 CIF 香港，客户要求改报 CFR 香港 5% 佣金价，设保险费率为 1%，在保持原报价格不变的情况下，试求：

（1）CFRC5% 香港价应报多少？

（2）出口 200 箱应付给客户多少佣金？

5. 我某公司出口货物 1 000 公吨，出口价格为每公吨 2 000 美元 CIF 纽约，现客户要求改报 FOB 上海价。已知该种货物每公吨出口运费为 150 美元，原报 CIF 价中，投保险别为一切险，保险费率为 1%，按 CIF 价的 110% 投保。求应报的 FOB 上海价是多少？

6.2 出口商品成本的核算

盈亏的核算实际是成本和收入的比较，成本小于收入则为盈利；成本大于收入则为亏损。外贸企业的盈亏核算也就是出口总成本与出口销售外汇净收入的比较，它是考核企业经营管理水平的重要指标。对外报价和磋商交易前，应做好盈亏核算，以便决定是否组织成交。

6.2.1 出口商品成本核算

出口商品成本核算主要有以下两个经济效益指标。

1. 出口商品换汇成本

1）概念

该指标反映出口商品每取得 1 美元的外汇净收入所耗费的人民币成本。换汇成本越低，出口的经济效益越好。如换汇成本高于银行牌价，说明出口人民币亏损。出口换汇成本与出口总成本成正比，与出口外汇净收入成反比。出口换汇成本是衡量外贸企业和进出口交易盈亏的重要指标。它与外汇牌价进行比较能直接反映出商品出口是否盈利。例如，在一笔出口贸易中，计算出的出口换汇成本为 7.3 美元，如果当时外汇牌价为 1 美元折 8.3 元，则出口 1 美元的该商品取得 1 元的盈利。反之，如果计算出的出口换汇成本是 9.3 美元，则出口 1 美元该商品，就会出现 1 元的亏损。

2）计算公式

（1）出口换汇成本 = 出口总成本（人民币元）/ 出口外汇净收入（美元）

这里的出口总成本包括进货（或生产）成本、国内费用（储运、管理，预期利润等，通常以费用定额率表示）及税金。

出口外汇净收入指的是扣除运费和保险费后的 FOB 外汇净收入。

（2）出口商品总成本（退税后）= 出口商品购进价格（含增值税）+ 定额费用 - 出口退税收入

（3）定额费用：出口商品购进价格 × 费用定额率（5%~10% 不等），费用定额率由各外贸公司按不同的出口商品实际经验情况自行核定。定额费用一般包括银行利息、工资支出、邮电通讯费用、交通费用、仓储费用、码头费用以及其他的管理费用）。

（4）退税收入 = 出口商品购进价（含增值税）÷（1+ 增值税率）× 退税率

3）计算实例

某公司出口商品 1 000 箱，每箱人民币收购价 100 元，国内费用为收购价的 15%，出口后每箱可退税 7 元，外销价每箱 19 美元 CFR 曼谷，每箱货应付海运费 1.2 美元，计算该商品的换汇成本。（保留两位小数）

出口总成本 =1 000×100×（1 ＋ 15%）-（1 000×7）=108 000 人民币元

出口销售外汇净收入 =1 000×（19-1.2）=17 800 美元

出口换汇成本 =108 000÷17 800=6.07 人民币元 / 美元

2. 出口盈亏率

1）概念

出口所得人民币净收入扣除出口总成本，即为出口盈亏额。出口盈亏率是指出口盈亏额与出口总成本的比例，用百分比表示。它是衡量出口盈亏程度的重要指标。该指标说明出口商品盈亏额在出口总成本中所占的百分比，正值为盈负值为亏。

2）计算公式

（1）出口盈亏率＝出口盈亏额 ÷ 出口总成本 ×100%

（2）出口盈亏额 = 出口销售人民币净收入－出口总成本

（3）出口人民币净收入 = FOB 出口外汇净收入 × 银行外汇买入价

（4）出口盈亏率＝（出口销售人民币净收入－出口总成本）÷ 出口总成本 ×100%

3）计算举例

在上例中，如果当时银行汇价美元买入价为 8 元。则：

出口盈亏率＝（17 800×8 － 108 000）÷108 000×100% =32%

课堂练习

（1）出口商品共 500 件，每件报价为 10 美元 CIF 伦敦，其中运费为 200 美元，保险费为 100 美元。进价每件为 50 元（含增值税），国内增值税率为 17%，费用定额率为 10%，出口退税率为 13%，银行美元买入价为 6.317 0 人民币元 / 美元。试求该笔交易的出口换汇成本。

（2）某外贸公司出口一批商品，国内采购成本共 10 000 元，加工费支出 1 500 元，商品流通费是 1 000 元，税金支出 100 元，该批商品出口销售外汇收入为 2 000 美元（USD1 = 8.276 8）。试计算：①该批商品的出口总成本是多少？②该批商品的出口销售换汇成本是多少？③判断该批商品赢利还是亏损。

6.2.2 出口成本核算要点

1. 成本核算

一般来说，人们掌握的成本是采购成本或含税成本，即包含增值税。但很多国家为了降低出口商品的成本，增强商品在国际市场的竞争能力，往往对出口商品采取增值税全部或部分退往的做法。在实施出口退税制度的情况下，在核算出口商品价格时，就应该将含税的采购成本中的税收部分根据出口退税比率予以扣除，从而得出实际采购成本。

实际采购成本 = 含税成本 − 退税收入

退税收入 = 含税成本 × 出口退税率 /（1+ 增值税率）

由此得出实际采购成本的公式：

实际采购成本 = 含税成本 ×[1− 出口退税率 /（1+ 增值税率）]

例如：某产品每单位的购货成本是 28 元，其中包括 17% 的增值税，若该产品出口有 13% 的退税，那么该产品每单位的实际采购成本 = 含税成本 ×[1− 出口退税率 /（1+ 增值税率）]=28×[1−13%÷（1+17%）]=24.89 元 / 单位。

2. 运费核算

个体运费 = 总运费 ÷[（柜体积 ÷ 每一个大箱体积）× 每箱数]

3. 保险费核算

保险费 = 保险金额 × 保险费率

保险金额 =CIF 货价 ×（1+ 保险加成率）

CIF 报价 =CFR/[1−（1+ 保险加成率）× 保险费率]

4. 含佣价

在出口报价中，有时对方要求包含佣金。这时的价格称为含佣价。

含佣价 = 净价 /（1− 佣金价）

5. 预期利润核算

利润是出口价格的三个组成部分之一。出口价格包含利润的大小，是由出口企业自行决定的。利润的确定可以用某一个数额表示，也可以用利润率即百分数表示。用利润率表示时可以用某一成本作为计算利润的基数，也可以用销售价格作为计算利润的基数。

【例 1】出口某商品，生产成本为每单位 185 元。出口的各项费用为 13.5 元，如果公司的利润为 10%，公司对外报 FOB 价，试分别按生产成本、出口成本和出口价格为基数计算利润额。

按生产成本为基数计算的利润为：185×10%=18.5 元

按出口成本为基数计算的利润额为：（185+13.5）×10%=19.85 元

按 FOB 出口价格为基数计算的利润额为：(185+13.5)/(1-10%)-(185+13.5)=22.06 元

6.FOB、CFR、CIF 三种价格的报价核算

FOB 报价 =(实际采购成本 + 各项国内费用之和)/(1- 预期利润率)

CFR 报价 =(实际采购成本 + 各项国内费用之和 + 国外运费)/(1- 预期利润率)

CIF 报价 =(实际采购成本 + 各项国内费用之和 + 国外运费)/[1- 预期利润率 -(1+ 投保加成率)× 保险费率]

6.3 主要贸易术语的价格构成与换算

6.3.1 FOB 、CFR 和 CIF 3 种贸易术语的价格构成

FOB、CFR 和 CIF 3 种贸易术语仅适用于海上或内河运输。在价格构成中，通常包括 3 方面内容：进货成本、费用和净利润。其费用的核算较为复杂，包括国内费用和国外费用。

国内费用主要有：①加工整理费用；②包装费用；③保管费用（包括仓租、火险等）；④国内运输费用（仓至码头）；⑤证件费用（包括商检费、公证费、领事签证费、产地证费、许可证费、报关单费等）；⑥装船费（装船、起吊费和驳船费等）；⑦银行费用（贴现利息、手续费等）；⑧预计损耗（耗损、短损、漏损、破损、变质等）；⑨邮电费（电报、电传、邮件等费用）。

国外费用主要有：国外运费（自装运港至目的港的海上运输费用）、国外保险费（海上货物运输保险）；如果有中间商，还包括支付给中间商的佣金。

计算公式如下：

FOB 价 = 进货成本价 + 国内费用 + 净利润

CFR 价 = 进货成本价 + 国内费用 + 国外运费 + 净利润

CIF 价 = 进货成本价 + 国内费用 + 国外运费 + 国外保险费 + 净利润

6.3.2 FCA、CPT 和 CIP 三种贸易术语的价格构成

FCA、CPT 和 CIP 3 种贸易术语适用范围广。在价格构成中，通常包括 3 方面内容：进货成本、费用和净利润。

国内费用主要有：①加工整理费用；②包装费用；③保管费用（包括仓租、火险等）；④国内运输费用（仓至码头）；⑤拼箱费（如果货物构不成一整集装箱）；⑥证件费用（包括商检费、公证费、领事签证费、产地证费、许可证费、报关单费等）；⑦银行费用（贴现利息、手续费等）；⑧预计损耗（耗损、短损、漏损、破损、变质等）；⑨邮电费（电报、电传、邮件等费用）。

国外费用主要有：外运费（自出口国内陆启运地至国外目的地的运输费用）、国外保险费；如果有中间商，还包括支付给中间商的佣金。

计算公式如下：

FCA 价 = 进货成本价 + 国内费用 + 净利润

CPT 价 = 进货成本价 + 国内费用 + 国外运费 + 净利润

CIP 价 = 进货成本价 + 国内费用 + 国外运费 + 国外保险费 + 净利润

6.3.3 主要贸易术语的价格换算

1.FOB、CFR 和 CIF 三种术语的换算

1)FOB 价换算为其他价

CFR 价 = FOB 价 + 国外运费

CIF 价 =(FOB 价 + 国外运费)/(1- 投保加成 × 保险费率)

2)CFR 价换算为其他价

FOB 价 =CFR 价 - 国外运费

CIF 价 = CFR 价 /(1- 投保加成 × 保险费率)

3)CIF 价换算为其他价

FOB 价 =CIF 价 ×(1- 投保加成 × 保险费率)- 国外运费

CFR 价 = CIF 价 ×(1- 投保加成 × 保险费率)

2.FCA、CPT 和 CIP 三种术语的换算

1)FCA 价换算为其他价

CPT 价 = FCA 价 + 国外运费

CIP 价 =(FCA 价 + 国外运费)/(1- 保险加成 × 保险费率)

2)CPT 价换算为其他价

FCA 价 =CPT 价 - 国外运费

CIP 价 = CPT 价 /(1- 保险加成 × 保险费率)

3)CIP 价换算为其他

FCA 价 =CIP 价 ×(1- 保险加成 × 保险费率)- 国外运费

CPT 价 = CIP 价 ×(1- 保险加成 × 保险费率)

6.3.4 出口报价核算和国际贸易报价及三种术语间的换算实例

【例 1】吉信贸易公司收到英国一公司求购 6 000 双牛粒面革腰高 6 英寸军靴(一个 40 英尺货柜)的询盘,经了解每双军靴的进货成本为 90 元(含增值税 17%),进货总价为 90×6 000=540 000 元,出口包装费每双 3 元,国内运杂费共计 12 000 元,出口商检费 350 元,报关费 150 元,港杂费 900 元,其他费用共计 1 500 元,吉信公司的银行贷款的年利率为 8%,预计垫款 2 个月,银行手续费为 0.5%(按成交价计),出口军靴的退税率为 14%,海上运费:深圳到利物浦,一个 40 英尺货柜的包箱费率是 3 800 美元,客户要求按成交价的 110% 投保,保险费率为 0.85%,并在价格中包括 3% 的佣金。若吉信公司的预期利润为成交价的 10%,人民币对美元的汇率为 8.25 ∶1,试报每双军靴的 FOB、CFR、CIF 价格。

注:FOB:成本 + 国内费用 + 预期利润

CFR:成本 + 国内费用 + 预期利润 + 出口运费

CIF：成本＋国内费用＋预期利润＋出口运费＋出口保险费

解答：

1. 核算成本

实际成本＝进货成本－退税金额=90-90/（1+17%）×14% =79.230 8 元 / 双（注：退税金额＝进货成本 /（1+ 增值税率）× 退税率

2. 核算费用

1）国内费用＝包装费＋（运杂费＋商检费＋报关费＋港杂费＋其他费用）＋进货总价 × 贷款利率 /12× 贷款月份 =3×6 000+（12 000+350+150+900+1 500）+540 000×8%/12×2=18 000+14 900+7 200=40 100 元

单位货物所摊费用 =40 100 元 /6 000 双 =6.683 3 元 / 双

2）银行手续费＝报价 ×0.5%

3）客户佣金＝报价 × 3%

4）出口运费 =3 800/6 000×8.25=5.224 7 元 / 双

5）出口保险费＝报价 ×110%×0.85%

核算利润（利润＝报价 ×10%）

关于 FOBC3 报价的核算如下：

FOBC3 报价＝实际成本＋国内费用＋客户佣金＋银行手续费＋预期利润 =79.230 8+6.683 3+FOBC3 报价 ×3%+FOBC3 报价 ×0.5%+FOBC3 报价 ×10%=85.914+FOBC3 报价 ×（ 3% +0.5% +10%）

可以算出 FOBC3 报价 =99.322 7 元 =12.04 美元 / 双

【例 2】2004 年 6 月，某出口公司出口陶瓷制餐具，进货成本 150 元 / 套（含 17% 增值税，退税率 9%）；20 尺货柜（按 25 立方米计）需发生的费用有：运杂费 900 元，商检及报关费 200 元，港杂费 700 元，公司业务费 1 300 元，其他费用 950 元，深圳到纽约 20 英尺货柜包箱费率 2 250 美元。利润为报价的 10%，美元对人民币汇率为 1∶8.27. 货物外箱体积为 0.4 米 ×0.35 米 ×0.38 米。我方对外报价为每套 25.10 美元 CFR 纽约，客户还价每套 22 美元 CFR 纽约。

现在需要我们考虑以下 3 个问题：①按客户还价，核算我方盈亏情况；②保持 5% 利润的还价情况；③保持 8% 利润的国内采购价调整情况。请计算：还价采用逆算法。

1. 按照客户还价，算出我方是否能得到利润

外箱体积：0.4 米 ×0.35 米 ×0.38 米 =0.0532 立方米

报价数量：20 尺柜（按 25 立方米计算）包装件数 =25/0.0532=470 箱（每箱装 1 套）

销售收入 =22×8.27 =181.94 元

退税金额＝进货成本 /（1+ 增值税率）× 退税率 =150-150/（1+17%）×9%=138.461 5 元

国内费用总额＝运杂费 900 元＋商检报关费 200 元＋港杂费 700 元＋业务费用 1 300 元＋其他费用 950 元 =4 050 元

每套餐具国内费用 =4 050÷470=8.617 元

海运费 =2 250 美元 /470×8.27 =39.590 1 元 / 套

销售利润 = 销售收入 – 实际成本 – 国内费用 – 海运费 =181.94–138.461 5–8.617–39.590 1= –4.726 8 元 / 套

利润呈负数，为 –4.7268 元 / 套，亏损率 =4.728 6/181.94=2.60%

2. 按照我方利润保持 5% 还价情况

CFR 价 = 实际成本 + 国内费用 + 海运费 + 利润 =138.461 5+8.617+39.590 1+ 报价 ×5%

将等式两边移项得：CFR 价 – 报价 ×5% =138.461 5 +8.617+39.590 1

CFR 价 = 196.493 3 元 / 套

196.493 3 元 /8.27=23.7598 美元 / 套，我方保持 5% 的利润，每套可还价 23.759 8 美元 / 套

3. 按我方保持 5% 的利润率，进行国内采购价的调整计算

实际成本 = 销售收入 – 销售利润 – 海运费 – 国内费用 =22×8.27-22×8.27×8%–39.5901–8.617 = 181.94–14.555 2–48.207 1 = 119.177 7 元 / 套

进货成本 = 实际成本 ×（ 1 + 增值税率）/（1 + 增值税率 – 出口退税率）=119.177 7×（ 1 +17%）/（ 1+17%–9%）=139.437 9/ 1.08 =129.109 2 元 / 套

所以说，供应商要在原来价基础上降价 20.9 元才可以成交。

【例 3】荣成贸易公司向日本冈岛株式会社报出水产出口的价格后，随即收到日本商人的还价，每吨 CIF 神户的接受价格是 990 美元，包括 3% 的佣金，请根据还价计算：

（1）如果接受客户还价，荣成贸易公司每出口一吨水产可以获利多少人民币？总利润额为多少？利润率是百分之几？

（2）如果荣成贸易公司 10% 的成交利润率不得减少，在其他国内费用保持不变的情况下，公司能够接受的国内供货价格应为每吨多少元？（以上计算要求精确到元）

报价核算回顾如下。

报价数量：17 吨（计一个 20 尺柜集装箱）。

进货价格：每吨 5 600 元（含 17% 增值税），出口退税率为 3%。

国内费用：运杂费共计 1 200 元，出口包装费每吨 500 元，出口商检费共 300 元，报关费 100 元，港区港杂费 950 元，其他各种费用共计 1 500 元。贷款年利率为 8%，垫款时间为两个月。

银行手续费率：0.5%（按成交价格计）。

出口运费：2 200 美元。

保险：按 CIF 价格的 110% 投保，保险费率 0.85%。

佣金：3%。

预期利润：10%（以成交金额计）。

汇率：8.25 元兑换 1 美元。

报价核算的要点：

实际成本 =5 600−5 600÷（1+17%）×3%=5 600−143.589 7=5 456.410 3 元 / 吨

费用：

国内费用 =500+（1 200+300+100+950+1500）÷17+5 600×8%÷6=812.902 0 元 / 吨（贷款利息通常按采购成本来核算）

银行手续费 = 报价 ×0.5%

客户佣金 = 报价 ×3%

出口运费 =2 200×8.25÷17=1 067.647 0 元

出口保费 =CIF 报价 ×110%×0.85%

利润：报价 ×10%

CIFC3 报价 = 实际成本 + 国内费用 + 出口运费 + 客户佣金 + 银行手续费 + 出口保险费 + 预期利润 =5 456.410 3+812.902 0+1 067.647 0+ 报价 ×3%（客户佣金）+ 报价 ×0.5%（银行手续费）+ 报价 ×110%×0.85%（出口保险费）+ 报价 ×10%（利润）

还价核算如下。

（1）按照客户提出的价格每吨 990 美元 CIFC3% 神户，荣成贸易公司每吨可望获取的利润额 = 销售收入 − 实际购货成本 − 国内费用 − 海洋运费 − 银行手续费 − 保险费 − 佣金 =990×8.25−5 456.410 3−812.902−1 067.647 1−990×8.25×（0.5%+110%×0.85%=3%）=830.540 7−362.228 6 =468.312 1=468 元 / 吨

总利润额 =468×17=7 956 元；利润率 =468÷8 167.5×100%=5.73%

（2）如果荣成公司 10% 的销售利润保持不变的话，每吨水产的国内采购价格 = 销售收入 − 销售利润 − 保险费 − 佣金 − 银行费用 − 国内费用 − 海洋运费 − 退税收入（国内费用中的银行利息为采购价格 ×8%÷6 退税收入为采购价格 ÷（1+17%）×3%）=990×8.25×（1−10%−1.1×0.85%−3%−0.5%）−738.235 3−1 067.647 01+8%/6−3%/.17=5 182.639 =5 247.23=5 247 元 / 吨

6.3.5 进出口业务中避免汇率风险的方法

1. 压低进口价格或提高出口价格

在合同中规定，根据所使用的货币币值变动幅度来确定价格的调整幅度。如在商定进口合同时使用当时视为“硬币”的货币为计价货币和支付货币，可在确定价格时，将该货币在我方付汇时可能上浮的幅度考虑进去，将进口价格相应压低。相反地，如在商定出口合同时使用当时视为“软币”的货币为计价货币和支付货币，可在确定价格时，将该货币在我方收汇时可能下浮的幅度考虑进去，将出口价格相应提高。鉴于汇价的变动是十分频繁的，特别是较长时期的趋势难以预测，故该办法通常较多适用于成交后进口付汇或出口收汇间隔时间较短的贸易。

2. 软币和硬币结合使用

在不同的合同中使用多种软币和硬币。在国际金融市场上，往往是两种货币互为软硬的，即具有相对性。而且每每都有今日是软币而后成为硬币或相反的情形。因此，在不同的

合同中适当地结合使用多种软币和硬币，也可以起到减少外汇风险的作用。（从成交至收汇这段时间内汇价比较稳定且成上浮的货币，即所谓“硬币”或“强币”，反之即为“软币”或“弱币”。）

3. 订立外汇保值条款

在出口合同中规定外汇保值条款（Exchange Clause）的办法主要有以下3种。

（1）计价货币和支付货币均为同一软币。确立订约时这一货币与另一硬币的汇率，支付时按照当日汇率折算成原货币支付。

（2）软币计价，硬币支付。将商品单价或者总金额按照计价货币与制度化货币当时的汇率，折合成另一中硬币，按另一种硬币支付。

（3）软币计价，软币支付。确定这一种货币与另几种货币的算术平均汇率，或用其他计算方式的汇率，按支付当日与另几种货币算术平均汇率或其他汇率的变化作相应的调整，折算成原货币支付。这种保值可称为“一揽子汇率保值”，这需由双方协商同意。

（4）出口用硬币进口用软币。例如：进口成交时美元∶人民币=1∶8，到开证时美元已贬值，变为1∶7，这时进口人就可以用7元兑换1美元了。每兑换一个美元省人民币1元：出口成交时欧元∶人民币=1∶10.20，到结账时欧元已升值到1∶10.30，这时每兑换一个欧元多换回0.1元。

课后复习巩固

1. 我国某出口商品原报价为每箱150美元CFR孟加拉。现外商要求改报CFRC5%孟加拉，在FOB净收入不减少的条件下，我方最低应报多少美元？若按110%投保，保险费率为1%，则我方最低CIFC5%应报多少美元？

2. 我国某出口公司按每箱200美元FOB新港报出某商品，国外客户要求改报CFRC5报价。经查装运港至目的港的运费为每箱22美元。请计算在我方利益不受损的情况下，应报价多少？

3. 我国某出口商品的原报价每公吨250美元CIFC2%鹿特丹，国外客户要求增加佣金3个百分点，我方改报价应为多少？

4. 我国某出口公司按每公吨500美元CIF Rotterdam对外报价。设海运费每公吨45美元，投保加一成，保险费率为0.8%。请计算在我方利益不受损的情况下，我方应报FOB价多少？

5. 我国某出口公司对外报某商品每桶150美元FOB青岛。国外客户要求改报CIFC3洛杉矶。设每桶运费为15美元，加一成投保，保险费率为0.5%。问我方应报价多少？

6. 某出口商品的进货成本为每打650元，商品流通费为50元，出口销售价为每打165美元CIF鹿特丹，其中包括保险费25美元、运费8美元。求该商品每打出口换汇成本及盈亏率。（设：当时美元对人民币的外汇牌价为：1∶6.83）

7. 我国某出口公司在国内购进一批商品，进价为6 400万元，加工整理费为250万元，商品流通费用为350万元。出口后的外汇净收入为1 500万美元。问该批商品的盈亏率和换汇成本各为多少？（设：当时美元对人民币的外汇牌价为：1∶6.83）

8. 我国某公司向菲律宾出口一批商品，已知该商品国内含税供货价格为每吨3 000元，国内费用共计每吨200元，该商品增值税率为17%，出口退税率为5%。公司要求的预期利润率是10%，人民币对美元的汇率为6.83∶1。菲律宾客户要求在报价中包括其5%的佣金。试求报该商品的FOBC5价格。（计算过程保留两位小数）

9. 我国某公司拟向国外客户出口某商品共120箱，该商品国内进货价每件34元，按每60件装一纸箱，包装费用每箱120元，国内运杂费共1 800元，商检报关费共计600元，港口各项费用共计480元，各种相关管理费用共计1 200元，经核实该批货物出口需运费960美元，如由我方投保，按CIF成交价加一成投保一切险，保险费率为0.5%，另外，该种商品的出口退税率为13%，如果该公司欲获得10%预期利润率，且国外客户要求价格中含其5%佣金，人民币对美元的汇率为6.83∶1，试求报该商品的FOBC5和CIFC5的美元价格。（计算过程保留两位小数）

10. 我国某轻工进出口公司和美国一中间商洽谈关于出口一笔陶瓷器皿的交易，经了解购货成本为180元/套（含增值税，增值税率为17%），该产品的出口退税率为9%。租用一个20英尺集装箱装运货物（可以装500套），从上海运往旧金山的海上运费为2 500美元，出口包装费用为3元/套，国内运杂费为2 000元，商检费、报关费为500元，其他费用为3000元，以成交价的110%投保一切险，保险费率为0.3%。美国公司要求在报价中包括5%的佣金，该公司定预期利润率为报价的12%，美元对人民币汇率为1∶8.30。（计算过程保留两位小数）

（1）现分别以FOBC5、CFRC5、CIFC5三种价格对外报价。

（2）计算该商品每套产品出口销售人民币净收入为多少？该批货物的出口总盈亏额为多少？出口换汇成本为多少？

11. 我国A出口公司收到法国B公司求购8 000双牛皮鞋（计一个40尺集装箱）的询盘，经向供货厂家了解每双皮鞋的进货成本为100元（含17%的增值税），出口包装费每双3.5元，国内运杂费13 000元，出口商检费400元，报关费150元，港区杂费800元，认证费、经营费等共计1 600元，出口皮鞋的退税率为14%，从上海启运到法国马赛港的海运费为4 000美元/40货柜，以成交价的110%投保一切险，保险费率为0.2%。法国B公司要求在报价中包括其3%的佣金，我国A公司的预期利润率为成交额的10%，人民币对美元的汇率为6.83∶1。（计算过程保留两位小数）

（1）现分别以FOBC3、CFRC3、CIFC3三种价格对外报价。

（2）如我方对外报价每套15.71美元CFR旧金山，客户还价每套15.50美元CFR旧金山。按照客户的还价，计算我方所能得到的利润率及总利润。

第7章　国际货物运输

导入案例

【案例1】中国A公司从德国B公司进口一套大型生产设备，合同约定出口商分三个批次交货。交付第一批货物符合合同的要求，第二批货物为该设备的主要部件，但型号和性能等方面与合同严重不符，结果是设备无法安装投产。A公司因此提出撤销整个合同，但B公司反对。

请依照《联合国国际货物销售合同公约》有关规定分析哪方有理？为什么？

【案例2】山东某公司出口500公吨花生仁，信用证方式付款。国外客户开来的信用证装运条款规定如下：Shipment from Chinese port to Singapore in September, Partial shipment prohibited。由于货源紧张，公司先于9月15日在青岛港将200公吨花生仁装"东风"轮，取得一套海运提单。后来公司在烟台联系到一批货，在公司承担相关费用的情况下，该轮船驶往烟台港装了300公吨货物，9月30日取得另一套海运提单，后驶往新加坡。公司在信用证有效期内将两套货运单据交银行议付，银行以货物属于分批装运，单证不符为由拒付。请分析银行是否有权拒付？

7.1　海洋运输

7.1.1　海洋运输的特点

在国际货物运输中，运用最广泛的是海洋运输（Ocean / Sea Transport）。

其优点是运量大、运费低。其不足之处是受气候和自然条件的影响较大、航期不易准确、风险较大、速度较慢。

7.1.2　海洋运输的方式

海洋运输的经营方式主要有班轮运输和租船运输两大类。

1. 班轮运输（Liner）

班轮运输是指轮船公司将船舶按事先制定的船期表（Sailing Schedule），在特定海上航线的若干个固定挂靠的港口之间，定期为非特定的众多货主提供货物运输服务，并按事先公布的费率或协议费率收取运费的一种船舶经营方式。

1）班轮运输的特点

（1）四固定：固定航行时间表、固定的航线、固定停靠港口、相对固定的运费率。

（2）一负责：承运人负责装卸，运费中包括装卸费。

（3）承运人和托运人的权利、义务和责任豁免以班轮公司签发的提单条款为依据，不计算装卸时间与滞期费和速遣费。

班轮运费视散货运输还是集装箱运输而有所不同，此处的运费指散货运输的运费。

散货运输的班轮运费：货物从装运港至目的港的海上运费以及货物的装卸费。

2）班轮运费的构成

班轮运费 = 基本运费 + 附加运费

附加运费名目繁多，包括超重附加费、超长附加费、超大件附加费、燃料附加费、直航附加费、转船附加费、港口附加费、绕航附加费、选港附加费、货币贬值附加费、港口拥挤费、变更卸货港附加费、洗舱费以及熏蒸费等。

3）班轮运费的计收方法

A. 基本运费

（1）以货物毛重征收 / 按重量吨（Weight Ton）*W*（1 重量吨为 1 公吨或 1 长吨）。

（2）以货物体积征收 / 尺码吨（Measurement Ton）*M*（1 尺码吨为 1 立方米或 40 立方英尺）。

（3）按重量或体积较高者征收 *W/M*。

（4）按商品价格计算（FOB 价）A.V.。

（5）按重量、体积和价格三者中较高的一种征收 *W/M* or A.V.。

（6）按重量或体积从高征收后，另加一定百分比率的从价运费 W/M plus A.V.。

（7）按货物件数计收（Per Unit; Per Head）。

（8）临时议价（Open Rate）。

B. 附加费。一般按照基本运费的一定百分率征收，有时也以每运费吨若干金额征收。

4）班轮运费的计算

班轮运费 = 基本运费 + 附加运费

基本运费＝货运量 × 基本运费率

附加费＝基本运费 × 附加费费率

总运费＝基本运费 + 附加费＝基本运费 ×（1+ 各种附加费率之和）

【例 1】从我国大连运往国外某港口一批货物，计收运费标准 *W/M* 共 200 箱，每箱毛重 25 kg，每箱体积长 49 厘米，宽 32 厘米，高 19 厘米，基本运费率为每运费吨 60 美元，特殊燃油附加费率为 5%，港口拥挤费为 10%，试计算 200 箱应付多少运费？

解答：W=25 kg=0.025 运费吨

M=0.49×0.32×0.19=0.029 792 运费吨

因为 $M>W$，所以采用 M 计费

运费 = 基本运费 ×（1+ 附加费率）× 运费吨

$=60\times(1+5\%+10\%)\times 0.029\,792\times 200$

$=60\times 115\%\times 5.958\,4$

$=411$（美元）

答:200 箱应付运费 411 美元。

课堂练习

1. 上海运往肯尼亚蒙巴萨港口门锁一批，共计 100 箱。每箱体积为 20 厘米 ×30 厘米 ×40 厘米，毛重为 25 千克。当时燃油附加费率为 30%，蒙巴萨港口拥挤附加费率为 10%。门锁属于小五金类，运费计收标准为 *W/M*，等级为 10 级，基本运费为每运费吨 443 港元。计算应付运费是多少？

2. 上海某公司出口某商品 400 件。每件毛重 80 kg，体积为 100 厘米 ×40 厘米 ×25 厘米。经查轮船公司的货物分级表，等级为 5 级，该货运费计算标准为 *W/M*。又查上海至纽约港费率表，每运费吨基本运费率为 US$80，另收港口附加费 10%，直航附加费 15%。公司对外报价为每件 US$400 CFR 纽约，而客户要求改报 FOB 上海价。计算 FOB 上海价（单价）应为多少（保留两位小数）。

5）使用班轮运输应注意的问题

由于班轮运输计收标准不一，如果属于按照体积计算运费的货物，特别是一些轻泡货，应改进包装，压缩体积，节省运费。

对外报价时，应慎重考虑运费因素，仔细核算运费，特别是对可能加收的各种附加费必须计算在内。

我国出口货物由我方订舱托运时，应争取在基本港口卸货，节省直航和转船附加费。

要熟悉各类班轮运价表，选择填写收费比较低的适当货物名称，要做到合理套级，尽量避免按“未列明货物”计算运费。

托运样品一般不要超过一定的重量和体积。

2. 租船运输(Charter)

租船运输是指租船人向船东租赁船舶用于货物运输的一种方式，通常适用于大宗货物运输。有关航线和港口、运输货物的种类以及航行的时间等，都按照承租人的要求，由船舶所有人确认。租船人与出租人之间的权利义务以双方签订的租船合同确定。

1）租船运输的特点

（1）以低值大宗货物（Bulk Cargo）为主。

（2）无“四固定”和“两管”。

（3）在程租船运输方式下计收滞期费和速遣费。如果在约定的装卸时间内未完成货物装卸，致使船舶在港内停泊时间延长，给船方造成经济损失，则延迟期间的损失，应按约定每天若干金额补偿给船方，这项补偿金叫滞期费。反之，如按约定的装卸时间和装卸率，提前完成装卸任务，使船方节省了船舶在港的费用开支，船方将其获取的利益的一部分给租船人作为奖励，叫速谴费。按惯例，速遣费一般为滞期费的一半。滞期费和速遣费通常约定为每天若干金额，不足 1 天，按比例计算。

(4)租船合同确定双方的权利和义务。

(5)运费随行就市，相对较低。

2)租船方式

A. 定程租船(Voyage Charter)

以航程为基础的租船方式叫作定程航船，又称航次租船。租船双方的权利和义务，由定程租船合同规定。定程租船分为单航次租船、来回航次租船、连续航次租船、包运合同。应在合同中规定装卸期限或装卸率以及与之相应的滞期费和速遣。

a. 程租船运费：装运港——目的港

(a)按运费率：按货物每单位重量或体积若干金额计算。

(b)按整船包价。

运费支付方式：运费预付(Freight Prepaid)和运费到付(Freight to Collect)

b. 程租船装卸费

(a)船方负责装卸费(班轮条件)：装卸费用都由船方负担。

(b)船方管装不管卸(Free Out, F.O.)：船方只管装船费用，不管卸货费用。

(c)船方管卸不管装(Free In, F.I.)：船方只管卸货费用，不管装船费用。

(d)船方装卸都不管(Free In and Out, F.I.O.)：船方装卸费用都不管。

B. 定期租船 (Time Charter)是出租人向承租人提供约定的由出租人配备船员的船舶，供其一定时期的租船运输，承租人也可将此期租船充作班轮或程租船使用。船、租双方的权利义务，以定期租船合同规定。船舶在租期内的一切运营费用及日常维修等开支，均由租方负担。

C. 光船租船(Bare Charter)特殊的定期租船。

3)装卸时间、装卸率

(1)装卸时间是指允许完成装卸任务所约定的时间，装卸期限用若干日表示，如日、工作日、晴天工作日、连续 24 小时晴天工作日(星期日和节假日的规定)。

(2)装卸率即平均每天装若干吨。

4)期租船的租金

期租船的租金按合同规定支付，可以按每月每载重吨若干金额支付，也可以按整船每天若干金额支付。

7.1.3 装运条款

1. 交货时间

在实际业务中，规定交货时间的方法如下。

(1)规定某月装运，例如：Shipment during Mar. 2002。

（2）规定跨月装运，例如：Shipment during Feb./Mar. 2002。

（3）规定在某月月底或某日前装运，例如：Shipment at or before the end of May 2002；Shipment on or before July 15th 2002。

（4）规定在收到信用证后若干天内装运，例如：Shipment within 45 days after receipt of L/C。

注意：在采用这种装运期规定时，必须同时规定有关信用证开到的期限。

说明：

（1）在实践中，也有规定在某一特定日期装运、具备某一条件后确定装运期以及使用近期装运术语等做法，但较少采用。

（2）在合同中，应尽量避免采用近期装运的表示方式，如迅速装运（prompt shipment）、立即装运（immediate shipment）、尽快装运（shipment as soon as possible）等。

（3）在出口业务中，除非确有必要，一般不能接受对方提出的在合同中既规定装运时间又规定到达时间的做法。

2. 装运港（地）和目的港（地）

1）装运港或装运地

（1）出口业务中，使用 FOB、CFR 和 CIF 术语时，应选择海轮能直接进入载运货物的港口为装运港；在采用多式运输的情况下，一般应以有多式运输经营人收货站的地方作为装运地点；如交易数量较大或货物来源分散，集中在一个地点有困难的时候，则可争取在两个或两个以上的地点装运。

（2）进口业务中必须考虑到我国的贸易政策以及我方接货的可能性。

具体的规定方式如下。

（1）只规定一个装运港（地），例如 Port of Shipment：Shanghai。

（2）规定两个或两个以上的装运港（地），例如 Port of Shipment：Qingdao and Shanghai。

（3）笼统地规定，例如 Port of Shipment：Chinese ports。

说明：

（1）当采用第 2、第 3 种规定方式时，如卖方负责安排运输，则卖方可在范围之内任选。

（2）如买方安排运输，则卖方必须在合同规定的装运时限或装运时间前一段时间将最终选定的装运港（地）的详细信息通知买方。

（3）并非每个合同都必须明确规定装运地（如 CIF 路货交易）。

2）目的港（地）

A. 规定目的港（地）的方法

（a）只规定 1 个目的港（地），例如 Port of Destination：New York。

（b）规定 2 个或 2 个以上的目的港（地），例如 Port of Destination：London/Liverpool。

（c）笼统规定，例如 Port of destination：U.K. ports。

B. 出口业务中，考虑是否能够接受买方提出的目的港（地）应考虑的方面。

（a）贯彻我国有关的贸易政策。

(b)对目的港(地)的规定,应力求明确、具体(在特殊情况下,可选择性地接受,但必须考虑到港口条件及对方确定目的港的最后时限)。

(c)在我方负责运输的情况下,如运往目的港无直达班轮或航次较少,合同中应规定允许转运。

(d)目的港必须是船舶可以安全停泊的港口。

(e)对内陆国家的交易,如选用CFR、CIF应选择距离该目的地最近的、我方能够安排船舶的港口为目的港。除非多式联运承运人能够接受全程运输,一般不接受以内陆城市为目的地。

(f)规定的目的港和目的地如在世界范围内有重名,应明确国别与所处方位。

3. 正确使用选择港

(1)选择港即允许收货人在预先提出的两个或两个以上的卸货港中,在货轮驶抵第一个备选港口前,按船公司规定的时间,将最后确定的卸货港通知船公司或其代理人,船方负责按通知的卸货港卸货。按一般航运惯例,如果货方未在规定时间将选定的卸货港通知船方,船方有权在任何一个备选港口卸货。

(2)采用选择港应注意的问题:①合同中规定的选择港的数目一般不超过3个;②备选港口在同一条班轮航线上,而且是班轮公司的船只都能停靠的港口;③在核定价格和计算运费时,应按备选港口中最高的费率加上选港附加费计算;④在合同中应明确规定因选择港而增加的运费、附加费均由买方负担。

(3)选择港实例。

① CIF London/Hamburg/Rotterdam optional

② CIF London, optional Hamburg/Rotterdam. Optional additionals for buyer's account

4. 分批装运和转运

1)分批装运

分批装运是指一个合同项下的货物先后分若干期或若干批装运。在国际贸易中,有的交易因为数量较大,或是由于备货、运输条件、市场需要或资金的限制,有必要分期分批交货的时候,可在合同中规定分批装运条款。合同中规定分批装运的方法如下。

(1)只规定允许分批装运,未规定分批的具体时间、批次及数量。

(2)既规定允许分批装运,又规定分批的具体时间、批次及数量。

说明:

(1)在合同中如没有规定允许分批装运,不同国家的法律有不同的解释。所以应在合同中明确规定。

(2)根据《跟单信用证统一惯例》,除非信用证明示不准分批装运,卖方即有权分批装运。

(3)如果信用证中规定了每批装运时间和数量,若其中任何一期未按规定装运,则本期及以后各期信用证均失效。

(4)按惯例:运输单据表面注明同一运输工具、同一航次、同一目的地的多次装运,即使其表面上注明不同的装运日期和/或不同的装运港、接受监管地或发运地,将不视作分批装运。

2）转运

转运是从装运港（地）至卸货港或目的地的货运过程中进行转装或重装，包括从一运输工具或船只移至另一同类运输方式的运输工具或船只，或由一种运输方式转为另一种运输方式的行为。

（1）《跟单信用证统一惯例》中的禁止转运，实际上仅是禁止海运港至港除集装箱以外的货物运输的转运。但该解释仅适用于信用证业务的处理而不涉及买卖合同条款的解释。

（2）进口商如果要禁止任何形式的转运，在申请开证时也应明确列明禁止转运的条款。

5. 买卖合同中的装运条款

【实例】（1）Shipment during Oct./Nov./Dec. 2002，with partial shipments and transhipment allowed.

（2）During Mar./Apr. in two shipment，transshipment is prohibited.

（3）Shipment during May from Shanghai to New York.

（4）The seller shall advise the buyer 30 days before the month of shipment of the time the goods will be ready for shipment. Partial shipment and transhipment allowed.

案例分析：我国出口 2 000 公吨大米至新加坡，国外开来信用证规定：不允许分批装运。结果我们在规定的期限内分别在烟台、连云港各装 1 000 公吨于同一航次的同一船上，提单也注明了不同的装运地和不同的装船日期。请问这是否违约？银行能否议付？

7.1.4 海上货物运输单据

1. 海运提单（Ocean Bill of Lading，B/L）

1）概念

海运提单是指用以证明海上货物运输合同和货物已经由承运人接受或装船以及承运人保证据以交付货物的单证。

2）海运提单的性质和作用

（1）货物收据（B/L as a Receipt of Goods）。

（2）运输契约的证明（B/L as an Evidence of Contract）。

（3）物权凭证（B/L as Document of Title）。（不可转让的提单除外：如记名提单。）

3）提单的主要内容

（1）提单正面的记载事项。关于提单正面的记载事项，各航运公司拟制的提单大致相同，一般包括下列各项：①承运人的名称和主营业所；②托运人的名称；③收货人的名称；④通知方；⑤船舶名称；⑥装货港和卸货港；⑦货物的品名、标志、包数或者件数、重量或者体积；⑧提单的签发日期、地点和份数：⑨运费的支付；⑩承运人或者其代表的签字。

（2）提单背面条款。海运提单的背面通常载有关于双方当事人权利和义务的条款。各种提单格式的条款虽不尽相同，但主要内容基本上是一致的：①管辖权和法律适用条款；②承运人责任条款；③承运人的免责条款；④承运人责任期间条款；⑤赔偿责任限额条款；⑥特殊货物条款；⑦留置权条款；⑧共同海损和新杰森条款；⑨双方有责碰撞条款。此外，提单中还有关于战争、检疫、冰冻、罢工、拥挤、转运等内容的条款。

4）海运提单的种类

（1）按货物是否装船分类：①已装船提单（On Board B/L）（提单的签发日即为装船日期）；②备运提单（Received for Shipment B/L）。除非另有约定，卖方有义务提供已装船提单。

（2）据有无不良批注分类：①清洁提单（Clean B/L）；②不清洁提单（Unclean B/L）：标明货物或包装有差损的提单。除非另有约定，卖方有义务提供清洁提单，不清洁提单不能结汇。清洁提单也是提单转让时必须具备的基本条件之一。

对货物与包装状况的批注，如：

ONE BAG BROKEN（一包破）

ONE BALE OF RUBBER STAINED BY WATER（一包橡胶水渍）

ALL TIMBER LOADED WET（全部木材装船水湿）

ONE CARTON NO.23 MIDDEW STAINED（第 23 号纸箱有霉迹）

TWO BOXES CARSHDE，CONTENTS EXPOSED（两箱打碎，货物暴露）

THREE STEEL TUBES BENT（三条钢管弯曲）

知识链接

船长在提单上批注“旧麻袋包装”这种提单是否属清洁提单？

如：SECOND-HAND CASES（用过的箱子）；USED DRUMS（旧桶）

（3）按提单收货人抬头或是否可转让分类：①记名提单（Straight B/L）——收货人抬头提单，只能由特定的人提货，不能通过背书转让，不能流通，不能视作物权凭证；②不记名提单（Bearer B/L）——来人抬头提单，无须背书即可转让；③指示提单（Order B/L）：提单的收货人栏填写凭指示（To order...）或凭某人指示（To the order of...）字样的提单。

经过背书后可以转让，分为：①空白背书；②记名背书。背书：Endorsement 是一种以转让票据权利为目的的票据行为，是票据转让的一种重要方式。

（4）按运输方式分类：①直达提单（Direct B/L）；②转船提单：（Transshipment B/L）货物装上某一海轮后，在航运的中途港要将货物卸入另一船舶载驶向目的卸货港的情况下所签发的包括运输全程的提单；③联运提单（Through B/L）（海运和其他运输方式的联合运输）。

转船提单和联运提单都是由第一承运人签发包括全程运输的提单，但这两种提单的签发人一般都在提单中申明只对第一程运输的发生的货损负责。

（5）船舶营运方式分类：①班轮提单（Liner B/L）；②租船提单（Charter Party B/L）。

（6）提单内容的繁简：①全式提单（Long form B/L）；②略式提单（提单背面无条款）

（Short form B/L）。

（7）按提单使用效力分类：①正本提单（Original B/L），提单上有承运人、船长或其代理人签名盖章并注明签发日期的提单。在法律上是有效的单据，必须要注明“正本”字样。正本提单一般为一式两份或三份，凭其中一份提货后，其他作废。买方最好要求卖方提供船公司签发的全套提单。②副本提单（Copy B/L），提单上没有承运人的签字盖章，仅供参考用。

注：为了防止提单遗失，被窃或在转移过程中发生意外事故，造成灭失，各国航运习惯都允许签发数份正本提单。

2. 海运单(Sea / Ocean Waybill)

海运单只是货物收据和运输合同的证明，不可流通，所以又称为“不可转让海运单”，不具有物权凭证的性质。

采用海运单时，收货人不凭海运单提货，承运人也不凭海运单放货，而是凭海运单上所载明的收货人的提货凭条 / 收货凭条交付货物，只要该凭条能证明其为运单上所指明的收货人即可（已签收的到货通知和有效身份证件）。

海运单的出现是为了解决提单晚于货物抵达目的港（过期提单）而给进口商带来的问题，以便让提货人凭到货通知即可提货。

海运单与海运提单的区别在于前者不属物权凭证，而后者是物权凭证。拥有海运单还要表明持单人就是海运单上的收货人方可提货。

7.2 其他运输方式

7.2.1 铁路运输

1. 国际铁路货物联运

国际铁路货物联运发货人由始发站托运，使用一份铁路运单，铁路方面便根据运单将货物运往终点站交给收货人。

2. 国际铁路联运运单

该运单为发送国铁路和发货人之间缔结的运输合同，运单签发，不是物权凭证。运单正本随货同行，在到达站连同货物到达通知及货物一并交给收货人，副本交给发货人，作为向收货人证明货物已经发运并凭以结算货款的依据。

7.2.2 航空运输

1. 运输方式

航空运输方式包括：①班机运输（Airliner Transport）；②包机运输（Chartered Carrier Transport）；③集中托运（Consolidation Transport）；④航空急件传送方式（Air Express Service)。

2. 航空运单

航空运单是承运人与托运人之间签订的运输契约,也是承运人或其代理人签发的货物收据。航空运单不仅应有承运人或其代理人签字,还必须有托运人签字。收货人凭航空公司的到货通知单和有关证明提货。航空运单同样不是物权凭证,不能通过背书转让。

3. 承运人

承运人包括:①航空运输公司;②航空货运代理公司。

7.2.3 集装箱运输

1. 集装箱运输

集装箱运输是指将货物装载于标准规格的集装箱内进行运输的现代化运输方式,适合于海洋运输、铁路运输和航空运输等各种运输方式。集装箱海运已经成为国际主要班轮航线上占有支配地位的运输方式。.

其优点是:①提高装卸率和加速船舶的周转;②提高运输质量和减少货损货差;③节省各项费用和降低货运成本;④简化货运手续和便利货物运输。

传统单一运输串联为连贯的成组运输,促进了国际多式联运的发展。

2. 种类

规格:20 英尺集装箱、40 英尺集装箱。

整箱货(Full Container Load,FCL):整箱货,由发货人负责装箱、计数、填写装运单,并由海关加铅封的货物。整箱货的拆箱一般由收货人办理,也可以委托承运人在货运站拆箱,但承运人不负责箱内的货损、货差,除非货方举证确属承运人责任事故的损害,承运人才负责赔偿。承运人对整箱货以箱为交接单位。只要集装箱外表与收箱时相似和铅封完整,承运人就完成了承运责任。整箱货运提单上,要加上“委托人装箱、计数并加铅封"的条款。

拼箱货(Less than Container Load,LCL):货主托运零散或小数量的货物由承运人负责装箱的一种方式。承运人接到这种货物后,按性质和目的地进行分类,把同一目的地、性质相同的货物拼装进同一个集装箱进行运输。

3. 货物交接

(1)堆场到堆场:发货人整箱交货,收货人整箱接货。

(2)货运站到货运站:发货人拼箱交货,收货人拼箱接货。

(3)门到门:承运人在发货人工厂或仓库接货,在收货人工厂或仓库交货。

4. 集装箱海运运费

以每运费吨作为计费单位,适用于散货。

以每个集装箱作为计费单位,即包箱费率。

5. 集装箱运输的主要单据

场站收据、集装箱装箱单、提单或集装箱联运提单或多式运输单据。

7.2.4 国际货物多式联运

国际多式联运是在集装箱基础上产生和发展起来的一种综合性的连贯运输方式，一般是以集装箱为媒介，把海、陆、空各种传统的单一运输方式有机结合起来，组成一种国际的连贯运输。须具备的6个条件如下。

（1）必须有一个多式联运合同。

（2）必须使用一份包括全程的多式联运单据。

（3）至少有两种不同运输方式的连贯运输。

（4）必须是国际的货物运输。

（5）必须是由一个多式联运经营人对全程运输负总的责任。

（6）必须是全程单一运费费率。

交接方式有门到门、门到港站、港站到港站、港站到门。

多式联运单据（Multimodal Transport Document，MTD）是由承运人或其代理人签发，其作用与海运提单相似，既是货物收据也是运输契约的证明，在单据作成指示抬头或不记名抬头时，可作为物权凭证，经背书可以转让。

7.2.5 陆桥运输

1. 大陆桥运输

大陆桥运输即以集装箱为运输媒介，以陆上的铁路或公路运输系统为桥梁，将大陆两端的海洋连接起来的海—陆—海的连贯运输。

海运（一程）——陆运（二程）——海运（三程）

主要的大陆桥例如：

——亚欧大陆桥（西伯利亚大陆桥）

纳霍德卡、东方港——莫斯科——圣彼得堡

——新亚欧大陆桥（中荷大陆桥）

连云港——鹿特丹（1992年12月1日开通）

——美国大陆桥（第一个出现的大陆桥，现已萎缩了）

西雅图——芝加哥——波士顿

旧金山——芝加哥——纽约

洛杉矶——堪萨斯城——巴尔的摩

2. 小陆桥运输（Mini land bridge Transport）

小陆桥运输是在美国大陆桥运输开始萎缩后派生出来的，是指比大陆桥运输缩短一程海上运输而成为海—陆或陆—海形式的运输方式。其具体做法一般是以集装箱为媒介，由远东把货物运至美国西海岸港口，再以铁路或公路运至美国东海岸或墨西哥湾地区靠近最后目的地的港口，卸车后再转运至目的地。这种运输由于不必通过巴拿马运河，所以可以缩短运输时间。

3. 微型陆桥运输(Micro land bridge Transport)

微型陆桥运输是在小陆桥运输的基础上派生出来的，是指从远东至美国内陆之间的运输，其运输路线较之小陆桥运输又有缩短。其具体做法是把远东各地到美国中部内陆城市的货物先装船运至美国西海岸港口，卸船后以陆运方式直接运至美国内陆城市。它比小陆桥运输方式费用更省，运输时间更短。

7.2.6 公路、内河、邮政、管道运输

1. 公路运输

公路运输一般即指汽车运输。是我国边疆地区与邻国物资交流的主要手段。

2. 内河运输

内河运输是指使用船舶通过国际内江湖河川等天然或人工水道，运送货物和旅客的一种运输方式。它是水上运输的一个组成部分，是内陆腹地和沿海地区的纽带，也是边疆地区与邻国边境河流的连接线，在现代化的运输中起着重要的辅助作用。

3. 邮政运输

邮政运输是一种较简便的运输方式。各国邮政部门之间订有协定和公约，通过这些协定和公约，各国可以互相传递货物。邮政运输是一种“门到门”的运输方式，并具有广泛的国际性，适用于量轻体小的货物。

（1）际特快专递（EMS）：这是中速业务中速度最快的门到门服务、服务范围遍及全球220多个国家。中速全球快递由于是利用TNT国际快递网络进行传递、在时限、查询等售后服务有较为专业的支撑。

（2）HL国际快递：DHL国际快递是一家全球性的国际快递公司，提供专业的运输、物流服务，为全球最大的递送网络之一，在五大洲拥有将近34个销售办事处以及44个邮件处理中心。其运输网络覆盖全球220多个国家和地区的120 000多个目的地（主要城市）。

（3）包收据：邮包运输的主要单据。它既是邮局收到寄件人邮包后签发的凭证，也是收据人凭以提取邮件的凭证，又是当邮包发生灭失或损坏时索赔和理赔的依据。不是物权凭证。

4. 管道运输：适用于运输液体和气体货物

各种运输方式见表7-1。

表7-1　各种运输方式一览

运输方式		送银行办理议付的运输凭证	签发人
海洋运输		海运提单（B/L）	船长与船公司或其代理
铁路	国际联运	铁路运单副本	铁路始发站
	港澳	货物收据（Cargo Receipt）	外运公司

续表

运输方式	送银行办理议付的运输凭证	签发人
航空运输	航空运单（MAWB or HAWB）	民航公司或外运
邮政运输	邮包收据（Parcel Post Receipt）	邮局
多式联运	多式联运单据（MTD）	多式联运经营人

附海运提单示样：

海运提单示样

Bill of Lading

Shipper Tong Da Trading Corp. 3th Floor, Main Building 138 Tong Da Street Harbin,China		**B/L No.:** TD-FLSBL01
Consignee To Order		*Original* **COSCO** 中国远洋运输(集团)总公司 CHINA OCEAN SHIPPING (GROUP) CO.
Notify Party F.L.Smidth & Co. A/S 77, Vigerslev Alle Dk-2500 Valby Copenhagen, Denmark		
Place of Receipt Dalian CY	**Ocean Vessel** Yi Xiang	
Voyage No. V.307	**Port of Loading** Dalian	
Port Of Discharge Copenhagen	**Place of Delivery** Copenhagen CY	

Marks	Nos. & Kinds of Pkgs.	Description of Goods	G.W.(kg)	Meas.(m^3)
FLS 9911 Copenhagen 1-1,200	1,200 Cartons	Fei-Da Brand Bicycle Freight Prepaid	39,600	547.200 3+6 Copies

Total Number of Containers or Packages(In Words): Say Two Thousand Cartons Only

Freight & Charges	**Revenue Tons**	**Rate**	**Per**	**Prepaid**	**Collect**
Prepaid At	**Payable At**			**Place and Date of Issue**	
Total Prepaid	**Number of Original B/L(S)**	Three		Dalian Nov.5, 2011	
LOADING ON BOARD THE VESSEL					
DATE	**BY**				

课后复习巩固

【案例 1】

案情简介: 我国某出口企业收到的一份信用证规定:“装运自重庆运至汉堡。多式运输单据可接受。禁止转运”。受益人经审核认为信用证内容与买卖合同相符,逐按照信用证规定委托重庆外运公司如期在重庆装上火车经上海改装轮船运至汉堡。由重庆外运公司于装车当日签发多式运输单据。议付行审单认可后即将单据寄开证行索偿。开证行提出单证不符,拒绝付款。理由:①运输单据上表示的船名有“预期”字样,但无实际装船日期和船名的批注;②信用证规定禁止转运,而单据却表示“将转运”。试对此进行评析。

【案例 2】

案情简介: 我外贸公司 A 与欧洲 B 商订立供应某商品 500 公吨出口合同,规定 1~4 月由中国港口装上海轮运往欧洲某港,允许卖方交货数量可增减 5%。B 商按时开来信用证的装运条款为 1 月 100 吨、2 月 150 吨、3 月 150 吨、4 月 100 吨,每月内不得分批。A 公司审核信用证之后认为可以接受,遂于 1 月、2 月分别按照信用证规定如期如数发货并顺利结汇。后由于货源不足,经协商得船公司同意,于 3 月 10 日先在青岛将 70 公吨货装上 C 轮,待该轮续航烟台时,于 3 月 18 日在烟台再装 75 公吨。A 公司议付时,提交了分别于青岛和烟台装运的共计 145 公吨的两套提单。当议付行将单据寄交开证行时遭拒付。理由:① 3 月应装 150 吨,实际装 145 公吨;②分别在青岛、大连装运,与信用证禁止封闭不符。试分析开证行拒付理由是否成立。

【案例 3】

案情简介: 新加坡 A 公司与中国 C 公司订立 CIF(上海)合同,销售白糖 500 吨,由 A 公司保一切险。2000 年 7 月 3 日,A 公司派代理人到 C 公司提货,在货物堆放的 3 天里,因遇湿热台风天气,货物部分受损,造成 10%的脏包。A 公司将货物悉数交与承运人,承运人欲出具不清洁提单,A 公司为顺利结汇,便出具保函,许诺承担一切责任。承运人遂出具了清洁提单,A 公司得以顺利结汇,提单和保险单转移至 C 公司手中。7 月 21 日,货到上海港,C 公司检验出 10%的脏包,遂申请上海海事法院扣留承运人的船舶并要求追究其签发不清洁提单的责任。

试问: C 公司选择追究承运人的责任是否合理?

【案例 4】

案情简介: 国内 A 公司从香港 B 公司进口 A 套德国设备,合同价格条件为 CFR 广西梧州,装运港是德国汉堡,装运期为开出信用证后 90 天内,提单通知人是卸货港的外运公司。合同签订后,A 公司于 7 月 25 日开出信用证,10 月 18 日香港 B 公司发来装船通知,11 月上旬 B 公司将全套议付单据寄交开证行,A 公司业务员经审核未发现不符并议付了货款。船运从汉堡到广西梧州包括在香港转船正常时间应在 45~50 天内。12 月上旬,A 公司屡次查询梧州外运公司都无货物消息,公司怀疑 B 公司倒签提单,随即电询 B 公司,B 公司答复确已如期装船。12 月下旬，A 公司仍未见货物，再次电告 B 公司要求联系其德国发货方协助查询货物下落。B 公司回电说德国正处圣诞节假期，德方无人上班，没法联络。A 公司无奈只好等待。次年元月上旬，圣诞假期结束，B 公司来电，称货物早已在去年 12 月初运抵广州黄埔港，请速派人前往黄埔办理报关提货手续。此时货物海关滞报已 40 多天，待 A 公司办好所报关提货手续已是次年元月底，发生的滞箱费，仓储费，海关滞报金，差旅费及其他相关费用达十几万元。

【案例 5】

案情简介：我国某出口公司按 CFR 条件向日本出口红豆 250 吨，合同规定卸货港为日本口岸，发货物时，正好有一船驶往大阪，我公司打算租用该船，但在装运前，我方主动去电询问哪个口岸卸货时值货价下跌，日方故意让我方在日本东北部的一个小港卸货，我方坚持要在神户、大阪。双方争执不下，日方就此撤销合同。

试问：我方做法是否合适？日本商人是否违约？

【案例 6】

案情简介：我国某公司对南非出口一批化工产品 2 000 公吨，采用信用证支付方式。国外来证规定："禁止分批装运，允许转运"。该证注明"按《跟单信用证统一惯例》办理"。现已知：装期临近，已订妥一艘驶往南非的"黄石"号货轮，该船先停靠新港，后停靠青岛。但此时，该批化工产品在新港和青岛各有 1 000 公吨尚未集中在一起。

试问：如你是这笔业务的经办人，最好选择哪种处理方法？为什么？

【案例 7】

案情简介：我国某出口公司收到一国外来证，货物为 40 000 只打火机，总价值为 4 万美元，允许分批装运，采用海运方式。后客户来传真表示急需其中 10 000 只（总数量的 1/4）打火机，并要求改用空运方式提前装运，并提出这部分货款采用电汇方式（T/T）在发货前汇至我方。

试问：遇到此类问题该怎么办？

第 8 章　国际货物运输保险

导入案例

某货轮从大连港驶往卡拉奇，在航行途中船舶货舱起火，大火蔓延到机舱，船长为了维护船货的共同安全，采取紧急措施，往起火舱中灌水。最终火虽被扑灭，但由于主机被烧，不能工作，货轮无法继续航行。于是船长雇用拖轮将货轮拖回大连港修理。检修后重新驶往卡拉奇。事后调查与火灾相关的损失有：① 800 箱货物被火烧毁；② 500 箱货物由于灌水灭火受损；③主机和部分甲板被烧坏；④雇用拖轮的费用；⑤额外增加的燃料和船长、船员工资；⑥在大连检修期间 100 箱货物丢失。试分析以上损失中哪些属于共同海损？哪些属于单独海损？

8.1　货物运输保险

1. 货物运输保险的定义

被保险人或投保人在货物装运以前，估计一定的投保金额（即保险金额）向保险人（承保人）即保险公司投保货物运输险。被保险人按投保金额、投保险别及保险费率，向保险人支付保险费并取得保险单据。被保险货物若在运输过程中遭受保险事故造成损失，则保险人负责对保险险别责任范围内的损失，按保险金额及损失程度赔偿保险单据的持有人。

2. 货物运输保险的原则

1）最大诚信原则（Principle of Utmost Good Faith）

投保人和保险人在签订保险合同以及在合同有效期内，必须保持最大限度的诚意，双方都应恪守信用，互不欺骗隐瞒，保险人应当向投保人说明保险合同的条款内容，并可以就保险标的或者被保险人的有关情况提出询问，投保人应当如实告知。

2）可保利益原则（Principle of Insurable Interest）

投保人对保险标的具有法律上承认的利益。被保险人如对保险标的不拥有可保利益，保险合同无效。国际货运保险合同不要求被保险人在投保时拥有可保利益，而仅要求保险标的发生损失时必须拥有可保利益。

3）损失补偿原则（Principle of Indemnity）

当保险标的遭受保险责任范围内的损失时，保险人应当依照保险合同的约定履行赔偿义务。但保险人的赔偿金额不得超过保险单上的保险金额或者被保险人遭受的实际损失。保险人的赔偿不应使被保险人因保险赔偿而获得额外利益。

4）近因原则（Principle of Proximate Cause）

保险人只对承保风险与保险标的损失之间有直接因果关系的损失负赔偿责任，而对保险责任范围外的风险造成的保险标的的损失不承担赔偿责任。

如果保险标的的损失是由多个原因造成的，这些原因既有保险责任范围内的，也有保险责任范围外的，则应根据情况区别对待。

（1）保险责任范围内的损失 + 保险责任范围外的损失。如果后面损失的原因是前面原因导致的，保险公司应负责赔偿。

（2）保险责任范围外的损失 + 保险责任范围内的损失。如果后面损失的原因是前面原因导致的，保险公司不负责赔偿。

8.2 海洋货物运输保险的风险与损失

8.2.1 海上风险（海难）

1. 一般海上风险

1）自然灾害（Natural Calamitys）

自然灾害不是泛指一切的自然灾害，而仅指被保险的货物在运输途中遭遇到恶劣气候、雷电、海啸、地震、洪水或火山爆发等不可抗拒的灾害。

2）意外事故（Accident）

意外事故是指由于偶然的、不能预料的原因或者由于不可抗力的原因所造成的事故，仅指船舶搁浅、触礁、沉没、互撞、与流冰或其他物体碰撞、火灾、爆炸、失踪等。

2. 外来风险

1）一般外来风险

一般外来风险是一般外来原因所导致的风险，主要包括偷窃、雨淋（淡水）、短量、破碎、渗漏、受潮受热、沾污、串味、包装破裂、钩损、锈损等。

2）特殊外来风险

特殊外来风险是指货物在运输过程中遭受政治因素、战争、敌对行为、罢工、进口国拒绝进口以及拒绝提货等特殊外来因素的影响而产生的风险。

8.2.2 海上损失

按损失的程度，海上损失可分为全部损失和部分损失。

1. 全部损失

全部损失又分为实际全损和推定全损。

1)实际全损(Actual Total Loss)

实际全损主要有4种情况。

(1)被保险货物的实体已经完全灭失。例如,载货船舶遭遇海难后沉入海底,保险标的物实体完全灭失。

(2)被保险货物遭到严重损害,丧失原有用途和价值。例如,水泥受海水浸泡后变硬;烟叶受潮发霉后已失去原有价值。

(3)被保险人对保险货物的所有权被完全剥夺。例如,载货船舶被海盗抢劫,或船货被敌对国扣押等,虽然标的物仍然存在,但被保险人已失去标的物的物权。

(4)载货船舶失踪,已达到一定期限仍无音讯。在国际贸易实务中,一般根据航程的远近和航行的区域来决定时间的长短。

2)推定全损(Constructive Total Loss)

推定全损,又称商业全损,是指被保险的货物在海上运输中遭遇承保风险后,虽然还没有达到完成灭失的程度,但是可以预见到它的全部损失将不可避免;或者为了避免全损,需要支付的恢复、修复费用及继续将货物运抵目的地的费用已超过货物价值。推定全损构成情况如下。

(1)保险标的物受损后,其修理费用超过货物修复后的价值。

(2)保险标的物受损后,其整理和继续运往目的港的费用超过货物到达目的港的价值。

(3)保险标的物的实际全损已经无法避免,为避免全损所需的施救费用,将超过获救后标的物的价值。

(4)保险标的物遭受保险责任范围内的事故,使被保险人失去标的物的所有权,而收回标的物的所有权,其费用已超过收回标的物的价值。

在推定全损状况下,被保险人获得的补偿情况有两种:一种是部分补偿,一种是全部补偿。如果被保险人想要获得全部损失的补偿,必须办理委付手续,将被保险的货物无条件地委付给保险人。

2. 部分损失

根据其损失的性质可分为共同海损(General Average, G.A.)和单独海损(Particular Average,P.A.)

1)共同海损

共同海损是指载货船舶在航运途中遇到危难,威胁到船、货等各方面的共同安全,船方为了维护船、货的共同安全,有意地、合理地采取挽救措施所作出的一些特殊牺牲或支出的额外费用。

(1)共同海损成立的条件:①危险必须是确实存在或不可避免的,不是主观臆断的;②危险必须危及到船货的共同安全;③共同海损行为必须是有意的、合理的、有效的;④损失和费用必须是特殊性质或额外的;⑤牺牲或费用的支出必须是共同海损措施的直接后果,不包括间接损失。

(2)共同海损的分摊。①分摊方:货方、船方、运费方等三方;②分摊原则:按各方获救财产价值比例分摊。

2）单独海损

单独海损只涉及受损船舶或货物所有人的自身利益，并不涉及船、货、运费收入方的共同利益，由遭受损失的一方单独承担。单独海损的特点是：①它不是人为有意造成的部分损失；②它是保险标的物本身的损失（船 / 货）；③单独海损由受损失的被保险人单独承担，但其可根据损失情况从保险人那里获得赔偿。

8.2.3 海上费用

1. 施救费用(Sue and Labor Expenses)

施救费用是指被保险货物在遭受保险责任范围的自然灾害和意外事故时，被保险人或其代理人为抢救被保险货物，防止损失继续扩大所支付的合理费用。

2. 救助费用(Salvage Charges)

救助费用是指被保险货物遭受承保范围内的灾害事故时，由保险人和被保险人以外的无契约关系的第三者采取救助措施，救助成功，被救方给予第三者的报酬。第三人采取措施，救助成功，应支付给第三人的报酬、救助费用，由保险人支付。应遵循“无效果，无报酬”原则。

案例思考

【案例 1】海轮的舱面上装有 1 000 台拖拉机，航行中遇大风浪袭击，450 台拖拉机被卷入海中，海轮严重倾斜，如不立即采取措施，则有翻船的危险，船长下令将余下的 550 台拖拉机全部抛入海中。

试问：这 1 000 台拖拉机的损失由谁承担？属于何种性质？

【案例 2】一条载货船从大连港出发驶往日本，在航行途中货船起火，大火蔓延到机舱。船长为了船货的共同安全，命令采取紧急措施，往舱中灌水灭火。火扑灭后，主机受损无法航行。船长雇用拖轮将货船拖回大连修理，检修后重新将货物运往日本。此次事故造成损失如下。

（1）5 000 箱货物被火烧毁。

（2）2 500 箱货物因灌水灭火受到损失。

（3）主机和部分甲板被烧坏。

（4）拖船费。

（5）额外增加的燃料费。

试问：上述损失哪些属共同海损？哪些属单独海损？为什么？损失如何处理？

【案例 3】一艘驶往纽约的货船 A，在行进过程中突然遭受风暴，有十包货物掉入海里，情况危急，船员立即展开施救，但是还是无法救回所有货物，这时另一艘船 B 的船员看见这情形，立即帮忙打捞货物，才得以救回所有货物。试分析发生的费用。

8.3 海洋货物运输保险的险别

1.《中国保险条款》(CIC)

中国人民保险公司 1981 年修订的海洋运输保险条款，简称中国保险条款（China Insurance Clauses，C.I.C）。我国的海洋运输保险险别，按照能否单独投保分为基本险和附加险两类。基本险可单独投保，附加险不能单独投保。

1）责任范围（Coverage）

A. 基本险（Basic Risks）

a. 平安险（Free From Particular Average，FPA）

平安险（FPA）的责任范围：

（1）自然灾害造成的全损或推定全损；

（2）意外事故造成的全部或部分损失；

（3）意外事故（前或后）+ 自然灾害造成的部分损失；

（4）装卸或转运时货物落海造成的全部或部分损失；

（5）被保险人的施救费用，以不超过保险标的金额为限；

（6）在避难港卸货引起的损失及在中途港、避难港存仓或卸货所产生的特别费用；

（7）共同海损的牺牲、分摊和救助费用；

（8）根据“船舶互撞责任”条款规定，应由货方偿还船方的损失。

适用范围：大宗、低值粗糙的包装货物，如：废钢材、木材、矿砂等。

案例分析

有一批货物已投保了平安险，载运该批货物的海轮于 5 月 3 日在海面遇到暴风雨的袭击，使该批货物受到部分水渍，损失货值 1 000 元。该货轮在继续航行中，又于 5 月 8 日发生触礁事故，又使该批货物损失 1 000 元。问：保险公司如何赔偿？

b. 水渍险（With Particular Average，WA/WPA）

水渍险的责任范围 = 平安险 + 自然灾害造成的部分损失

适用范围：适用于不易损坏或易生锈但不影响使用的货物。如：钢管、旧汽车等。

c. 一切险（All Risks，AR）

一切险的责任范围 = 水渍险 + 一般外来风险造成的全部或部分损失

说明：

（1）责任范围的大小顺序：一切险 > 水渍险 > 平安险。

（2）投保人可根据货物的特点、运输路线等情况选择投保平安险、水渍险和一切险三种险别中的任一种。

适用范围：价值较高、可能受损因素较多的货物。

B. 附加险（Additional Risks）

附加险包括一般附加险（11 种）和特殊附加险（8 种）

a. 一般附加险（General Additional Risks）

（1）偷窃、提货不着险（Theft Pilferage and Non-delivery）。

（2）淡水雨淋险（Fresh Water and Rain Damage）。

（3）短量险（Risk of Shortage）。

（4）混杂、沾污险（Risk of Intermixture and Contamination）。

（5）渗漏险（Risk of Leakage）。

（6）碰损、破碎险（Risk of clash and Breakage）。

（7）串味险（Risk of Odor）。

（8）受潮受热险（Damage Caused by Sweating and Heating）。

（9）钩损险（Hook Damage Risk）。

（10）包装破裂险（Breakage of Packing Risk）。

（11）锈损险（Risk of Rust）。

c. 特殊附加险（Special Additional Risks）

（1）交货不到险（Failure to Delivery Risk）。

（2）进口关税险（Import Duty Risk）。

（3）舱面险（On Deck Risk）。

（4）拒收险（Rejection Risk）。

（5）黄曲霉素险（Aflatoxin Risk）。

（6）战争险（War Risk）。战争险的保险责任包括：①直接由于战争、类似战争行为和敌对行为、武装冲突或海盗行为所致的损失；②由于上述原因所引起的捕获、拘留、扣留、禁制、扣押所造成的损失；③各种常规武器，包括水雷、鱼雷、炸弹所致的损失；④由于上述原因所引起的共同海损的牺牲、分摊和救助费用。除外责任包括：①由于敌对行为使用原子或热核制造的武器（如原子弹、氢弹等）所致的损失和费用；②根据执政者、当权者，或其他武装集团的扣押、拘留引起的承保航程的丧失和挫折而提出的任何索赔。

（7）罢工险（Risk of Strike，Riots and Civil Commotions，SRCC）

罢工险是保险人承保因罢工者、被迫停工工人、参加工潮、暴动和民众战争的人员采取行动所造成的承保货物的直接损失，对间接损失不负责。如由于劳动力短缺或无法使用劳动力，致使堆放码头的货物遭到雨淋日晒而受损、冷冻机因无燃料而中断造成的被保险货物的损失不负责赔偿。罢工险的保险责任期间是“仓至仓”。

已投保战争险又加保罢工险时，一般不另行收费。

出口货物到港澳（包括九龙在内）存仓火险责任扩展条款（Fire Risk Extension Clause for Shortage of Cargo at Destination Hongkong，Including Kowloon or Macao）

C. 除外责任(Exclusions)

(1)被保险人的故意行为或过失造成的损失。

(2)属于发货人责任造成的损失。

(3)在保险责任开始前,被保险货物已存在的品质不良、或数量短差造成的损失。

(4)被保险货物的自然损耗、本质缺陷以及市价跌落、运输延迟引起的损失或费用。

(5)海洋运输货物战争条款和货物运输罢工条款规定的责任范围和除外责任

D. 责任期间(Duration)

a. 基本险的责任起讫期限(W/W Clause)

采用国际保险业的惯例"仓至仓条款"确定,即自被保险货物运离单所载明的起运地仓库或储存处所开始运输时生效,包括正常运输过程中海上、陆上、内河和驳船运输在内,直到该项货物运抵保险单所载明的目的地收货人的最后仓库或储存处所为止。如未抵达上述仓库或储存处所,则以被保险货物在最后卸载港全部卸离海轮后满 60 天为止。

b. 战争险的责任起讫期限(水上危险)

海运战争险的保险责任自被保险货物装保险单所载明起运港的海轮或驳船时开始,至卸离保险单所载明的目的港的海轮或驳船时为止。

如果被保险货物不卸离海轮或驳船,保险责任以海轮到达目的港的当日午夜起算满 15 天为止。

E. 索赔期限(The Period of Claim)

《中国保险条款》规定:自被保险货物在最后卸载港全部卸离海轮后起算,最多不超过两年。

《中华人民共和国海商法》(1993 年 7 月 1 日起实施)规定:根据海上保险合同,向保险人要求保险赔偿的请求权,时效时间为两年,自保险事故发生之日起计算。

2. 协会货物条款(Institute Cargo Clauses,ICC)

在国际保险市场上,各国保险组织都制定有自己的保险条款。但最为普遍采用的是英国伦敦保险业协会所制订的《协会货物条款》(Institute Cargo Clause, I.C.C.)、我国企业按 CIF 或 CIP 条件出口时,一般按《中国保险条款》投保,但如果国外客户要求按《协会货物条款》投保,一般可予接受。

英国伦敦保险业协会所制订的《协会货物条款》:

(1)Institute Cargo Clauses(A)即 ICC(A):(A)险相当于中国保险条款中的一切险,但其责任范围更为广泛,采用了承保"除外责任"之外的一切风险的方式表明其承保范围。

(2)Institute Cargo Clauses(B)即 ICC(B):(B)险大体上相当于水渍险,货物本身的性质和特点险。

(3)Institute Cargo Clauses(C)即 ICC(C):(C)险相当于平安险,但承保范围较小些。

(B)险和(C)险都采用列明风险的方式表示其承保范围。

8.4 海运保险实务

1. 投保险别的选择

投保险别的选择既要保证货物获得充分的保险保障，又要节省保险费开支。具体地说，险别的选择应结合以下条件：

（1）货物的包装状况；

（2）季节、气候等自然条件；

（3）载货船舶的航行路线和停靠港口的情况。

2. 保险金额的确定

国际保险市场的习惯做法，出口货物的保险金额一般按 CIF 货价另加 10% 计算。另加的 10% 叫加成率，用以补偿买方为进行交易支付的费用和预期利润。

1）保险金额计算的公式

保险金额 = CIF 货值 ×（1+10%）

2）保险费的计算

保险费 = 保险金额 × 保险费率

3）投保的流程

海运出口货物投保单→承保回执→保险单

4）保险合同的形式

（1）保险单（Insurance Policy），俗称大保单，是保险人和被保险人之间成立保险合同关系的正式凭证，是海上保险最常用的形式。

（2）保险凭证（Insurance Certificate），俗称小保单，它是保险人签发给被保险人，证明货物已经投保和保险合同已经生效的文件。保险凭证具有与保险单同等的效力，但在信用证规定提交保险单时，一般不能交保险单的简化形式。

（3）联合凭证（Combined Certificate）是一种更为简化的保险凭证，保险公司只在出口商的商业发票上加注保险编号、险别、金额，并加盖保险公司印章作为承保凭证。这种凭证不能转让，目前仅用于香港、澳门地区的托收业务及香港部分银行由华商开来的信用证。

（4）预约保险单（Open Cover/Policy）是一种长期性的货物运输保险合同，在合同中规定了承保范围、险别、费率、责任、赔款处理等项目，凡属合同约定的运输货物在合同有效期内自动承保。预约保险单往往与保险声明书（Insurance Declaration）一起使用。

8.5 其他运输方式下的货运保险

1. 陆运货物保险

陆运货物保险的基本险别有：陆运险（类似于海运水渍险）和陆运一切险。其也采用“仓至仓”条款。

1）陆上货物运输保险条款与险别。中国人民保险公司 1981 年 1 月 1 日修订的《陆上运输货物保险条款》规定：陆上运输分为陆运险和陆运一切险两种基本险别。

A. 陆运险（Overland Transportation Risks）

保险公司承保暴风、雷电、洪水、地震等自然灾害和运输工具遭受碰撞、倾覆、出轨或隧道坍塌、崖崩或失火、爆炸等意外事故所造成的全部或部分损失。陆运险承保范围与海运货物保险条款中的“水渍险”相似。

B. 陆运一切险（Overland Transportation All Risks）

除上述陆运险的责任范围外，还包括运输途中，由于外来原因造成的短量、偷窃、渗漏、碰损、破碎、钩损、雨淋、生锈、受潮、受热、发霉、串味、沾污等全部或部分损失。陆运一切险的承保范围与海运货物保险条款中的“一切险”相似。

2）陆上货物运输保险责任的起讫期限

保险责任起讫也采用“仓至仓原则”，即保险责任从被保险货物运离保险单所载明的启运地发货人的仓库或储存处所开始运输时生效，直到该货物运抵保险单所载明的目的地收货人仓库或储存处所，或者被保险人用作分配、分派或非正常运输的其他储存处所为止。

如果没有运抵保险单所载明的目的地——收货人仓库或储存处所，则以到达最后卸车站之后 60 天为限。

陆上货物运输保险的附加险有陆运战争险和陆运罢工险。

2. 空运货物保险

1）航空货物运输保险条款与险别

中国人民保险公司 1981 年 1 月 1 日修订的《航空运输货物保险条款》规定：航空运输分为航空运输险和航空运输一切险两种基本险别。

A. 航空运输险（Air Transportation Risks）

保险公司承保恶劣气候、雷电、碰撞、失火、爆炸、坠落或失踪等自然灾害和意外事故所造成的全部或部分损失。航空运输险的承保范围与海运货物保险条款中的“水渍险”相似。

B. 航空运输一切险（Air Transportation All Risks）

除上述责任范围外，还包括运输途中由于一般外来原因造成的短量、偷窃、渗漏、碰损、破碎、钩损、雨淋、生锈、受潮、受热、发霉、串味、沾污等全部或部分损失。航空运输一切险的承保范围与海运货物保险条款中的“一切险”相似。

2）航空运输货物运输保险责任的起讫期限

航空运输货物运输保险责任的起讫期限也采用“仓至仓原则”，即保险责任从被保险货物运离保险单所载明的启运地发货人的仓库或储存处所开始运输时生效，直到该货物运抵保险单所载明的目的地——收货人仓库或储存处所，或者被保险人用作分配、分派或非正常运输的其他储存处所为止。

如果没有运抵保险单所载明的目的地——收货人仓库或储存处所，则以到达最后卸离地卸离飞机后满 30 天为止。

3）航空货物运输保险的附加险

航空货物运输保险的附加险包括航空运输战争险和航空运输罢工险。

3. 邮包运输保险

1）邮政包裹运输保险条款与险别

中国人民保险公司 1981 年 1 月 1 日修订的《邮政包裹运输货物保险条款》规定：邮政包裹运输分为邮包险和邮包险一切险两种基本险别。

（1）邮包险（Parcel Post Risks）。邮政运输主要采用陆、空、海等常用的运输方式。因此，邮包险的责任范围包括“水渍险”“陆运险”和“航空运输险”的责任范围。

（2）邮包一切险（Parcel Post All Risks）。邮包一切险的责任范围包括“一切险”“陆运一切险”和“航空运输一切险”的责任范围。

2）邮政包裹运输运输保险责任的起讫期限

邮包保险的责任起讫期限是从邮包离开起运地点寄件人处所运往邮局开始，至目的地邮局发出通知书通知收件人的当日午夜起满 15 天为止。在此期间内，邮包一经送交收件人处所，保险责任即告终止。

3）邮政包裹运输保险的附加险

邮政包裹运输保险的附加险有邮包战争险和邮包罢工险。

8.6 国际贸易合同中的保险条款

国际贸易合同中的保险条款要明确由何方保险、险别、保险金额、保险公司、保险条款。

例如：Insurance：the seller shall cover insurance against All risks and War risk for 110% of the total invoice value as per the relevant ocean marine cargo clauses of the People’s Insurance Company of China dated January 1，1981.

（1）明确由何方保险。FOB、FCA 或 CFR、CPT 应由买方保险，CIF 或 CIP 则由卖方保险。如上例“the seller shall cover insurance”指由卖方投保。

（2）明确投保险别。如上例“All risks and War risk”指投保一切险和战争险。

（3）明确保险金额。如投保加成率超过 10%，由此产生的超额保险费由一般买方负担。如上例“for 110% of the total invoice value”指按发票价值的 110% 投保。

（4）明确保险公司。如上例“the People’s Insurance Company of China”指中国人民保险公司。

（5）明确保险条款。如上例“as per the relevant ocean marine cargo clauses”指根据相关海洋运输货物保险条款。

课堂练习

【案例 1】一艘载运出口货物的轮船，在航行途中前舱起火，船长下令灭火，火被扑灭后船上造成以下损失：①烧毁全部服装；②烧毁一部分木材；③灭火时一部分布匹被浇坏；④为了灭火方便船甲板切开损失一部分修理费；⑤一部分纸张被水浸毁。试分析以上损失中哪些属于共同海损？哪些属于单独海损？

【案例2】中国A公司按FOB术语从日本进口大米5 000袋，共50公吨。A公司向保险公司投保了平安险（Free From Particular Average，FPA）。货物由中国某船公司承运，装在底层货舱。途中货轮触礁，底舱严重进水。船方全力抢救，将2 000袋大米移至舱面。后又遇风暴，这2 000袋大米全部被吹落海中。同时，没于舱底的3 000袋大米遭受严重水浸，无法食用。货轮到达目的港后，A公司凭保险单向保险公司请求赔偿遭拒。保险公司的拒赔理由是：保险单上载明的是FPA，FPA对单独海损不负责赔偿，而货损都属于单独海损范畴。试分析保险拒赔是否成立？

【案例3】我国某公司按CIF贸易术语对外发盘，试分析若按下列险别作为保险条款提出是否妥当？如有不妥，请更正并说明理由。

（1）一切险、偷窃提货不着险、串味险；

（2）平安险、一切险、受潮受热险、战争险、罢工险；

（3）水渍险、碰损破碎险；

（4）偷窃提货不着险、钩损险、战争险、罢工险；

（5）航空运输一切险、淡水雨淋险。

【案例4】我国A公司与某国B公司于1999年10月20日签订了进口52 500公吨化肥的CFR合同。A公司开出的信用证规定装船期限为2000年1月1日—10日。B公司租来运货的“雄鹰号”在途中遇到飓风，结果装货于1月20日才完成。在B公司出具保函后，承运人为其签发了符合信用证条款规定的海运提单。“雄鹰号”于1月21日驶离装运港。A公司为这批货物投保了水渍险。2000年2月4日“雄鹰号”途经达达尼尔海峡时起火，部分化肥被烧毁。船方在救火过程中造成部分化肥湿毁。由于船在装运港口装货延迟，该船到达目的港时赶上了化肥价格下跌。A公司在转售余下化肥时价格很低，造成了很大损失。

问题1：途中烧毁的化肥损失属于什么损失，应由谁承担？

问题2：途中湿毁的化肥损失属于什么损失，应由谁承担？

问题3：A公司可否向承运人追偿由于化肥价格下跌造成的损失？

问题4：承运人可否向托运人B公司追偿责任？

课后复习巩固

【案例1】

案情简介：我方以CFR贸易术语出口货物一批，在从出口公司仓库运到码头待运过程中，货物发生损失，该损失应该由何方负责？如果买方已经向保险公司办理了货物运输保险，保险公司对该项损失是否给予赔偿？并说明理由。

【案例2】

案情简介：某轮船载货后，在航行途中不慎发生搁浅，事后反复开倒车，强行起浮，但船上轮机受损并且船底划破，致使海水渗入货舱，造成货物部分损失。该船行驶至邻近的一个港口船坞修理，暂时卸下大部分货物，前后花费了10天时间，增加支出各项费用，包括员工工资。当船修复后装上原货起航后不久，A舱起火，船长下令对该舱灌水灭火。A舱原载文具用品、茶叶等，灭火后发现文具用品一部分被焚毁，另一部分文具用品和全部茶叶被水浸湿。试分别说明以上各项损失的性质，并指出在投保CIC何种险别的情况下，保险公司才负责赔偿？

【案例3】

案情简介：某外贸公司进口散装化肥一批，曾向保险公司投保海运一切险。货抵目的港后，全部卸至港务公司仓库。在卸货过程中，外贸公司与装卸公司签订了一份灌装协议，并立即开始灌装。某日，由装卸公司根据协议将已灌装成包的半数货物堆放在港区内铁路边堆场，等待铁路转运至他地以交付不同买主。另一半留在仓库尚待灌装的散货，因受台风袭击，遭受严重湿损。外贸企业逐就遭受湿损部分向保险公司索赔，被保险公司拒绝。对此，试予以评论。

【案例4】

案情简介：某远洋运输公司的"东风"号轮在4月28日满载货物起航，出公海后由于风浪过大偏离航线而触礁，船底划破长2米的裂缝，海水不断渗入。为了船货的共同安全，船长下令抛掉一部分货物并组织人员抢修裂缝。船只修复以后继续航行。不久，又遇船舱失火，船长下令灌水灭火。在火被扑灭后发现2 000箱货物中一部分被火烧毁，一部分被水浸湿。在船抵达目的港后清点共有以下损失：①抛入海中的200箱货物；②组织抢修船只而外支付的人员工资；③被火烧毁的500箱货物；④船只部分船体被火烧毁；⑤被水浸湿的100箱货物。

试问：(1)以上的损失各属什么性质的损失？说明原因。

(2)在投保什么险别的情况下，保险公司给予赔偿？为什么？(指CIC的最小险别)

【案例5】

案情简介：某货轮从天津新港驶往新加坡，在航行途中船舶货舱起火，大火蔓延到机舱，船长为了船、货的共同安全，下令往舱内灌水，火很快被扑灭。但由于主机受损，无法继续航行，于是船长雇用拖轮将船拖回新港修理，修好后重新驶往新加坡。这次造成的损失共有：①1 000箱货被火烧毁；②600箱货被水浇湿；③主机和部分甲板被烧坏；④拖轮费用；⑤额外增加的燃料和船上人员的工资。

试问：(1)从损失的性质看，上述损失各属何种损失？为什么？

(2)根据CIC条款的规定，在投保何种险别时(指CIC的最小险别)保险公司应负责赔偿上述损失？

【案例6】

案情简介：我某外贸公司按CIF条件进口一批货物，卖方向我国保险公司按CIC条款办理了货运保险。载货船舶经苏伊士运河曾一度搁浅，后经拖轮施救起浮继续航行，至马六甲海峡又遇暴风巨浪，卖方交运的2 000箱货物中有400箱货物遭不同程度的海水浸湿。

试问:(1)拖轮费用和 400 箱货损属于何种损失?

(2)在投保何种险别时,保险公司才承担赔偿责任?为什么?

(3)如果在苏伊士运河未发生搁浅,在投保何种险别时,保险公司才对马六甲海峡发生的损失负责赔偿?为什么?(指 CIC 的最小险别)

【案例 7】

案情简介:我国 G 公司以 CIF 价格条件引进一套英国产检测仪器,因合同金额不大,合同采用简式标准格式,保险条款只一项简单规定"保险由卖方负责"。到货后,G 公司发现其中一个部件变形影响其正常使用。G 公司向外商反映要求索赔,外商答复仪器出厂经严格检验,有质量合格证书,非他们责任。后经商检局检验认为是运输途中部件受到振动、挤压造成的。

G 公司于是向保险代理索赔,保险公司认为此情况属"碰损、破碎险"承保范围,但 G 公司提供的保单上只保了"协会货物条款"(C),没保"碰损、破碎险",所以无法赔付。G 公司无奈只好重新购买此部件,即浪费了金钱,又耽误了时间。

试问:造成 G 公司损失的原因是什么?订立保险条款时应考虑哪些因素?

【案例 8】

案情简介:我国 A 公司以 CIF 汉堡出口食品 1 000 箱,即期信用证付款。货物装运后,A 公司凭已装船清洁提单和已投保一切险及战争险的保险单,向银行收妥货款,货到目的港后经进口人复验发现下列情况:

(1)该批货物共有 10 个批号,抽查 20 箱,发现其中 2 个批号涉及 200 箱食品细菌含量超过进口国标准;

(2)收货人只实收 995 箱,短少 5 箱;

(3)有 10 箱货物外表状况良好,但箱内货物共短少 60 kg。

试问:试分析上述情况,进口人应分别向谁索赔?

【案例 9】

案情简介:中国 A 公司与美国 B 公司签订出口合同一份,贸易术语 CFR New York, A 公司按合同规定在 2003 年 5 月 20 日将货物运至码头装船,在运输过程中车辆遇险翻覆,货物受损,A 公司电告 B 公司事故,由于 CFR 系买方投保,A 提出按保险惯例,承包范围为仓至仓,所以要求 B 公司向保险公司索赔。

试问:保险公司是否应作出赔偿呢?

【案例 10】

案情简介:某外贸公司按 CIF 术语出口一批货物,装运前已向保险公司按发票总值 110%投保平安险,6 月初货物装妥顺利开航。载货船舶于 6 月 13 日在海上遇到暴风雨,致使一部分货物受到水渍,损失价值 2 100 美元。数日后,该轮又突然触礁,致使该批货物又遭到部分损失,价值为 8 000 美元。

试问:保险公司对该批货物的损失是否赔偿?为什么?

第9章　国际货款结算

导入案例

温州某公司与A公司作签订了一笔USD40 000.00 FOB.宁波的出口合同，付款方式是订单确认后先支付USD1 000.00作为订金，剩余货款于货物装船前通过电汇（T/T）付清剩余货款，并且约定客户将在货物生产完毕之时来工厂检验。我方收到订金后开始生产，在货款即将生产完毕之时通知对方来工厂检验。但对方要求货物在装运港——宁波港实施，检验合格后，对方却将直接给我方银行汇票。与此同时，我方了解到，船公司是客户指定的，提单将由船公司直接放给客户。这样做客户已经改变合同条款，主要体现在以下三个方面。

（1）客户改工厂检验为装运港检验。这样无形增加我方风险，万一对方检验后认为不合格，我方将增加不必要的费用。

（2）客户该电汇（T/T）为银行汇票（D/D）。付款行为"汇丰银行上海分行"，由于异地托收，所需时间较长，大约为20天。对我方资金周转有影响。而且据已经发生的案例说明，在收款人兑现汇票之前，对方有权利要求银行止付。

（3）提单将由船公司直接放给客户。按照惯例，船公司只有在收到托运人的委托书后才可以将提单放给收货人（买方）。但这里的船公司与收货人之间有长期良好的合作关系，因此，船公司答应在装船后3~4天将提单放给收货人，这显然会影响到我方利益。

鉴于上述问题，我方提出自己的看法，具体如下。

（1）我方要求对方来工厂检验。对方坚持装运港检验，理由是他要在装运港同时检验很多工厂的货物，没有时间到每个工厂去检验。我方只好同意客户的决定。

（2）要求船公司出具保函，凭我方的书面通知才可以放提单给对方，保证在汇票兑现前替我方保留提单。要求船公司传真相应保函给我方。

在上述协议达成以后，我方将货物发往装运港，并派业务员前往装运港。客户在装运港检验，货物均符合合同要求，因此，客户当即将银行汇票给了我方。我方即去船公司取得保函正本。我方将汇票交给我方银行向汇丰银行上海分行托收。其间客户来电要求放单，我方拒绝。经过20天左右才收到货款，我方放单给对方。

要点评析：

经过上述的防范措施后，顺利完成整个交易，既满足了客户的要求，又对我方的交易风险作出控制。以下两点是值得总结。

（1）我方要了解银行汇票支付的程序和风险。

银行汇票是由某家银行（出票行）出具的指定其代理行支付给汇票上指定人的一种支

付工具,是银行信用。虽然如此,在某些情况下,在代理行解付给指定人之前,客户有权要求出票行支付这笔款项。因此,比电汇(T/T)风险大。

(2)船公司直接放提单给收货人是不符合国际惯例的。

船公司受我方委托装运货物,应在征得我方同意后才可以放提单给收货人,否则,船公司要承担责任。但在日益激烈的竞争中,一些船公司或船代为了业务需要,在运输指定货物时经常会同意收货人要求将提单直接放给他,这样无疑会损害托运人的利益。因此,我方要求船公司出具保函(正本)是合理的,也是保护自身利益的有效手段。

9.1 国际货款结算工具

9.1.1 票据概述

1. 定义

票据是以支付货币为目的的特种证券,是由出票人签名、约定由自己或另一人无条件支付一定金额的、可流通转让的证券。

2. 票据法

与国际贸易有关的票据法主要有英国票据法、日内瓦统一法、中华人民共和国票据法。

9.1.2 汇票(Bill of Exchange;Draft)

汇票是一个人向另一个人签发的,要求见票时或在将来的固定时间或确定的时间,对某人或其指定的人或持票人支付一定金额的无条件的书面支付命令。

1. 汇票的当事人

(1)出票人(Drawer):出具并交付汇票的人。

(2)付款人(Drawee):是出票人在汇票中指定的、在收到汇票提示时进行付款或承兑的当事人。付款人签名后成为主债务人。

(3)收款人(Payee):是从出票人获得汇票的当事人,即汇票的债权人。

2. 汇票的内容

按照我国《票据法》的规定,有效的汇票必须包含以下7个项目:①有"汇票"字样(Bill of Exchange; Exchange; Draft);②无条件支付命令;③一定金额;④受票人,又称付款人;⑤收款人,又称汇票的抬头;⑥出票日期;⑦出票人签字。

但是,国际贸易中使用汇票时,为了符合国际惯例、买方国家法律的规定以及实际需要等,一般包含以下几个项目。

(1)票据名称,应载明"汇票"字样。《英国票据法》无此要求。

(2)无条件支付命令。汇票中必须有无条件支付委托的文句,不能将其他履行行为或事件的发生作为付款的先决条件。例如:汇票上有"如果A公司在5月25日之前提示汇票，则支付给其 1 000 英镑”等类似附加条件或限制，则该汇票无效。但是，汇票的出票条款是用以表明汇票的起源，不构成支付的附加或限制条件。

(3)确定金额 。汇票金额要用文字大写和数字小写分别表明。如果文字和数字不符，按照《英国票据法》《日内瓦统一法》的规定，应以文字为准。实际中多为退票，经过修改后再提示付款。我国《票据法》规定：票据金额以中文大写和数字同时记载的，两者必须一致，两者不一致的，票据无效。

(4)付款人名称。付款人就是受票人，即汇票上“To...”之后的名称。在国际贸易中一般是交易的买方。

(5)收款人名称。收款人不但限定了汇票的利益人，而且影响汇票的流通，所以在填写时要充分考虑自己的需要和有关规定等影响因素。汇票收款人的记载方式(抬头写法)：

①限制性抬头“pay ... Co.only”“pay ... Co. not transferable”，由于已经指定收款人，这种汇票不能以背书方式转让。

②指示性抬头“pay ... Co. or order”/“pay to the order of ... Co”，表明了收款人的确定“凭 *** 指示”的意思，在汇票使用以前实质上是可以改变的，所以这种汇票可以经过背书转让。

③持票人或来人抬头“pay bearer”/“pay holder”。这种汇票不需背书即可转让。但是根据我国《票据法》规定，收款人名称是汇票必须记载的事项，否则无效。即我国的汇票必须是记名汇票，凡签发持票人或来人抬头的汇票无效。

由于我国《票据法》规定，出具汇票时必须写明收款人，因此，在与国外客户进行交易时，必须使用记名汇票。

提示：记名汇票不能转让，不便于交易，而且议付也会遇到麻烦。

(6)出票日期。我国票据法规定，汇票应该记载出票日期，其作用有三：①决定票据的有效期；②决定付款到期；③判定出票人的行为能力。《英国票据法》虽然没有规定出票人签发汇票时必须注明出票日期，但是规定汇票使用人在使用汇票时，汇票必须有出票日期。所以，国际贸易中要了解买方国家的有关规定。

(7)付款到期日。我国《票据法》规定：汇票上记载的付款日期应当清楚、明确；未记载付款日期的视为见票即付。汇票付款日期的记载形式主要有四种：①见票即付：at sight；②定日付款：on Nov.15，2003 于 2003 年 11 月 15 日付款；③出票日后定期付款：at 30 days after date of the draft(出票日期后 30 天付款)；④见票日后定期付款：at 30 days after sight(见票后 30 天付款)。

注意：计算到期日算尾不算头：例如，见票日为 6 月 15 日，付款期限为见票日后 30，则应从 6 月 16 起算 30 天，到期日为 5 月 15 日。

当以月表示时间收尾之间的时间段时，“月”为日历月，即在相同日期到期，若到期月无相同日，则以该月最后一天为到期日。例如，见票日为 1 月 31，见票后 1 个月、2 个月、3 个月付款，到期日分别为 2 月 28 日、3 月 31 日、4 月 30 日。遇到最后一天为法定节假日时，则顺延到节假日后的第一个工作日。

(8)出票地点和付款地点。我国《票据法》未将出票地点和付款地点列为必要项目,汇票上未记载出票地点的,出票人的营业场所、住所或经常居住地为出票地。

(9)出票人签章。我国《票据法》规定,汇票上必须有出票人的签章。

3. 汇票种类

从不同的角度可分划分为以下几类。

1)按照付款时间的不同分类

按照付款时间的不同,分为即期汇票和远期汇票。

(1)即期汇票(Sight Draft)是指在提示或见票时立即付款的汇票。

(2)远期汇票(Time Bill or Usance Bill)是指在一定期限内或特定日期付款的汇票。

2)按照出票人的不同分类

按照出票人的不同,分为银行汇票和商业汇票。

(1)银行汇票(Banker's Draft)是指出票人、受票人都是银行的汇票。

(2)商业汇票(Commercial Draft)是指出票人是商号或个人,付款人可以是商号或个人,也可以是银行的汇票。

3)根据承兑人身份分类

根据承兑人身份,可以分为银行承兑汇票(Banker's Acceptance Bill)、商业承兑汇票(Trader's Acceptance Bill)。

4)按照有无随附货运单据分类

按照有无随附货运单据,可分光票和跟单汇票。

(1)光票(Clean Bill)是指不附带货运单据的汇票。银行汇票多是光票。

(2)跟单汇票(Documentary Bill)是指附带有货运单据的汇票。商业汇票一般为跟单汇票。

4. 汇票的票据行为

票据行为是指在票据的流通过程中,按照票据上规定的权利和义务所确立的法律行为。

1)出票(Issue)

出票是指出票人在汇票上填写付款人、付款金额、付款日期和地点以及收款人等项目,经签字交给受票人的行为,包括制作汇票和交付汇票。

2)提示(Presentation)

提示是指持票人将汇票提交付款人要求承兑或付款的行为。付款人见到汇票叫作见票(Sight)。

提示可以分为付款提示和承兑提示两种。关于提示的期限,规定如下。

(1)我国《票据法》规定,见票即付和见票后定期付款的汇票自出票后1个月内提示。

(2)对于已经承兑的远期汇票提示付款期限,我国《票据法》规定,自到期日起10日内作提示。

3)承兑(Acceptance)

承兑是指付款人对远期汇票表示承担到期付款责任的行为。付款人在汇票上写明"承兑（Accepted）”字样，注明承兑日期，并由付款人签字，交还持票人。付款人即成为承兑人。承兑人负有在远期汇票到期时付款的责任。

汇票一经承兑，付款人就成为承兑人，并成为汇票的主债务人，而出票人便成为了汇票的从债务人。

承兑是无条件的，附有条件的承兑即是拒绝承兑。

4）付款（Payment）

付款是付款人向持票人按汇票金额支付票款的行为。

对于即期汇票，在持票人提示汇票时，付款人即应付款；对于远期汇票，付款人经过承兑后，在汇票到期日付款。付款后，汇票上的一切债务即告终止。

5）背书（Endorsement）

在国际市场上，汇票是一种流通工具，可以在票据市场上流通转让。背书是转让汇票权利的一种法定手续，是由汇票持有人或收款人在汇票背面签上自己的名字，有时再加上受让人即被背书人（Endorsee）的名字，并把汇票转交给受让人的行为。背书后，汇票的收款权利便转让给受让人。对受让人来说，所有他转让行为以后的受让人都是他的“后手”，前手对后手负有担保汇票被承兑或付款的责任。

背书的种类如下。

（1）记名背书，又称为特别背书、正式背书、完全背书，即背书人不但要在汇票背面签字，还需要写明被背书人的名称。例如：“Pay to ... Co.”“Pay to the order of ... Co.”“Pay to ... Co. or order”。

（2）限制性背书，即不可转让背书，是指背书人对给被背书人的指示有限制性的词语。例如：“pay ... Co.only”“pay ... Co. not transferable”“Pay to ... Co.not to order”。

（3）空白背书，又称为无记名背书、不记名背书，指背书人在作背书转让时，只在汇票背面签字，而不写明受让人。作这种背书后的汇票不但可以自由流通，而且可以不经过背书就可以转让。我国法律不允许持票人采用“空白背书”的方式转让票据权利。

6）拒付（Dishonor）

持票人提示汇票要求承兑时被拒绝承兑，或持票人提示汇票要求付款时，遭到拒绝付款均称拒付，也称退票。除了明确表示拒绝承兑和拒绝付款外，以下情形出现时也在事实上构成拒付：

（1）承兑人或付款人已经死亡、逃逸或避而不见；

（2）承兑人或付款人宣告破产，或因违法被责令终止业务。

7）追索（Recourse）

追索是指汇票遭到拒付时，持票人要求其前手（背书人、出票人、承兑人）清偿汇票金额及费用的行为。

汇票在合理时间内提示遭到拒绝承兑，或在到期日提示遭到拒绝付款，持票人立即产生追索权，他有权向背书人和出票人等前手追索票款。持票人为了保证追索权能得到行使，应及时依照法定程序作出拒付证书。拒付证书可以由付款地的法定公证人或其他依法有权作出证书的机构如法院、银行、公会、邮局等作出，是拒付事实的证明文件，它是持票人凭以向其“前手”进行追索的法律依据。追索权的行使具有时间限制，对于承兑汇票应在票据到期日起两年内行使，即期汇票的期限是自出票日起两年内，持票人对其前手的追索权时效为自被拒付之日起6个月。

8）贴现

在国际相关市场，远期汇票的持有人在需要付款人付款前就取得票款时，可以背书转让汇票，取得扣除一定金额利息后的票款，因此就出现了贴现。贴现是指远期汇票承兑后，尚未到期，由银行或贴现公司从票面金额中扣减贴现息后，将余款付给持票人的行为。贴现息的具体数额由贴现当事人协商确定贴现率后计算得出。

9.1.3 本票

本票（Promissory Note）是持票人签发的，承诺自己在见票时无条件支付确定的金额给收款人或持票人的票据。简言之，本票是出票人承诺无条件支付一定金额给收款人的票据。

1. 本票的当事人

本票的当事人有出票人和收款人（或受款人）。

2. 本票的种类

依照签发人的不同，本票可分为商业本票和银行本票。由工商企业或个人签发的为商业本票；由银行签发的称为银行本票。商业本票有即期和远期之分。银行本票都是即期的。在国际贸易结算中使用的本票，大都是银行本票。有的银行发行见票即付、不记载收款人的本票或是来人抬头的本票，它的流通性与纸币相似。我国工商企业和个人不能签发本票。

3. 本票与汇票的区别

本票与汇票的区别见表9-1。

表9-1　本票与汇票的区别

	本票	汇票
性质	允诺式付款	委托式付款
主要当事人	出票人和受票人	出票人、付款人、收款人
主债务人	出票人自始至终都是主要债务人	承兑前，主要债务人是出票人；承兑后，主要债务人是承兑人
份数	一份	一式两份或多份
是否需要承兑	无须承兑	远期需要承兑

9.1.4 支票

支票（Cheque/Check），是存款人给银行的无条件支付一定金额的委托或命令。出票人在支票上写明金额，要求受票的银行于见票时立即无条件支付给特定人或持票人。支票是以银行为付款人的即期汇票

支票的当事人有出票人、付款人和收款人。

出票人在签发支票后，应负票据上的责任和法律上的责任。前者是指出票人对收款人担保支票的付款。后者是指出票人签发支票时，应在付款银行存有不低于票面金额的存款。如存款不足，支票持有人在向付款银行提示支票要求付款时，就会遭到拒付。这种支票叫作空头支票。开出空头支票的出票人要负法律上的责任。

支票的种类有以下几种。

1. 记名支票和不记名支票

（1）记名支票：收款人一栏中需要写明具体名称。

（2）不记名支票：不记载收款人的具体名称。

2. 划线支票和未划线支票

（1）划线支票：在支票正面画两道平行的横线。这种支票只能通过银行转账不能提取现金。

（2）未划线支票：可以提取现金。

支票与汇票的区别见表 9-2。

表 9-2 支票与汇票的区别

	支票	汇票
提示期限	10 天	自出票后 1 个月内提示
用途	结算	结算或信贷
付款期限	即期付款，不需承兑	有即期和远期之分，远期汇票需要承兑
可否止付	《英国票据法》规定：出票人可以止付	不能止付

9.2 国际货款结算方式

9.2.1 汇付

1. 汇付的含义及当事人

汇付（Remittance），又称汇款，指付款人通过银行或其他途径将款项汇交收款人的款项传递方式。国际贸易中的汇付，一般是由买方按合同约定将货款通过银行汇交给卖方。

通常有四个当事人，具体如下。

（1）汇款人（Remitter），即汇出款项的一方，通常是进口人。

（2）收款人（Payee），即收取款项的一方，通常是出口人。

（3）汇出行（Remitting Bank），即受汇款人的委托、汇出款项的银行，通常是进口地银行。

（4）汇入行（Paying Bank），即受汇出行委托解付汇款的银行，又称解付行，通常是出口地的银行。

2. 汇付的种类

汇付方式分为信汇、电汇和票汇 3 种。

1）信汇（Mail Transfer，M/T）

汇款人向汇出行申请，寄给汇入行信汇委托书，授权汇入行解付一定金额给收款人。优点是费用低廉，缺点是收款人收到汇款的时间较迟。

2）电汇（Telegraphic Transfer，T/T）

汇款人向汇出行申请，给在另一国家的分行或代理行（即汇入行）拍发加押电报或电传指示其解付一定金额给收款人。优点是收款人能迅速地收到汇款，缺点是费用较高。

3）票汇（Remittance by Banker's Demand Draft，D/D）。

汇款人向汇出行申请，代汇款人开立以其分行或代理行为解付行的银行即期汇票（Banker's Demand Draft），支付一定金额给收款人。

票汇的特点：一是与前两者比较，票汇的汇入行无须通知收款人取款，而由收款人持票登门取款；二是这种汇票除有限制转让和流通规定的情况外，经收款人背书，可以转让流通，而前两者不能转让。

3. 与汇付有关的几个术语

（1）预付款（Payment in Advance）。例如，在卖方发货之前，以某种方式把货款预付给卖方。

（2）赊销（Open Account）。与预付相反，这种情况是指在买方付款之前，卖方把货物交给买方。

（3）凭单付汇（Remittance Against Documents）。进口人通过汇出行将货款汇给汇入行，并指示汇入行凭出口人提供的单据向出口人付款。在国际贸易中，汇入行拿到代表货物的单据后才把货款交给卖方，而卖方在交出代表货物的单据的同时可以拿到货款，这样就降低了买卖双方的风险。

4. 特点

汇付具有以下特点。

（1）资金负担不平衡。例如，买方先把货款汇出，则要损失收到货物前的资金占用利息。

（2）商业信用风险大。无论卖方先发货，还是买方先付款，都会给一方增加交易风险，而且买方收到货物前不能看到货物或货物证明，可能货款双失。

（3）手续简便，费用少。例：国际贸易中汇付方式下卖方的风险。

9.2.2 托收

1. 托收的含义

托收（Collection）是指债权人（出口方）出具汇票委托第三方向债务人（进口方）收取货款的一种支付方式，规定只有进口方把货款或代表货款的单据交付以后才把货物或代表货物的单据交给进口方，这种结算方式减少了买卖双方的风险。在实际运用中，接受委托的第三方一般是银行，所以，又叫银行托收。

实际操作方法：由出口方按照发票金额开出以进口方为付款人的汇票，向出口地银行（托收行）提出托收申请，通过它在进口地的分行或往来银行（代收行）代向进口人收取货款。

2. 托收的当事人

（1）委托人（Principal），即委托银行办理托收业务的一方，通常是出口人。

（2）托收银行（Remitting Bank），即接受委托人的委托，办理托收业务的银行。

（3）代收银行（Collecting Bank），即接受托收行的委托向付款人收取货款的进口人所在国的银行，通常是托收银行的国外分行或代理行。

（4）付款人（Payer），通常是国际贸易中的进口人。

在托收业务中，有时还可能涉及另外两个当事人：一是指示行(Presenting Bank)，是向付款人提示汇票和单据的银行，它可以是接受代收银行的委托、与付款人有往来账户关系的银行，也可以由代收银行自己兼任提示银行；二是需要时的代理（Customer's Representative in Case-of-need），即在需要时，委托人指定的在付款地（买方所在地）代为照料货物保存、转售、运回等事宜的代理人

3. 托收的分类

根据所使用的汇票的不同，托收可分为光票托收和跟单托收。国际贸易中货款的收取大都伴随着货物的转移，所以大多是跟单托收。跟单托收又根据交单条件、货款支付时间的不同，分为付款交单和承兑交单两种。

1）付款交单

付款交单（Documents against Payment，D/P），是指进口人付款时出口人才交单，双方承担的风险都较小，即出口人把货物装上国际运输工具后，取得运输单据，把汇票、运输单据与其他必需单据一起交给托收银行办理托收，并在托收委托书中指示银行，只有在进口人付清货款后，才能把运输单据交给进口人。

按付款时间的不同，付款交单又可分为即期付款交单和远期付款交单两种。

2）承兑交单

承兑交单（Documents against Acceptance，D/A）是指进口人在汇票上承兑后出口人交单，即出口人在货物装上国际运输工具后开具远期汇票，连同货运单据等必需单据，通过托收银行向进口人提示，进口人承兑汇票后，代收银行即将运输单据等交给进口人，在汇票到期时才付款。由于承兑交单方式下，进口人在汇票上承兑之后就可以获得运输单据，凭以提取货物，一旦进口人不守信用，到期不付款，出口人便会遭到货、款两损失。因此，这种方式对出口人来说风险较大，只有买方信用很好、或者出口人持有进口人某种利益等情况下才可使用。

4. 跟单托收方式下的资金融通

1）托收出口押汇

托收出口押汇是指出口商以汇票和全套单据为抵押，从托收行提前支取货款的有追索权的融资方式，这种融资方式只适用于托收结算方式。托收方式下能否收到货款完全取决

于进口商的资信，因风险较大，所以押汇利率也较高。

2）凭信托收据借单

所谓信托收据，就是进口人借单时提供的一种书面信用担保文件，表示愿意以代收行的受托人身份为其提货、报关、存仓、保险、出售，并承认货物所有权仍属银行。货物售出后所得的货款，于汇票到期时交给代收银行。这是代收行向进口人提供的便利，与出口人无关。因此，如果代收行借出单据后，汇票到期时进口人拒绝交出货款，全部责任由代收行负担。如果出口人指示代收行借单，即出口人主动授权银行凭信托收据把运输单据借给进口人，称为付款交单凭信托收据借单（D/P•T/R），进口人在承兑汇票后可以凭信托收据借单提货，如果进口人在汇票到期时拒付，由出口人自己承担风险或损失。

5. 托收方式的特点和应用

（1）承兑交单方式下卖方承担的风险大。

（2）由于卖方要先发货才能取得运输单据，所以卖方要承担资金占用的损失，卖方资金负担大。

6. 应注意的问题

为了减少风险，卖方使用托收方式时要注意以下几点。

（1）掌握进口商的资信情况、经营能力和经营作风。

（2）了解商品在进口国的市场动态、熟悉进口国贸易管制和外汇管制。

（3）了解进口国的习惯做法和有关法律制度。

（4）严格按照合同规定装运货物、制作单据。

（5）自办货运保险、运输手续，即以 CIF 或 CIP 条件成交。

【案例】我国 A 公司与某国 B 公司以预付方式进行一段时间的小额出口交易后，对 B 公司有了好感，这时 B 公司称当地销路已经打开，市场需求较大，但是自己的资金周转不开，要求以 D/P AT SIGHT 方式付款，我方认为 D/P at Sight 方式下，卖方收到货款以后才交单，风险很小，就发出一个 40 英尺货柜的货物，金额为 60 万美元。货物到达目的港后，B 公司称资金紧张，迟迟不赎单。10 天后，储存等费用逐渐增多，进口国海关也提示报关，否则面临退运或没收的风险。A 公司考虑到这批货物的规格是 B 公司指定的，很难在短期售出，只好与 B 公司协商把货款支付方式改为 D/A 30 天。可是，客户提货以后就失去联系。此案例对出口公司的启示是什么？

解析：

1. 选择货款支付方式时需要先对客户的资信、财务能力等方面进行调查，由于托收方式下，卖方需要先发货取得运输单据，万一买方拒绝付款或承兑，出口方至少要损失国内运输、办理出口手续、运输等损失，如果货物是客户定制，又要承担万一买方不愿继续交易后货物的降价风险。

2. 在使用 D/P 支付方式下出现客户没有付款赎单的情况后，出口方应该提高警惕，谨慎接受 D/A30 天的支付方式，除非具有保证收到货款的前提条件才可接受。

9.2.3 信用证

1. 信用证(Letter of Credit,L/C)的定义

根据国际商会600号出版物《跟单信用证统一惯例》(《UCP600》)的解释,跟单信用证是指一项约定,不论其名称或描述如何,该项约定构成开证行对与信用证相符的单据予以付款的承诺。简而言之,信用证是一种银行开立的有条件地承诺付款的保证,它是一种银行信用。

2. 信用证的基本内容

(1)信用证本身的说明包括:信用证的编号、开证日期和地点、有效期和到期地点、交单期等,信用证有效期与装运期之间应该留有适当的时间,以便出口人有足够的时间缮制单据,习惯上留有15天的间隔,未规定有效期的L/C无效。

(2)信用证的种类划分角度包括可否撤销、可否转让、是否经另一银行保兑等。

(3)信用证的主要当事人包括开证申请人、开证行、受益人、通知行、议付行等。

(4)汇票条款:凡需要使用汇票的信用证,通常对汇票内容有规定。

(5)付款条款包括即期、延期、承兑、议付方式等。

(6)货物条款包括货物的名称、品质、品种、规格、数量、重量、包装、价格等。

(7)货币和金额包括币别和总额。

(8)装运和保险条款:包括装运的最后期限、起运地和目的地、运输方式,可否分批装运、中途转运等,在CIF和CIP下,对保险单据种类、保险金额、险别、条款等方面的规定。

(9)单据条款。信用证所要求的单据主要可分为三类:①货物单据,以发票为中心,包括装箱单、重量单、产地证、商检证明书等;②运输单据,一般为海运提单,能代表货物所有权;③保险单据,如保险单等。信用证可以在这些单据的种类、内容、格式、份数等方面作出说明。除上述三类单据外,有的还要求提供其他单证,如寄样证明、装船通知电报副本、受益人证明、船龄证明等。

(10)特别条款:限制由某银行议付、限装某船或不得装某船等。

(11)责任条款:银行保证条款等。一般为适用于《UCP600》的说明文句。

3. 信用证的特点

1)开证行负首要付款责任

信用证是一种银行信用,由开证行以自己的信用作出付款的保证,开证行处于第一付款人的地位。《UCP600》规定,信用证是一项约定,按此约定,受益人提交的单据在符合信用证条件的情况下,开证银行必须向受益人或其指定人进行付款、承兑,而不管货物如何。信用证是开证行的付款承诺。在信用证业务中,开证银行对受益人的责任是一种独立于货物贸易合同的责任。

如果单据与信用证规定不符,即有不符点,则开证银行有拒绝付款的权利,即使开证申请人接受不符点,开证行也没有义务接受单据。

2）信用证是一项自足文件

信用证的开立虽然是以买卖合同作为依据，但信用证一经开出，就成为独立于买卖合同以外的另一种契约，此契约的当事人主要为买方、开证行，所以不受以买卖双方为主要当事人的贸易合同的约束。《UCP600》规定，信用证与其依据的买卖合同或其他合同，是相互独立的契约。即使信用证中提及该贸易合同，开证行也与该贸易合同无关，且不受其约束。所以，信用证是独立于有关货物贸易合同以外的契约，是开证行与开证申请人之间的一项约定。

3）单据交易

在信用证支付方式之下，遵守的是凭单付款的原则。信用证当事人处理的是单据，而不是与单据有关的货物、服务或其他行为。所以，信用证业务是一种纯粹的单据业务，受益人凭符合信用证规定的代表货物的单据换取货款。银行虽有义务合理地审核一切单据，但这种审核，只是为了确定单据表面上是否符合信用证条款开证银行只凭表面上符合信用证条款的单据付款，而不管单据内容的真实性等事项。

4. 信用证的流程

采用信用证方式结算，需要经过多道环节，并需办理多项手续。信用证的支付过程，包括以下几个最基本的环节。

（1）贸易合同中规定使用信用证方式支付货款。

（2）进口人向当地银行提出开证申请，依照合同内容填写开证申请书，并交纳押金或提供其他保证以及开证费用，请银行（开证行）开证。

（3）开证行根据申请书内容，开立信用证，寄交出口人所在地分行或代理行（统称通知行）。

（4）通知行对开证行的资信、信用证的真伪等进行审核后，将信用证交给出口人（受益人）。

（5）出口人（受益人）审核信用证与合同相符后，按信用证规定装运货物，并备齐各项单据；出口人开出汇票，在信用证、货运单据有效期内，送请当地银行或信用证规定的其他银行（议付行）议付。

（6）议付行按信用证条款审核单据无误后，按照汇票金额扣除利息后把剩下的货款金额垫付给出口人。

（7）议付行将汇票和单据寄开证行（或其指定的付款行）索偿。

（8）开证行（或其指定的付款行）核对单据无误后，付款给议付行。

（9）开证行通知进口人（申请人）付款赎单。

（10）申请人付款取得单据。

5. 信用证当事人

（1）开证申请人（Applicant），是指向银行申请开立信用证的一方，即进口人或实际买主。如由银行自己主动开立信用证，此种信用证涉及的当事人中没有开证申请人。

（2）开证银行（Opening Bank/ Issuing Bank），是指接受开证申请人的请求，开立信用证的银行，一旦开立信用证，就表示愿意承担保证付款的责任。开证行一般是进口人所在地银行。开证行在信用证业务、各方当事人中起"中枢"作用。

（3）通知银行（Advising Bank/ Notifying Bank），是指受开证行的委托，将信用证转交给出口人的银行。它只审核信用证的真伪，不承担其他义务。通知银行一般是出口人所在地的银行。在实际工作中，为了保证对开证行资信的掌握，一般出口人应指定通知行。

（4）受益人（Beneficiary），是指信用证受益人栏填写的一方当事人，他是有权凭信用证及与其相符的单据要求开证行或其指定的付款行付款的一方。

（5）议付银行（Negotiating Bank），是指愿意买入受益人交来的跟单汇票、与信用证相符的单据并垫付资金的银行。议付银行可以是信用证内指定的银行，也可以是非指定的银行，一般由信用证的议付条款来规定。

（6）付款银行（Paying Bank/ Drawee Bank），是指开证行在信用证中指定的付款银行，一般是开证行自己，也可以是它指定的另一家银行。

（7）保兑行（Confirming Bank），是指出口国或第三地的某一银行应开证行的请求，承诺对收益人所提示的符合信用证规定的汇票、单据负有付款、承兑的责任。保兑行的加入对出口方有利，因国外有些银行属于私营性质，其信用、支付能力等方面存在问题。

（8）偿付行（Reimbursing Bank），是开证行指定的对议付行或付款行、保兑行进行偿付的代理人。为了方便结算，开证行有时委托另一家有账户关系的银行代其向议付行、付款行或保兑行偿付，偿付行只有在开证行存有足够的款项并受到开证行的偿付指示时才付款。偿付行偿付后再向开证行索偿。偿付行的费用以及利息损失一般由开证行承担。偿付行没有接受单据和审核单据的义务，其负责仅限于银行之间的偿付业务，因此如事后开证行发现单证不符，只能向议付行追索而不能向偿付行追索。如果偿付行没有对议付行履行付款义务，开证行有责任付款。一般来说，偿付行和出口人之间没有直接的关系，偿付行的存在与否、信用等对出口人的利益没有直接影响。

开证申请人、开证行，通知行和受益人是信用证业务中的四个基本当事人。

7. 信用证的种类

信用证可从性质、期限、流通方式等角度，分为以下几种。

1）跟单信用证（Documentary Credit）和光票信用证（Clean Credit）

以信用证项下的汇票是否附有货运等单据划分，信用证可分为跟单信用证和光票信用证。

（1）跟单信用证是开证行凭跟单汇票或仅凭单据付款的信用证。货运单据是指代表货物或货物已交运的证明。前者指海运提单，后者指铁路运单、航空运单、邮包收据等。因国际贸易中大都涉及货物的买卖，因此国际贸易所使用的信用证绝大部分是跟单信用证。另外，因信用证支付方式下属于单据的交易，为了保证货物的数量、质量等，一般信用证要求出口方交单时提供能证明货物品质、数量、原产地等情况的单据或证明。

（2）光票信用证是指开证行仅凭不附货运单据的汇票付款的信用证。若要求汇票附有非货运单据，如发票、垫款清单等，也属光票信用证。在采用信用证方式预付货款时，通常是用光票信用证。

2）不可撤销信用证和可撤销信用证

以开证行所负的责任为标准，信用证可以分为不可撤销信用证（Irrevocable Letter of Credit）和可撤销信用证（Revocable Letter of Credit）两种。

（1）不可撤销信用证。信用证一经开出，在有效期内，未经受益人及有关当事人的同意，开证行不得由开证行、申请人片面修改和撤销，只要受益人提供的单据符合信用证规定，开证行必须履行付款义务。国际贸易使用的一般都是这种信用证，否则对出口人不利。《UCP600》规定，如信用证中无表明“不可撤销”或“可撤销”的信用证，应视为不可撤销信用证。

（2）可撤销信用证是指开证行对所开信用证不必征得受益人或有关当事人的同意就有权随时撤销或修改的信用证。凡是可撤销信用证，应在信用证上注明“可撤销”（Revocable）字样，以便识别。这种信用证对出口人极为不利，一旦开证行撤销信用证，银行信用即失效，因此，出口人一般不接受这种信用证。

3）保兑信用证和不保兑信用证

按是否保证兑付为标准，可分为保兑信用证（Confirmed Letter of Credit）和不保兑信用证（Unconfirmed Letter of Credit）。

（1）保兑信用证是指对开证行开出的信用证，由另一银行保证对符合信用证条款规定的单据履行付款义务。对信用证加保兑的银行，即为保兑行（Confirming Bank）。保兑行可以是通知行，也可以是出口地的其他银行或第三国银行。信用证的“不可撤销”是指开证行对信用证的付款责任在没有征得受益人及其他当事人同意的前提下不可撤销。而“保兑”则指开证行以外的银行对信用证的承诺付款的责任。两者的付款人都是负第一性的付款责任，如果开证行没有能力或拒绝接单付款，保兑行仍要承担付款责任，所以保兑信用证对出口方有利。

（2）不保兑信用证是指开证银行开出的信用证没有经另一家银行保兑。当开证银行资信好和成交金额不大时，没有保兑行也可接受。

4）即期付款信用证、延期付款信用证、承兑信用证和议付信用证

根据受益人交单给指定银行办理结算时，信用证兑现方式的不同分类可分为即期付款信用证（Sight Payment Credit）、延期付款信用证（Deferred Payment Credit）、承兑信用证（Acceptance Credit）和议付信用证（Negotiation Credit）。

（1）即期付款信用证。付款期限条款注明“即期付款兑现”的信用证称为即期付款信用证。此信用证一般不需要汇票，也不需要领款收据，付款行或开证行只凭货运单据付款。即期付款信用证的付款行通常由通知行兼任。付款行付款后，不得对受益人追索，因此受益人交单、取款极为方便，对受益人最为有利。

（2）延期付款信用证是指开证行在信用证中规定货物装船后若干天付款，或开证行收到单据后若干天付款的信用证。延期付款信用证方式下出口商不能利用贴现市场的资金，只能自行垫款或向银行借款，不但无法利用信用证融资，而且要承担延期付款的利息和到期

后开证行拒绝付款的风险，在出口业务中，若使用这种信用证，货价应比银行承兑远期信用证高一些，以缩小利息率与贴现率之间的差额。

（3）承兑远期信用证是指使用远期汇票的跟单信用证。开证行或指定付款行在收到符合信用证规定的汇票和单据时，先履行承兑手续，待汇票到期才付款的信用证。如果对信用证资信情况不了解，就不要接受这种信用证，因为一旦交单，出口方就要承担开证行到期拒绝付款的风险。

假远期信用证（Usance Credit payable at sight）。信用证中注明受益人开立远期汇票，由付款行负责贴现，并规定一切利息和费用由进口人负担。这种信用证表面上看是远期信用证，但出口人却可即期收到与发票金额一致的货款。因此，这种信用证对出口人而言，实际上仍属即期收款，但对进口人来说，则待远期汇票到期时才付款给付款行。

（4）议付信用证，指信用证注明由某一银行议付或任何银行都可议付的信用证。指定某一银行议付的信用证称为“限制议付信用证”（Restricted Negotiation Credit）；任何银行都可议付的信用证称为“公开议付信用证”（Open Negotiation Credit）或称“自由议付的信用证”（Freely Negotiation Credit）。议付信用证的有效期的失效地点通常在出口国，汇票的付款人可以是开证行或其指定的其他银行。对于出口人来说，由于公开议付信用证没有对议付行的限制，方便其议付业务的进行，所以这种信用证对其较有利。

5）可转让信用证（Transferable Credit）和不可转让信用证。

根据受益人是否可以转让信用证的权利，分为可转让信用证和不可转让信用证。

（1）可转让信用证是指信用证的受益人（第一受益人）可以要求授权付款、承担延期付款责任、承兑或议付的银行（统称“转让银行”），或当信用证是自由议付时，可以要求信用证中规定授权的转让银行，将信用证全部或部分金额转让给一个或数个受益人（第二受益人）使用的信用证。

根据《跟单信用证统一惯例》的规定，唯有开证行在信用证中明确注明“可转让”的信用证方可转让。

可转让信用证的转让是有限制的：只能转让一次，即只能由第一受益人转让给第二受益人。第二受益人不得将信用证转让给其后的第三受益人，但是再转让给当初的第一受益人，不属被禁止转让的范畴。如果信用证不禁止分批装运，在总和不超过信用证金额的前提下，可分为若干部分办理转让，该项转让的总和将被认为是信用证的一次转让，即在这种情况下，实质上是多次转让，规避了只能转让一次的限制。

信用证只能按原证规定条款转让，但信用证金额、商品的单价、到期日、交单日及最迟装运日期可以减少或缩短，保险加保比例可以增加，信用证申请人可以改变。

在实际业务中，要求开立转让信用证的第一受益人，通常是中间商。为了赚取货物转让过程中的差额，中间商可将信用证转让给实际供货人，由供货人办理出运手续。但信用证的转让以后，原买卖合同的当事人没有改变，如第二受益人不能按时交货或单据有问题，第一受益人（即原出口人）仍要负担没有履行买卖合同的卖方违约责任。

（2）不可转让信用证。凡信用证中未注明“可转让”的就是不可转让信用证。

6）循环信用证（Revolving Credit）

循环信用证是指信用证被全部或部分使用后，其金额又恢复到原金额，可再次使用，直至达到规定的次数或规定的总金额为止。

循环信用证与一般信用证的不同之处在于：一般信用证在使用后即告失效；而循环信用证则可多次循环使用。在分批均匀交货的情况下采用这种信用证对于买卖双方来说都很方便，进口方可以不必多次开证从而节省开证费用，同时也可简化出口人的审证、改证等手续，有利于合同的履行、提高交易效率和利润。

循环信用证可分为以下几种。

（1）自动循环。每次装货、议付后，不必等待开证行通知，原信用证即可自动恢复到原金额。

（2）半自动循环。每次装货、议付后，经过一定时间，原信用证方可恢复原金额并再度使用。

（3）非自动循环。每次装货、议付后，经开证行通知，原信用证才能恢复原金额。

7）对开信用证（Reciprocal Credit）

对开信用证是指两张信用证的开证申请人互以对方为受益人而开立的信用证。对开信用证的特点是第一张信用证的受益人（出口人）和开证申请人（进口人）就是第二张信用证的开证申请人和受益人，第一张信用证的通知行通常就是第二张信用证的开证行。两张信用证的金额相等或大体相等，两证可同时互开，也可先后开立。易货交易或来料加工和补偿贸易等业务中经常使用这种信用证，因为在这些贸易方式下，双方互为债权人和债务人，对开信用证对于双方都有利益的保障。

8）对背信用证（Back to Back Credit）

对背信用证是指受益人要求原证的通知行或其他银行以原证为基础，另开一张货物描述、运输条款等内容相似的新信用证。对背信用证的受益人可以与原信用证受益人在同一个国家，也可以是国内的。对背信用证的开证银行只能根据不可撤销信用证来开立。对背信用证的开立通常是中间商转售货物，从中图利，或两国不能直接办理进出口贸易时，通过第三者以此种方法来沟通开展贸易。其主要有以下特点：①有中间商参与交易；②与原证完全独立；③内容与原信用证相似。

7. 信用证业务中的关键步骤及注意事项

1）信用证的审核

（1）通知行审核信用证（主要审核信用证的传递路线、开证行资信、开证行真伪）。

（2）受益人审核信用证（主要审核信用证的内容，如与合同是否相符、有无陷阱条款等）。

2）避免信用证中出现软条款

软条款是指开证申请人为了自己的利益，在信用证中加入一些在某种条件下，自己可以拒绝接单付款的条款。主要有以下一些形式。

（1）暂不生效条款，例如对于信用证的生效限定条件。

（2）开证行免去其第一性的付款责任条款。

（3）信用证缺乏有效性和完整性条款。

（4）不平等条款。

（5）以本国法律干预信用证业务的条款。

（6）其他陷阱条款，例如对于提交的单据规定出口方难以做到的内容，当市场不利于进口方时，利用对单据的这些规定造成单据与信用证不符，从而拒绝接单付款。

3）信用证的修改

（1）修改信用证的基本原则：①信用证的修改要得到所有当事人的同意；②开证申请人对于修改内容或者完全接受或者完全拒绝，不能只接受一部分；③为了节省成本，尽量一次提出所有修改点。

（2）修改信用证的程序。由出口方（受益人）向开证申请人提出，开证申请人向开证行申请修改，修改后把修改通知传送给原通知行。

4）信用证项下单证不符的处理方法

（1）确认拒付通知的有效性。

（2）确认不符点，即进一步确认单证是否不符。

（3）换单，即重新缮制有不符点的单据，再次交单。

（4）联络进口人，即与开证申请人协商，请求其接受不符点。

（5）最后处理，万一开证申请人拒绝接受有不符点的单据，重新缮制单据已不可能，则要考虑对货物和原合同的处理。

9.2.4 银行保函

1. 银行保函的含义

银行保函，又称银行保证函，是银行应申请人的要求，保证当被保证人未向受益人尽到某项义务时，银行承担保函规定的付款责任。这也是银行信用。

2. 当事人

（1）申请人：要求银行开立保函的一方。

（2）担保人：保函的开立人，即承诺保证的银行。

（3）受益人：收到保函并在被保证人拒绝履行义务时凭以向银行索偿的一方，即银行保函的权利人。

3. 基本内容

（1）基本栏目：编号、日期、当事人。

（2）责任条款。

（3）保证金额：银行所承担责任的最高金额。

（4）有效期：可以是一个具体的日期或是在有关某一行为或某一事件发生后的一个时期到期。

（5）索偿方式：索偿条件、方式等。

4. 种类

（1）投标保函：是保证人向受益人（招标人）承诺，当申请人（投标人）不履行由于其投标所产生的义务时，保证人应在规定的金额限度内向受益人付款。

（2）履约保函：指保证人承诺，如果担保申请人（承包人）不履行他与受益人（业主）之间订立的合同时，应由保证人在约定金额限度内向受益人付款。

（3）付款保函：也称进口保函，是银行应购买货物或劳务的一方的请求，出具给货物或劳务提供方的书面凭证，保证在受益人交付货物或提供劳务后，申请人一定按期付款；或保证到货检验与买卖合同相符后付款。

（4）还款保函：指保证人应合同一方当事人的申请，向合同另一方当事人开立的保函。就是贷款人要求借款人提供的到期一定还款的保函。

5. 银行保函与信用证的区别

（1）付款责任：前者的开立行既可能承担第一性付款责任，也可能是第二性付款责任；而后者承担第一性付款责任。

（2）付款依据：前者支付的既可能是合同款，也可能是赔款或退款；而后者凭单据付款。

（3）使用范围：前者使用范围大于后者；后者仅限于履约买卖合同。

（4）使用的可能性：后者用于履约收款；前者用于违约赔偿。

9.2.5 备用信用证

备用信用证指开证行根据开证申请人的请求对受益人开立的承诺承担某项义务的凭证。开证行保证在开证申请人未能履行其应履行的义务时，受益人只要凭备用信用证的规定向开证行开具汇票（或不开汇票），并提交开证申请人未履行义务的声明或证明文件，即可取得开证行的偿付。其属于银行信用，开证行对受益人保证，在开证申请人未履行其义务时，即由开证行付款。因此，备用信用证对受益人来说是备用于开证申请人发生毁约时取得补偿的一种方式。如果开证申请人按期履行合同的义务，受益人就无须要求开证行在备用信用证项下支付货款或赔款。这是之所以称作“备用”（Standby）的由来。

备用信用证一般用在投标、履约、还款、预付货款和赊销等业务中，也有用于带有融资性质的还款保证。近年来，有些国家已开始把备用信用证用于买卖合同项下货款的支付。

有关备用信用证的国际惯例是《UCP600》和国际商会对备用信用证制定的《国际备用信用证惯例》，即国际商会第600号出版物。

课堂练习

【案例1】A公司向德国B公司出口男衬衫1 000件，国外信用证上的品名误为“男上衣”，出口公司为了使单证相符将错就错，所有单据上的品名均按“男上衣”制作。问：这么办是否可行？

解析：这么办虽然银行不会提出异议，可以顺利议付结汇，但货到达目的港进口商报关时，容易被海关以走私处理，轻则罚款，重则货物充公，甚至还要对进口商以走私论罪处理。所以，在审证时，一经发现有错，应及时通知对方改正，万万不能抱有侥幸心理。

【案例2】A公司按CIF汉堡向德国出口一批货物。2月28日由德国汉堡银行开来不可撤销即期跟单信用证，金额为50万美元，装船期为3月底前，证中规定偿付行为Citibank New York（花旗银行纽约分析），中国银行收证后于3月2日通知出口公司。3月20日获悉进口方因资金问题濒临破产倒闭。

试问：遇此情况应如何处理?

解析：根据UCP600规定，即使开证申请人已经倒闭，开证行在接到符合信用证各项条款的单据后，仍应承担付款责任，与开证申请人是否有能力付款无关。据此，出口公司应抓紧于3月底前发货，并严格按信用证的要求缮制单据，以防开证行为了逃避付款责任，对单据进行挑剔，然后向中行办理议付，由中行向美国花旗银行索偿，这样可以顺利收汇，货物也不至于积压，如开证行不是著名银行，且资信欠佳，在进口濒临倒闭的情况下，不宜急于发货，为慎重起见，可以观望。

【案例3】A公司向德国B公司以D/P见票即付方式推销某商品，对方答复：如你方接受D/P见票后90天付款，并通过他指定的C银行代收则可接受。请分析：B公司提出此项要求的出发点。

解析：B公司提出将D/P即期改为90天远期，一般是在推迟付款，以利于其资金周转，而B公司指定C银行作为该批托收业务的代收行，则是为了便于向该银行借单，以便早日提货，在一般的远期付款交单托收业务中，代收行在未经授权的情况下，通常是不会轻易同意向付款人交单的，B公司提出通过C银行代收货款的原因，是该商与C银行有既定融资关系或有其他便利条件，从中可获取提前借单的便利，已达到进一步利用A公司资金的目的。另外，一些信誉不好的公司往往利用远期汇票付款或托收的方式进行诈骗活动。此案例中，B公司如果与C银行联合诈骗，很可能会造成A公司货、款两失，所以A公司接受这样的付款方式之前一定要先对商品在目标市场的销售情况，B公司和C银行的资信、偿付能力、财务状况等作全面了解。

课后复习巩固

【案例1】

案情简介：甲交给乙一张经付款银行承兑的期票，作为向乙订货预付款，乙在票据上背书后转让给丙以偿还原欠丙的借款，丙于到期日向承兑银行提示取款，恰遭当地法院公告该行于当天起进行破产清理，因而被退票。丙随即向甲追索，甲以乙所交货物质次为由予以拒绝，并称已于10天前通知银行止付，止付通知以及理由也同时通知了乙。在此情况下丙再向乙追索。乙以票据系甲开立为由推诿不理。丙遂向法院起诉，被告为甲、乙与银行三方。

试问：你认为法院将如何依法判决？理由何在?

【案例2】

案情简介：甲为汇票的出票人，指定丙为受票人，乙为持票人。乙将该汇票背书转让给丁，丁在到期日前向受票人丙提示汇票并获承兑。但至汇票到期日，丙以甲所交货物质量有问题为由，拒绝向丁付款。

试问：丙的拒付理由是否成立？丁此时有何权力，应如何行使？

【案例3】

案情简介：出口合同规定的支付条款为装运月前15天电汇付款，买方延至装运月中开始从邮局寄来银行汇票一纸，为保证按期交货，出口企业于收到该汇票次日即将货物托运，同时委托银行代收票款。1个月后，接银行通知，因该汇票系伪造，已被退票。此时，货已抵达目的港，并已被买方凭出口企业自行寄去的单据提走。事后追偿，对方早已人去楼空。

试问：对此损失，出口方应吸取的主要教训是什么？

【案例4】

案情简介：我国一外贸企业向日本一进口商为出售某商品发盘，其中付款条件为即期付款交单，对方答复可以接受，但付款须按以下条件："付款交单见票后30天"并通过其制定的A银行代收。按一般情况，货物自我国运至该国最长不超过10天。

试问：该商为何提出此条件？

【案例5】

案情简介：我国某企业以D/D IN ADVANCE结算方式与外商达成出口合同，因为船期将过，出口方收到客户寄来的汇票后，便发运了货物。然后将汇票交给当地银行代其收款。1个月后，银行告知此汇票下付款账户是空的。此时进口方已凭出口方直接寄去的单据提货。然后出口方与进口方联系，不见音讯。

试问：出口方在此笔交易中的失误在哪里？

【案例6】

案情简介：上海A公司与美国B公司以CIF术语、D/P AT 45 DAYS AFTER SIGHT签订一份买卖合同。美国B公司要求指定纽约D银行为代收行，我方同意了对方的要求。A公司按合同规定准时装运货物，并通过上海C银行为托收行办理托收业务。货到美国后由于汇票还没有到期，B公司出具信托收据（T/R）把全套单据从代收行借出并顺利提货。待汇票期满提示B公司付款时，B公司已经宣布破产，导致A公司货款没能收回。

试问：（1）在此案例中D银行是否应承担责任？为什么？

（2）我方在办理托收环节是否存在过失？

（3）根据本案例分析出口方采用远期付款交单结算的风险。

【案例7】

案情简介：上海A公司与美国B公司以CIF术语、D/P AT SIGHT签订一份买卖合同。美国B公司要求指定纽约D银行为代收行，我方同意了对方的要求。A公司按合同规定准时装运货物，并通过上海C银行为托收行办理托收业务，但事后却未能按时收到货款。A公司径向托收行查询发现代收行D银行在收到单据后已经将单据交给了B公司，而B公司提货后拒绝支付货款。

试问:(1)在此案例中D银行是否应承担责任?为什么?

(2)根据本案例分析在我国出口贸易中采用托收方式支付的风险及防范措施。

【案例8】

案情简介:我国A公司出口一批货物,付款方式为D/P 30天。汇票及货运单据通过托收银行寄抵国外代收行后,买方进行了承兑。但货物到达目的地后,恰逢行市上涨,于是买方出具信托收据(T/R)向银行借出单证。货物出售后,买方由于其他原因倒闭,以致卖方不能按时收回货款。但此时距离汇票到期日还有30天。

试问:如果你是这批出口业务的经办人,应如何处理?并简述理由。

【案例9】

案情简介:我国上海某公司采用CIF贸易术语D/P AT SIGHT方式初次与日本某公司达成交易出口货物一批,本来双方约定运输单据采用海运提单,但是日方提出为了便于货物到港后及时提货,提出将运输单据改为海运单。

试问:(1)两种运输单据有何区别?

(2)改成海运单后对上海该公司安全收汇是否存在不利影响?为什么?

【案例10】

案情简介:某出口企业收到一份国外开来的不可撤销即期议付信用证,正准备按信用证规定发货时,突接开证银行通知,声称开证申请人已经倒闭。

试问:出口企业应如何处理?依据何在?

【案例11】

案情简介:我国某出口公司与某外商订立出口合同,规定货物分两批装运,支付条件为不可撤销即期议付信用证。对方按时开来限定通知行议付的信用证,经审核无误,第一批货物随即装运,出口公司在规定交单期内向通知行交单议付,通知行经审单认可后向出口公司议付了款项,接着,开证行也偿付了议付行的款项。出口公司正准备发运第二批货时,通知行忽接开证行电传,声称申请人收到第一批货物后发现品质与合同不符,要求拒付第二批货物的款项,据此,请通知受益人停发第二批货,如已发运,则不要再议付该款项。通知行在与出口公司联系后,立即回电拒绝。

试问:我通知行这样做是否合理?为什么?

第10章 制单结汇

10.1 单证概述

10.1.1 单证

单证是指国际结算中应用的单据、文件与证书。国际贸易中商业发票、装箱单、原产地证书等都属于单证的范畴，有的是出口方自己制作的，有的是承运人等签发的，有的是官方机构签发的。它们是处理国际货物的交付、运输、保险、商检、结汇等业务的凭据或证明，可分为狭义和广义两种情况。狭义的单证是指单据和信用证。广义的单证是指与国际贸易相关的各种文件和凭证。

10.1.2 国际商务单证的重要性

1. 国际结算的基本工具

国际贸易主要表现为单据的买卖。由于国际贸易买卖双方不在一个国家或距离遥远，不可能买卖双方直接以货币交换货物，所以大多数情况下，是买卖双方以代表货款的单据交换代表货物的单据。

2. 经营管理的重要环节

外贸企业经营的好坏与单证工作组织管理的优劣之间关系很大。由于国际贸易表现为单据的交易，单据工作直接影响到交易的顺利进行和交易成本。

3. 政策性很强的涉外工作

有些单据涉及国家、地区政策，例如有些单据国家、地区名称的填写。

4. 企业业务能力和素质高低的体现

单据的质量、出单时间与企业相关人员的业务水平、素质密切相关。

10.1.3 国际商务单证工作的基本要求

1. 正确

单证工作的前提包含两方面的内容：单证的正确与否不但要从其本身内容判断，而且要以其与合同、信用证等是否相符来判断。具体来说，缮制正确的单据要注意以下几点。

第一，各种单据必须做到“三相符”。

(1)单证相符：单据与信用证相符——占首要地位(信用证支付方式下)。

（2）单单相符：单据与单据相符。

（3）单同相符：单据与贸易合同相符。

在信用证支付方式下，银行只要求前两个相符，而对于外贸企业来说，除了上面的“三相符”以外，还要做到“单货相符”，否则在报关等环节将会出现问题。

第二，单据必须与有关惯例和法令规定相符。

2. 完整

（1）成套单证整体的完整性。单证的种类应该完整，不缺少某种单证。在结汇时，要提供全套单证。

（2）每一种单据的所填内容必须完备齐全。尤其是某些重要的内容不能漏填，例如商业发票中的单价。

（3）单据的份数齐全。要按照合同、信用证或者交易习惯提供一定份数的单据。例如提单一般要求提供一式三份，以供进口方办理进口报关、提货等手续。

3. 及时

1）出单及时

各种单据的出单日期不能超过信用证有效期或按国际惯例的合理日期。例如，保险单日期应该早于或等于提单的签发日期，否则办理保险之前货物受损时无法索赔；提单日期不得迟于信用证或合同规定的装运期，否则会造成开证行拒付或违约；装运通知书必须在货物装运后立即发出，按照国际惯例，因为出口方延迟发出装运通知书造成的损失要由出口方承担，甚至造成开证行以单证不符为由拒付。

各单据日期次序：发票日期 < 检验证书、原产地证书日期或保险单日期 < 提单、装船日期 ≤ 信用证最迟装运日期 < 汇票出票日期 < 信用证最迟交单日期或信用证有效期。

2）结汇及时

向银行交单议付最后期限不能超过信用证规定的交单期和运输单据出单日期后21天。

如果信用证未规定交单期，银行将拒收迟于运输单据出单日期21天后提交的单据，同时单据不得迟于信用证到期日提交。

4. 简洁

应避免画蛇添足的做法，例如擅自在商业发票上加注 ×× 零件由 ×× 公司制造等。这不但给银行审单造成麻烦，影响收汇速度，而且容易与某些国家的规定抵触，造成银行拒付。

5. 清晰

单据字迹应清楚，保证审单者能看清，另外大部分单据都禁止涂改。

10.1.4 国际商务单证的分类

1）按交易主体划分

（1）进口单证——进口许可证、进口报关单、进口报检单、保险单、信用证。

(2)出口单证——出口许可证、出口报关单、包装单据、运输单据、商业发票、保险单、汇票等。

2)按单证的性质划分

(1)金融单据——汇票、支票、本票。

(2)商业单据——发票、运输单据。

3)按单证的用途划分

(1)资金单据——汇票、支票、本票。

(2)商业单据——商业发票、形式发票、装箱单、重量单。

(3)货运单据——提单、不可转让海运单、租船合约提单、空运单、公路运输单据、铁路运输单据、内河运输单据、专递和邮政收据、报关单、报检单、托运单等。

(4)保险单据——保险单、预借单、保险证明、投保单。

(5)官方单据——海关发票、领事发票、产地证、检验检疫证、许可证。

(6)随附单据——寄单证明、寄样证明、装运通知、船舱证明。

4)根据业务环节划分

根据业务环节划分为:托运单证、结汇单证、进口单证。

10.1.5 国际商务单证的改革与发展

为了减少错误、提高传递效率、节约成本,在技术条件满足和国际上标准统一的情况下,单证发展有标准化、电子化的趋势。瑞典是最早进行单据简化工作的国家,曾在1957年创造了一种“套合一致”的单据形式。

(1)制单设计的国际化:标准单证格式。

(2)推广使用国际标准或代码。

国际标准和代码的使用,不但减少了书写、电脑输入工作量,而且使计算机的应用成为可能。

①运输标志:收货人简称、参考号(合同号)、目的地、件号,如:

SHIPPING MARKS:

K.K.G.T 3178

SINGAPORE

NO.1-200

②国家和地区代码:2个英文字母组成,如:中国为CN,英国为GB,美国为US。

③货币代码:3个英文字母组成,前两个符号代表国名,后一个符号代表货币,如:人民币为CNY,而不是我国国内常用的RMB,RMB只是货币符号;英镑为GBP;美元为USD。

④地名代码:5个英文字母组成,前2个符号代表国名,后3个符号代表地名,如:上海为CNSHG,伦敦为GBLON,纽约为USNYC。

⑤用数字表示日期代码:年、月、日,方便计算机处理。如:2015-01-24。

10.2 信用证操作基础

10.2.1 信用证的开立

1. 申请开立信用证的程序

(1)递交有关合同的副本及附件。进口人向银行申请开证时，要向银行递交进口合同的副本及所需附件，如进口许可证等。

(2)填写开证申请书。为了避免付款、合同执行中的纠纷，必须严格按合同条款的具体规定写明对信用证的各项要求，内容要明确、完整，语义不能模棱两可。

(3)交付保证金。按照国际习惯做法，除非开证行对开证申请人有授信额度，进口人向银行申请开立信用证时，要向银行交付保证金，一般为信用证金额的百分之几到百分之几十，根据进口人的资信情况而定，有时交付抵押物或由第三者担保。

(4)支付开证手续费。进口人在申请开证时，要按规定支付开证手续费（一般为0.15%），所以在实际工作中，小额交易一般不采用信用证支付方式。

2. 进口开证时要注意的问题

(1)申请开立信用证前，一定要先落实进口审批手续及外汇来源以保证交易能完成。

(2)开证时间一般要能保证卖方收到信用证后能在合同规定的装运期内完成装运手续。

(3)严格遵守“证同一致”，以对外签订的正本合同为开立信用证内容依据。不能用“参阅……号合同”作为依据，因信用证是一个独立的文件。

(4)如为远期信用证，要明确汇票期限，价格条款必须与相应的单据要求、费用负担及表示方法没有抵触。

(5)信用证是单据交易，货物质量不影响货款的支付，为保证货物质量，可在信用证内规定对方提供指定商检机构签发的商检证书，并明确货物的规格品质。

(6)信用证内容应明确无误，明确规定各种单据的出单人及其内容。

(7)为了保证货物运输安全，在信用证中要明确规定是否允许分批装运、转运、不接受第三者装运单据等条款。

3. 信用证申请书的填制

(1)申请开证日期：应与合同规定一致。

(2)传递方式：有四种，即信开（航空邮寄）、电开（电报）、快递、见电后随寄电报证实书，在前面方框中打“×”以示选择。

(3)信用证号码由开证行填写。申请人填写信用证有效期及到期地点时应保证能及时收到货物。

(4)申请人：必须填写全称、详细地址、联系电话、传真等。

(5)受益人：一般为合同卖方，填全称、详细地址、联系电话、传真等。

(6)通知行:具体选择时可由开证申请人与受益人协商,开证行填写。

(7)信用证金额:包括大小写、币种、浮动幅度等。

(8)分批与转运:根据合同规定填"允许"或"不允许"。

(9)装运条款:根据合同填写装运地(港)、目的地(港)、最迟装运期、转运地(港)等。

(10)价格术语:根据合同实际成交使用的贸易术语在该项前方框中打"×"。

(11)付款方式:有四种选择,包括即期支付、承兑支付、议付、延期支付,根据合同规定,在所选方式前的方框中打"×"。

(12)汇票金额:根据合同规定,填写应支付发票金额的百分之几,付款人必须是开证行或指定付款行。

(13)单据条款:印制好的共 12 条,填制时应注意:①在所需单据前的括号里打"×",然后填上具体的要求,如一式几份;②必须与合同规定一致。

(14)货物描述:货物的名称、规格、数量、包装、单价、唛头等必须与合同规定一致;为了保证货物质量、顺利成交,内容应具体、明确。

(15)附加条款:印制好的有 6 条,如需添加,可根据合同规定和买方的需要填写清楚。

(16)申请人的开户银行、账户号码、执行人、联系电话、申请人(法人代表)签字等内容应按照实际填写。

10.2.2 信用证的审核与修改

1. 信用证的审核要点

1)付款保证是否有效

(1)信用证明确表明是可以撤销的,受益人一般不能接受。

(2)保兑信用证虽然增加了费用,但是对于受益人来说增加了收款安全。

(3)附生效条件的信用证,如:"待获得进口许可证后才能生效",受益人一般不能接受。

(4)电开信用证密押是否相符。

(5)信用证简电或预先通知一般不能作为信用证用来议付。

(6)由开证人直接寄送的信用证存在风险,受益人一般不接受。

(7)由开证人提供的开立信用证申请书不能作为信用证议付。

2)付款时间是否与合同规定一致

(1)信用证在国外到期的一般不接受,因为受益人无法掌握单据到达国外银行所需的时间。

(2)如信用证中对装船期和信用证有效期的规定是同一天,通常称为"双到期",在办理装运手续时,应将装船期提前一定的时间(一般在有效期前 10 天),留出合理的时间来制单结汇。

3)检查信用证受益人和开证人的名称和地址是否完整和准确

如有错误,将影响收汇。

4）装运期

超过信用证规定装期的运输单据将构成不符点，银行有权不付款，检查信用证规定的装期应注意以下几点。

（1）如信用证到达过迟，无法按期装运，应及时与买方联系修改信用证有效期。

（2）如信用证中规定了分批装运的时间和数量，应注意能否办到。

5）能否在信用证规定的交单期交单

交单期超过限期或单据有错漏、不符点，银行有权不付款。

（1）信用证规定交单期时，应在此期限之前向银行交单。

（2）信用证没有规定的，向银行交单的日期不得迟于提单日期后 21 天。

6）信用证的通知方式是否安全、可靠

信用证不是由通知行递交，应该查明真伪。

7）信用证的金额、币制是否符合合同规定

（1）单价、总值、币制要准确，大小写应一致，并与合同相符。

（2）如货物数量有增减幅度，信用证也应在金额方面允许有一定幅度。

（3）如果金额前使用了“大约”等词语，其意思是允许金额有 10% 的伸缩。

8）价格条款是否符合合同规定

不同的价格条款涉及具体的费用如运费、保险费由谁分担。

9）货物是否允许分批装运、转运

除信用证另有规定外，一般允许分批装运、转运。如信用证中规定了货物每批出运的确切时间，则必须按此照办，如无法满足此要求，应要求申请人修改。

10）有关的费用条款

（1）有关费用如运费、检验费等负担方应与合同一致。

（2）银行费用如事先未商定，一般由双方共同承担。

例：信用证审核与修改

（一）售货确认书

上海永胜进出口公司

SHANGHAI YONGSHENG IMP. & EXP. CO.

21 WEST ZHONGSHAN ROAD SHANGHAI CHINA

售　　货　　合　　同

S/C No.: TXT200710

POST　　CODE:　　200031

DATE: MAR.15, 2007

FAX: （021）64500002

TEL:（021）64500003

The Buyer:

MANDARS IMPORTS CO. LTD.

38 QUEENSWAY，2008 UK

谨启者：兹确认售予你方下列货品，其成交条款如下：

Dear Sirs，

We hereby confirm having sold to you the following goods on terms and conditions as specified below：

唛 头 SHIPPING MARK	商品名称、规格及包装 NAME OF COMMODITY AND SPECIFICATIONS，PACKING	数 量 QUANTITY	单 价 UNIT PRICE	总 值 TOTAL AMOUNT
MANDARS TXT200710 LONDON C/NO.：1-UP	LADIES DENIM SKIRT FABRIC：99% COTTON 1% ELASTIC AS PER SAMPLE ACKING： PACKED IN 1，000CTNS	18，000PCS	CIF LON-DON USD7.00	USD126，000.00

装运港：SHANGHAI

LOADING PORT：

目的港：LONDON

DESTINATION：

装运期限：070530

TIME OF SHIPMENT：

分批装运：ALLOWED

PARTIAL SHIPMENT：

转船：ALLOWED

TRANSHIPMENT：

保险：FOR 110 PERCENT OF THE INVOICE VALUE COVERING ALL RISKS AND WAR RISK

INSURANCE：

付款条件：BY L/C AT 60 DAYS SIGHT AFTER B/L

买方：	卖方：方达
THE BUYER：	THE SELLERS：
MANDARS IMPORTS CO. LTD.	SHANGHAI YONGSHENG IMP. & EXP. CO.

（二）信用证

IRREVOCABLE DOCUMENTARY CREDIT

FORM OF DOC. CREDIT	*40A：REVOCABLE
DOC. CREDIT NUMBER	*20：XT370
DATE OF ISSUE	31C：070430
DATE AND PLACE OF EXPIRY	*31D：DATE 070630 IN UK
APPLICANT	*50：MAKES IMPORTS CO. LTD.

38 QUEENSWAY, 2008 UK

ISSUING BANK	52A：BANK OF LONDON
	205 QUEENSWAY, LONDON UK
BENEFICIARY	*59: JIANGSU YONGSHENG EXP. & IMP. CO.
	21 WEST ZHONGSHAN ROAD SHANGHAI CHINA
AMOUNT	*32B: CURRENCY EUP AMOUNT 126 000.00
AVAILABLE WITH / BY	*41D: BANK OF CHINA,SHANGHAI BRANCH
DRAFTS AT ...	42C: DRAFTS AT SIGHT FOR FULL INVOICE COST
DRAWEE	42A: MANDARS IMPORTS CO. LTD.
PARTIAL SHIPMENTS	43P: ALLOWED
TRANSSHIPMENT	43T: NOT ALLOWED
PORT OF LOADING	44E: SHANGHAI PORT
FOR TRANSPORTATION TO …	44B: LONDON PORT
LATEST DATE OF SHIPMENT	44C: 07053244C：070532
DESCRIPT OF GOODS	45A: LADIES DENIM SKIRT AS PER S/C NO. TXT20071

FORM OF DOC. CREDIT *40A: REVOCABLE
DOC. CREDIT NUMBER *20: XT370
DATE OF ISSUE 31C: 070430
DATE AND PLACE OF EXPIRY *31D: DATE 070630 IN UK
APPLICANT *50: MAKES IMPORTS CO. LTD.
38 QUEENSWAY，2008 UK
ISSUING BANK 52A: BANK OF LONDON
205 QUEENSWAY，LONDON UK
BENEFICIARY *59: JIANGSU YONGSHENG EXP. &
IMP. CO.
21 WEST ZHONGSHAN ROAD SHANG-
HAI CHINA
AMOUNT *32B: CURRENCY EUP AMOUNT 126 000.00
AVAILABLE WITH / BY *41D: BANK OF CHINA，SHANGHAI BRANCH
DRAFTS AT ... 42C：DRAFTS AT SIGHT FOR FULL INVOICE COST
DRAWEE 42A：MANDARS IMPORTS CO. LTD.
PARTIAL SHIPMENTS 43P：ALLOWED
TRANSSHIPMENT 43T：NOT ALLOWED

PORT OF LOADING 44 E : SHANGHAI PORT
FOR TRANSPORTATION TO … 44B : LONDON PORT
LATEST DATE OF SHIPMENT 44C : 070532
DESCRIPT OF GOODS 45A : LADIES DENIM SKIRT AS PER S/C NO. TXT20071

经审核，信用证存在问题如下：

（1）The name of the beneficiary should be SHANGHAI YONGSHENG IMP. & EXP. CO.

（2）The L/C expiry place should be in CHINA， not in UK .

（3）The goods are insured for 110% of invoice value ，not 120%.

（4）The draft should be paid at 60 days after B/L date instead of at sight.

（5）Transshipment should be allowed ，not prohibited.

（6）Delete the clause “quality certificate is to be effected before shipment and is required from the inspecting agency designated by the buyer”， and add the wording “quality certificate is issued by CHINA EXIT & ENTRY INSPECTION & QUARANTINE BUREAU”.

2. 改证

1）申请人提交信用证修改申请书

信用证修改申请书必须由原信用证的申请人填写、提交到原开证行，主要内容如下。

（1）提交信用证修改申请书的日期。

（2）原信用证编号。

（3）修改的内容，一般先列出要修改的原信用证条款，再写出修改后的条款。

（4）修改信用证时，必须交纳手续费，所以要避免多次提出修改。

（5）如果提出增加信用证总额，则要增收保证金。

（6）应保证修改内容的正确，并经所有当事人一致同意时才有效。

2）开证行审查并受理

原开证行接到原信用证申请人的信用证修改申请书后，必须按照申请书所列信用证编号，调出原信用证副本对照审核，审核的主要内容如下。

（1）信用证修改申请书中的编号是否正确。

（2）所要求修改的条款内容是否符合国际惯例和本国法律。

（3）所要求修改的条款对开证行有无不利之处。

（4）所要求修改的条款之间有无相互矛盾之处，与原信用证其他条款有无相互矛盾之处，如有应提醒申请人同时作相应的修改，使修改后的信用证各条款相互吻合，前后协调。

（5）如果提出增加信用证总额，则要增收保证金。

10.3 商业发票

10.3.1 商业发票概述

1. 作用

商业发票是卖方向买方开立的，对所交货物的总说明，是进出口商记账与核算的依据。在没有汇票时，出口商可凭发票向进口商收款。它是报关纳税的基本依据，也是实施其他管理的基础依据。例如报关、申领产地证、报检、投保等。

2. 内容

商业发票包括首文、本文和结文三部分，分别包括发票名称、号码、出票日期地点、抬头人、合同号、运输路线等；货物描述、单价、总金额、唛头等；货物产地、包装材料等各种证明句、发票制作人签章等。

10.3.2 商业发票制单要点

1. 出票人名称、地址等

出票人名称、地址等必须醒目、正确，与信用证、合同等一致。信用证被转让时，银行也接受由第二受益人出具的发票。不允许受益人下属的某个部门作为出票人（如 SALA Co.Ltd.，Sales & Marketing Dept.）。

例：信用证条款如下：

APPLICANT：SALA COMPANY，CHINA

BENEFICIARY：GME COMPANY KOREA

出票人为：GME COMPANY KOREA

2. 出票日期及基础信息

（1）出票日期不能迟于装运日。

（2）如果发票的货物涉及多个合同，发票上必须列明全部合同。信用证支付方式下，必须标明信用证号码。

3. 抬头人

信用证无规定，填信用证开证申请人名称、地址，指定其他抬头人时，按信用证要求制单。如信用证被转让，银行也接受由第二受益人提交的以第一受益人为抬头的发票。

例：信用证条款如下：

APPLICANT：SALA COMPANY，CHINA

BENEFICIARY：GME COMPANY KOREA

DOCUMENTS REQUIRED：

...B/L MADE OUT TO ORDER ... NOTIFYING FKY COMPANY，NEW YORK，USA

发票的抬头人应为：FKY COMPANY，NEW YORK，USA。

4. 运输线路等信息

运输线路等信息必须与其他单据一致，并且要用具体的地名，不能用统称。

5. 货物描述

发票上的货物描述是发票的中心内容，一般情况下必须具体填写。信用证支付方式下，货物描述还要符合信用证的规定。

6. 货物的规格

货物的规格必须和信用证规定完全一致。

7. 货物的包装、件数和数量

货物的包装、件数和数量要与其他单据相一致。如有“约”“大概”“大约”或类似的词语，应理解为数量不超过10%的增减幅度。如果信用证是以重量、长度、面积或体积等作为数量单位的，在信用证对货物数量没有不得增减要求和金额未超过信用证金额的前提下，允许货物数量有5%的增减幅度。

8. 货物重量和包装情况

信用证要求在发票上列明货物重量或以重量计价的商品，发票应详细列明毛、净重。该项也应与其他单据一致。

9. 价格条件

发票中的价格条件涉及买卖双方责任的承担、费用的承担和风险的划分，也是进口地海关核定关税的依据。该项内容应与信用证一致，信用证的价格条件后有附加条件时，如FAS Liner Terms等，必须也在发票上注明。

10. 单价和总值

单价和总值必须准确。若信用证的金额是扣除佣金后的净值，发票金额也应显示总额减佣金的数值。

当信用证规定的金额和数量允许有5%的增减幅度时，该信用证项下不同颜色、规格的货物，分别可以按照该幅度增减。

11. 唛头

唛头即运输标志，便于货物的装卸、运输等。信用证指定唛头时，必须严格遵守。唛头的内容一般包括进口商名称的缩写、合同号（或发票号）、目的港、件号四部分。

12. 加注证明

信用证有时要求在发票上加注有关证明句，一般可打在发票商品栏以下的空白处。

13. 折扣、佣金和预付款

如信用证的价格条款中含有佣金，当明确在总额中扣除时应列式予以扣除；信用证没有规定扣减但规定发票金额是减佣后的净值，在发票上也应显示减佣后的数值。

14. 错漏当查

当发票已经有证明真实、正确等文句时，不能出现错漏当查（E&O.E.）字样，否则自相矛盾。

15. 发票份数

发票份数应与信用证规定的一致，若信用证要求“In duplicate”或“In two copies”等时，其中必须有一张正本。

16. 签署

国际贸易中的商业发票一般不需要签署（但用于报关、退税等国内管理环节的必须签署）。如信用证要求“Signed invoice”，这时必须签署；要求“Manually signed invoice”时，必须手签；如果要求有证明的内容（We certify that...）时，必须签署。

如果以影印、电脑处理或复写方法制作的发票，在发票上注明“正本”（ORIGINAL）字样，并由出单人签字才可作为正本。

若国内有关部门的格式发票与L/C或进口商要求不一致，则只在报关、报检等国内环节中使用，对外收汇时，另外再按照信用证或进口商要求缮制。

1.3.3 发票样本

TIANJIN TECHSUN CO.,LTD.

60 DONG FENG EAST ROAD,TIANJIN,CHINA

COMMERCIAL INVOICE

TO: (1)

INVIOCE NO.(2)__________

DATE:(3)__________

S/C NO. (4)__________

L/C NO.(5)__________

FROM(6)__________ TO(7) __________BY(8)__________

MARKS & NUMBRS	DESCRIPTION OF GOODS	QUANTITY	UNIT PRICE	AMOUNT
(9)	(10)	(11)	(12)	(13)
TOTAL AMOUNT:	(14)			

10.4 包装单据

10.4.1 包装单据概述

1. 性质

包装单据是记载或描述商品包装情况的单据，是商业发票的补充，也是货运单据中的一项重要单据。

2. 作用

（1）包装单据是制作商业发票及其他单据时货物数量、重量方面的依据。

（2）包装单据是进口商、承运人、公证、商检机构、海关等核对、查验数量或重量以及销售货物的依据。

3. 包装单据的种类

按照其内容侧重点、用途等不同可分为装箱单（Packing List/Packing Slip）、重量单（Weight List/Weight Note）、重量证书（Weight Certificate/Certificate of Weight）、磅码单（Weight Memo）、尺码单（Measurement List）、花色搭配单（Assortment List）等。

4. 制作时注意事项

（1）名称应与信用证、合同内规定一致。

（2）应列明每件的毛、净重，小计、合计数必须与发票、运输单据、产地证、出口许可证等相符。

（3）按照信用证或合同的要求列明内包装情况（Inner Packing），例如：合同或信用证规定每件装一胶袋、每两打装一盒、每 50 打装一纸箱，则须注明："Packing each piece in a poly bag，two dozen in a cardboard box and then 50 dozens in a carton."

（4）如单据名称为 Certificate of Weight（重量证明），应加注："We certify that the weights are true and correct"。

（5）包装单据一般不应显示货物的单价、总价，以免买方转售时泄露其购买成本。

（6）按照信用证或合同规定，有时不接受联合单据，可以分别给包装单据冠以重量单、尺码单等不同的名称。

（7）必须与其他单据相应内容一致，如发票号码、合同号码等。

（8）如果信用证没有特别规定，装箱单、重量单可以不签署。

10.4.2 装箱单制单要点

装箱单也称包装单无固定的格式和内容，主要包括单据名称、编号、出单日期、货物名称、唛头、规格、件数、毛重与净重、签章等，有时还涉及包装材料、包装方式、包装规格等。

1. 买方(To Messrs.)

买方即抬头人，应与信用证开证申请人或合同、发票的买方一致。

2. 号码(No.)

填写商业发票号码或由卖方编号，有的包装单上直接列商业发票编号栏。

3. 日期(Date)

装箱单日期可按发票日期填写，也可比发票日期晚，但不要晚于提单日期。

4. 信用证号码(L/C No.)和合同号码(S/C No.)

信用证号码和合同号码应与商业发票等一致。

5. 唛头(Marks)

唛头与发票和提单等一致，也可填“As per Invoice No. ...”（按 ×× 号发票）。

6. 包装方式及数量(No.S& Kinds of Packages)

每种货物的包装件数，例如：“100 Bags（100 袋）”“200 Drums（200 桶）”等，同时要注明小计、合计数，如上例合计为：300 Packages（300 件）。

7. 货名(Items/Description)

货名应与发票和信用证等一致，如有总称，先注明总称，再逐项列明详细货名。

8. 毛重(G.W.)

如有多种规格，则应填写每种规格的毛重，同时要注明总毛重。

9. 净重(N.W.)

净重与毛重的填写类似。

10. 尺码(Meas.)

尺码与毛重的填写类似。

11. 出单人签章

出单人签章与商业发票一致，一般是卖方负责人。

装箱单样本：

PACKING LIST

TO:

INVOICE NO.: ____________

INVOICE

DATE: ____________

S/C NO: ____________

S/C DATE: ____________

FROM: ______________________________ TO: ______________________________

Letter of Credit　　　　　　　　　　　　　Date　　　of

NO.: ______________________________ Shipment: ______________________________

Marks and Numbers	Number and Kind of Package	Quantity	PACKAGE	G.W	N.W	Meas.
	Description of Goods					

TOAL:

10.5 产地证书的制作

10.5.1 一般原产地证书内容

1. 证书编号(Certificate No.)

一般原产地证书由出证机构编制。此栏不得为空,否则证书无效。

2. 出口人(Exporter)

信用证的受益人或合同的卖方的详细名称与地址和所在国家（地区）名称,应与发票、包装单据等一致。

3. 进口人(Importer/Consignee)

应填写最终收货人的名称、地址和所在国家（地区）名称,应与发票一致。信用证、托收支付方式下一般分别为信用证的开证申请人、合同的买方。

4. 运输方式和路线(Means of Transport and Route)

启运港、目的港和运输方式。如转运,应注明转运地。

例:FROM SHANGHAI TO ROTTERDAM BY VESSEL VIA KOREA.

5. 目的地国家或地区(Country or Region of Destination)

货物最终抵达目的地所属国名或地区名称,应于信用证、合同、发票等一致。

6. 签证机构使用(For certifying authority use only)

签证机构在签发后发证书、补发证书或加注其他声明时填写。一般情况下该栏不填。

7. 唛头及包装号(Marks and Numbers of Packages)

唛头及包装号与发票、提单等一致。不可填"按照发票"(AS PER INVOIDCE NO.)、"按照提单"(AS PER B/L NO.)等。

8. 货名、包装数量及种类(Description of Goods, Numbers and Kind of Packages)

货名、包装数量及种类应与发票等一致,包装件数应在小写后加注英文大写形式。本栏的末行打上表示结束的符号(******),以防加添。

例:350 Cartons(Say three hundred and fifty cartons only)of women' s shirts

******

9. 商品编码(H.S Code)

商品编码应与报检、报关单一致。

10. 数量或重量(Quantity or Weight)

货物的数量、计量单位,如 ×× 台, ×× 平方米, ×× 只, ×× 打, ×× kg。以重量为计量单位时注明毛重或净重。例如:" N.W.100M/T""G.W."。

11. 发票号码及日期(Number and Date of Invoice)

按英文格式填写。如:DEC.10, 2014。

12. 出口商声明(Declaration by the Exporter)

填入申请地点及日期，不得早于发票日期，由申请单位的法人代表或其指定人员（都必须事先在签证机构备案）在本栏手签，并盖中英文对照的图章。

13. 签证机构证明(Certification)

注明签证地址、日期。签证机构签证人审核后签名并盖印章。签发日期不得早于发票日期和申请日期，也不得晚于提单日期。

一般原产地证样本：

ORIGINAL

<table>
<tr><td colspan="3">1.Exporter</td><td colspan="2" rowspan="2">Certificate No.

CERTIFICATE OF ORIGIN
OF
THE PEOPLE'S REPUBLIC OF CHINA</td></tr>
<tr><td colspan="3">2.Consignee</td></tr>
<tr><td colspan="3">3.Means of transport and route</td><td colspan="2" rowspan="2">5.For certifying authority use only</td></tr>
<tr><td colspan="3">4.Country / Region of destination</td></tr>
<tr><td>6.Marks and numbers</td><td colspan="2">7.Number and kind of packages; description of goods</td><td>8.H.S.Code</td><td>9.Quantity</td><td>10.Number and date of invoices</td></tr>
<tr><td colspan="3">11.Declaration by the exporter
The undersigned hereby declares that the above details and statements are correct, that all the goods were produced in China and that they comply with the Rules of Origin of the People's Republic of China

----
Place and date, signature and stamp of authorized signatory</td><td colspan="3">12.Certification
It is hereby certified that the declaration by the exporter is correct.

Place and date, signature and stamp of certifying authority</td></tr>
</table>

10.5.2 普惠制产地证书 FORM A 的内容

大部分与一般原产地证书类似，但原产地标准（Origin）项有特别规定，具体如下。

（1）如出口商品完全由出口国自产，不含任何进口成分，则该项填“P”。

（2）如含有进口成分，出口到欧盟、挪威、瑞士和日本，填“W”，在其后加上出口商品的HS品目号，如“W”12.12。前提是：①该商品列入上述给惠国的“加工清单”，符合其加工条件；②虽未列入“加工清单”，但生产过程中使用的进口原材料和零部件需经充分加工，该商品与所用的进口原材料或零部件的HS品目号不同。

（3）含有进口成分，进口成分的价值未超过该商品出厂价的40%，出口到加拿大，填“F”。

（4）含有进口成分，进口成分的价值未超过该商品离岸价的50%，出口到波兰、俄罗斯、乌克兰、白俄罗斯、捷克、斯洛伐克六国，填“Y”，其后加上进口成分价值占该商品离岸价格的百分比，如“Y”42%。

（5）输往澳大利亚、新西兰，此栏可留空。

普惠制产地证书样本：

ORIGINAL

<table>
<tr><td>1. Goods consigned from (Exporter's business name, address,

2. Goods consigned to (Consignee's name, address, country)</td><td colspan="5">Reference No.

GENERALIZED SYSTEM OF PREFERENCES
CERTIFICATE OF ORIGIN
(Combined declaration and certificate)
FORM A
Issued in THE PEOPLE'S REPUBLIC OF CHINA
(country)

See Notes overleaf</td></tr>
<tr><td>3 Means of transport and route (as far as known)</td><td colspan="5">4. For official use</td></tr>
<tr><td>5. Item number</td><td>6. Marks and numbers of packages</td><td>7. Number and kind of packages; description of goods</td><td>8. Origin criterion (see Notes overleaf)</td><td>9. Gross weight or other quantity</td><td>10. Number and date of invoices</td></tr>
<tr><td colspan="3">11. Certification
It is hereby certified, on the basis of control carried out, that the declaration by the exporter is correct.

Place and date, signature and stamp of certifying authority</td><td colspan="3">12. Declaration by the exporter
The undersigned hereby declares that the above details and statements are correct, that all the goods were produced in CHINA
(country)
and that they comply with the origin requirements specified for those goods in the Generalized System of Preferences for goods exported to

Place and date, signature and stamp of authorized signatory</td></tr>
</table>

10.6 报检单

10.6.1 报检单制单要点

（1）报检单位：应加盖公章，并准确、完整、清晰地填写本单位在出入境检验检疫机构登记的代码，不得涂改。

（2）联系人和电话：企业报检人员的姓名及联系电话。

（3）报检日期：向出入境检验检疫机构报检时的日期。

（4）发货人：合同、信用证中的卖方中英文名称。如签订合同、执行合同的单位不相同，应填写执行合同单位的名称及代码。

（5）收货人：合同、信用证中的买方中英文名称。

（6）货物名称：按合同、信用证上所列中英文名称及规格填写。

（7）H.S. 编码：按《协调商品名称及编码制度》中所列编码填写。以当年海关公布的商品税则编码分类为准。

（8）产地：货物生产 / 加工地点所在省（自治区）、市。

（9）数（重）量：按实际申请检验检疫货物的数（重）量填写。重量一般填写净重，如填写毛重或“以毛作净”应注明。

（10）货物总值：发票列明的总值，须注明币种。

（11）包装种类及数量：填写外包装种类、件数，如 158 纸箱。

（12）运输工具名称号码：载运货物的运输工具的名称和编号。如尚未确定，可填写统称，如“船舶”等。

（13）合同号、信用证号：对外贸易合同或售货确认书、信用证的号码。

（14）贸易方式：该批货物进出口的贸易方式。

（15）货物存放地点：货物报检时存放的具体地点、仓库。

（16）发货日期：约定的装上运输工具日期。

（17）输往国家和地区：最终销售国家或地区。

（18）许可证 / 审批号：按照有关规定，进出境货物需办理出境许可证或审批手续的填写，如不需办理可不填。

（19）生产单位注册号：出入境检验检疫机构签发给生产、加工货物企业的卫生注册证书号或注册号码等。

（20）起运地：货物最后离境的我国关境口岸所在地名称，如“上海”。

（21）到达口岸：进口货物进入我国境内所经关境口岸的名称。

（22）集装箱规格、数量及号码：货物若以集装箱运输，应填写集装箱的规格、数量及号码。如：1×20’/TGHU23568975

（23）合同订立的特殊条款以及其他要求：合同中约定的有关检验检疫的特殊条款及其

他要求。

（24）标记及号码：货物的唛头，应与运输单据、发票等有关单据保持一致。若没有标记号码则填“N/M”。

（25）用途：按照出入境检验检疫局规定的 9 个名称中选择：1 种用或繁殖；2 食用；3 奶用；4 观赏或演艺；5 伴侣；6 试验；7 药用；8 饲用；9 其他。

（26）随附单据：报检时随附的单据种类，划“ √ ”选择，如报检单内缺少则补填。

（27）签名：报检人员手签。

（28）检验检疫费：由出入境检验检疫机关工作人员核定费用后填写。

（29）领取证单：报检人在领取检验检疫机关出具的有关检验检疫单证时填写，包括领证日期及领证人姓名。

例：样单

中华人民共和国出入境检验检疫

出境货物报检单

报检单侠（加盖公章）： 编　号：__________

报检单位登记号： 联系人： 电话： 报检日期： 年　月　日

发货人	（中文）				
	（外文）				
收货人	（中文）				
	（外文）				
货物名称（中/外文）	H.S. 编码	产地	数/重量	货物总值	包装种类及数量
运输工具名称号码		贸易方式		货物存放地点	
合同号		信用证号		用途	
发货日期	输往国家（地区）		许可证/审批号		
启运地	到达口岸		生产单位注册号		
集装箱规格、数量及号码					
合同、信用证订立的检验检疫条款或特殊要求	标记及号码	随附单据（划“✓”或补填）			
		□合同 □信用证 □发票 □换证凭单 □装箱单 □厂检单	□包装性能结果单 □许可/审批文件 □ □ □ □		
需要证单名称（划“✓”或补填）				* 检验检疫费	

续表

<table>
<tr><td>□品质证书 __正__副
□重量证书 __正__副
□数量证书 __正__副
□兽医卫生证书 __正__副
□健康证书 __正__副
□卫生证书 __正__副
□动物卫生证书 __正__副</td><td>□植物检疫证书 __正__副
□熏蒸 / 消毒证书 __正__副
□出境货物换证凭单 __正__副
□
□
□
□</td><td colspan="2">总金额
（人民币元）</td><td></td></tr>
<tr><td colspan="2" rowspan="3">报检人郑重声明：
1. 本人被授权报检。
2. 上列填写内容正确属实，货物无伪造或冒用他人的厂名、标志、认证标志，并承担货物质量责任。
签名：______________</td><td colspan="3">领 取 证 单</td></tr>
<tr><td>日期</td><td colspan="2"></td></tr>
<tr><td>签名</td><td colspan="2"></td></tr>
</table>

注：有“*”号栏由出入境检验检疫机关填写

◆国家出入境检验检疫局制

[1-2（2000.1.1）]

10.6.2 出口退税

1. 定义

出口退税是指对已报关离境的商品，由税务机关将其出口前在生产和流通各环节中已缴纳的国内税收款退还给出口企业，使出口产品以无税成本进入国际市场，加强其市场竞争力。

2. 程序

（1）出口企业办理出口退税应先办理出口退税登记，持出口经营权批件（复印件）和工商营业执照（副本），于批准日起30天内到当地主管退税业务的税务机关办理退税登记。

（2）出口商将有关信息输入国税局的软件，在电子口岸网页上，将报关信息报送国税局，做成软盘，办理预申报。

（3）办理正式退税，提供采购出口货物的增值税专用发票（已认证的）；盖有海关验讫章的《出口货物报关单》（出口退税联）；已盖有核销章，办完核销手续的出口收汇核销单（可在出口180天内提供）；已输入外汇局软件的光盘（包括三张表：进货明细表、出口明细表、汇总申请表），国税局在完成有关工作后，另行通知出口企业退税款到达的时间。自出口90天内必须申报，逾期不予以申报退税。预申报没获得通过的（报关单增值税专用发票无信息等情况）和经批准同意补办报关单的，可以自预申报之日（或批准同意之日）起，延长90天申报。

3. 凭证

出口退税的凭证包括两单两票，具体包括海关盖有“验讫单”的出口货物报关单、银行的出口结汇水单、出口销售发票、出口产品购进发票。

10.7 报关单的制作

1. 进口口岸/出口口岸

进口口岸/出口口岸是货物实际进出境的我国关境口岸海关的名称。

进口口岸是进入我国关境的第一海关，出口口岸是运离我国关境的最后海关。例：上海吴淞海关2202。

2. 备案号

备案号是进出口企业在海关办理加工贸易合同或征、减、免税审批备案等手续时，海关给予的各种登记手册或者备案批准的编号。一份报关单只允许填报一个备案号。

3. 进口日期/出口日期

（1）进口日期是所申报货物的运输工具申报进境的日期。

（2）出口日期是所申报货物的运输工具办结出境手续的日期。

进口日期/出口日期共8位，顺序为年（4位）、月、日各2位

4. 申报日期

申报日期指海关接受进（出）口货物收、发货人或其代理人申请办理货物进（出）手续的日期。

进口货物申报日期不得早于进口日期。（进口后才能申报）

出口货物申报日期不得晚于出口日期。（申报、放行后才能装上运输工具出口）

申报日期共8位，顺序为年（4位）、月、日各2位。

5. 经营单位

经营单位是指对外签订并执行合同的中国境内企业、单位或者个人。编码10位。本栏目应填经营单位中文名称及经营单位编码。

特殊情况如下。

（1）如果对外签约、执行合同的不是同一单位，则填执行合同的单位名称。

例如：中国服装进出口总公司对外签订合同，而由地方服装进出口公司负责执行合同，经营单位是地方服装进出口公司。

（2）国内企业委托有进出口经营权的企业进出口时，经营单位应填代理方，也就是有进出口经营权的企业。

例：苏州吴侬商贸有限公司（3205983654）委托苏州机械进出口总公司（3205212365）与韩国签约进口电视机电路板。该栏应填：苏州机械进出口总公司3205212365。

（3）外商投资企业委托有进出口经营权的国内企业进出口投资设备、物品的，经营单位应填外商投资企业名称、编码，在备注栏填“委托××公司进口”。

例：西罗门精密仪器公司（3205246357）委托苏州机械进出口总公司（3205212365）与韩国签约进口电视机电路板。

根据填制规范，经营单位栏填西罗门精密仪器公司3205246357，在报关单备注栏填上“苏州机械进出口总公司（3205212365）”。

6. 运输方式

填运输方式名称或代码。

常见运输方式及代码：江海运输 2；汽车运输 4；航空运输 5。

7. 运输工具名称

载运货物进出境的运输工具的名称或编号，一份报关单只允许填报一个运输工具名称，一般应和提单等运输单据中相应的栏目一致，填写方法如下。

江海运输填："运输工具名称 / 航次号"。

航空运输填："航班号"。

例：Vessel：EASTPEACE；Voyage：222E，则此栏填："EASTPEACE/222E"。

8. 提运单号

（1）提运单号是指进出口货物提单或运单的编号。

（2）一份报关单只允许填报一个提运单号，一票货物对应多个提运单号，应分单填报。

（3）江海运输如有分提运单的，填"提运单号 * 分运单号"。

（4）汽车运输、邮政运输免于填报。

（5）航空运输填："总运单号 _ 分运单号"。无分运单的只填报"总运单号"。

9. 收货单位 / 发货单位

（1）收、发货单位已在海关注册登记的，本栏目应填报其中文名称及海关注册编码。

（2）未在海关注册登记的，本栏目应填报其中文名称及组织机构代码。

（3）未在海关注册登记且没有组织机构代码的，本栏目应填报 NO。

（4）使用《加工贸易手册》管理的货物，报关单的收、发货单位应与《加工贸易手册》的"经营企业"或"加工企业"一致。

（5）减免税货物报关单的收、发货单位应与《征免税证明》的"申请单位"一致。

10. 贸易方式

（1）一份报关单只允许填报一种贸易方式

（2）贸易方式有"一般贸易""来料加工""进料加工""进料非对口""合资合作设备"。必须按照海关规定的名称及代码填写。

11. 征免性质

一份报关单只允许填报一种征免性质。必须按照海关规定的名称及代码填写。

12. 征税比例 / 结汇方式

（1）进口报关单"征税比例"不需要填报。

（2）出口货物报关单填报结汇方式：信汇（M/T）、电汇（T/T）、票汇（D/D）、付款交单（D/P）、承兑交单（D/A）、信用证（L/C）。可填写结汇方式代码表中的代码或结汇方式名称或英文缩写。

13. 许可证号

（1）应申领进（出）口许可证的货物，在此栏目填报授权机构（如苏州市商务局对外贸易处）签发的进（出）口货物许可证的编号。

（2）一份报关单只允许填报一个许可证号。

14. 起运国（地区）/运抵国（地区）

1）起运国（地区）

起运国（地区）是指进口货物起始发运的国家（地区）。

（1）进口货物没有发生中转。

与德国某公司签订的合同（发票由德国公司开出），货物从汉堡直接运到上海，则起运国为德国。

如与香港公司签订合同（发票由香港公司开出），货物从汉堡直接运到上海，没有经过香港中转，起运国仍为德国。

（2）进口货物在途中发生了中转。

①在中转地未发生任何商业性交易，那么起运国（地区）不变。

②如中转地发生商业性交易，以中转地作为起运国（地区）填报。

判断是否发生买卖关系的依据可以是发票的出票人。

例1：上例发票如果是由德国公司开出的，则起运国（地区）为：德国；

发票由香港公司开出的，则起运国（地区）为：中国香港。

2）运抵国（地区）

运抵国（地区）指出口货物直接运抵的国家（地区）。

（1）出口货物没有发生中转。

例：货物从上海起运，直接运达汉堡，则出口报关单中“运抵国（地区）”和“最终目的国（地区）”为德国，指运港为“汉堡”

（2）出口货物发生中转。

①如在中转地未发生任何商业性交易，那么运抵国（地区）不变。

②如中转地发生商业性交易，以中转地作为运抵国（地区）填报。

是否发生商业性交易从发票抬头（即收货人）栏判断。

例：我国某公司出口一批货物，从上海起运经香港中转运至德国：

①如果在香港中转时没有发生商品交易（发票的收货人是德国的公司），则出口报关单“运抵国（地区）”为：德国，指运港为“汉堡”

②如果在香港中转时发生了商品交易（发票的收货人变为香港的公司），则出口报关单“运抵国（地区）”为中国香港，指运港为“汉堡”

15. 装货港/指运港

（1）装货港指进口货物在运抵我国关境前的最后一个境外装运港。

注意运输的途中有中转或者是换船的情况。

例如：承运船舶HANZI/156在德国港口装货启运，中途停泊釜山港转“LANSA”号轮30E航次于2014年7月30日抵吴淞口岸申报进境。则“装货港”栏应填“釜山”。装运港的填写与中途是否发生商品交易无关。

(2)指运港指出口货物运往境外的最终目的港。指运港不受是否中转影响。

16. 境内目的地 / 境内货源地

(1)境内目的地是指进口货物在国内消费、使用地或最终运抵地。

(2)境内货源地指出口货物在国内的产地或原始发货地。

例如：苏州机械进出口总公司（3205212365）进口一批货物，进口报关单“境内目的地”栏有两种填法，第一种可以填“32052”，第二种填法为“苏州工业园区”。

17. 批准文号

(1)进口货物报关单免于填报。

(2)出口货物报关单本栏目用于填报“出口收汇核销单”编号。

18. 成交方式

(1)填写成交方式名称或代码。

(2)不能直接填写 11 个贸易术语。代码表中成交方式要掌握的成交方式包括：CIF、CFR、FOB，如果成交方式是其他贸易术语，不能直接填写。

19. 运费

(1)可按运费单价、总价或运费率 3 种方式之一，选择填报相应的币种代码。

(2)运费标记：“1”表示运费率，“2”表示每吨货物的运费单价，“3”表示运费总价。

例如：20% 运费率填报为“20”；50 美元的运费单价填报为 502/50/2；9000 英镑的运输总价填报为 303/9 000/3。

表 10.1　不同成交方式下运费、保费的填制

	成交方式	运费	保费
进口	CIF	不填	不填
	CFR	不填	填
	FOB	填	填
出口	FOB	不填	不填
	CFR	填	不填
	CIF	填	填

20. 保险费

(1)用于成交价格中不包保险费的进口货物。

(2)用于成交价格中含有保险费的出口货物。

标记：“1”表示保险费率，“3”表示保险费总价。

例如：1% 的保险费率填报为；6 000 英镑保险费总价值为 303/6 000/3。

21. 杂费

(1)杂费是指成交价格以外的，应计入完税价格或应从完税价格中扣除的费用，如手续费、佣金、回扣等。

(2)杂费标记：“1”表示杂费率，“3”表示杂费总价。

（3）应计入的杂费直接填报正的费率或总价，应扣除的杂费则填报负的费率或总价。

22. 合同协议

本栏目应填报进（出）口货物所属合同的完整编号。

23. 件数

（1）有外包装的进（出）口货物填实际包装件数。

（2）散装、裸装货物填报为“1”。

（3）如果有关单据列明托盘件数的；或者既有托盘数又有单件件数、集装箱数的都填“托盘数”。

（4）如仅列明集装箱个数，未列明托盘或者单件包装件数的，则填“集装箱个数”。

24. 包装种类

（1）本栏目应根据进出口货物的实际外包装种类，选择填报相应的包装种类和代码。

（2）裸装货物、散装货物，填“散装”。

（3）如果实际包装种类有多种，则可以用件数统称填报“件”。

例：有关单据件数表述为“Delivery of CIF Dalian China of 3 units & 6 p' kgs”，报关单中件数栏应该填“9”，种类填“Packages”。

25. 重量

毛重：指货物及其包装材料的重量之和。计量单位为 kg，不足 1 kg 的填报为“1”。

净重：指货物的毛重减去外包装材料后的重量，即商品本身的实际重量。计量单位为 kg，不足 1 kg 的填报为“1”。

26. 集装箱号

每个集装箱箱体两侧标示的全球唯一的编号。本栏目用于填报集装箱编号和数量，非集装箱货物填“0”。

例：在原始单据中找到集装箱号 Container No. 所对应的号是：2×20”TEXU360523120、TEXU360523121，应填：“TEXU3605231/20/17500”。集装箱的自重按国际惯例填，20 英尺集装箱的自重为 17 500 kg，40 英尺集装箱的自重为 24 500 kg，原始单据中有两个以上集装箱的，其他的集装箱号填在备注栏。

27. 随附单据

（1）随附单据是指随附进（出）口货物报关单一并向海关递交的除常见单据以外的单证或文件。

（2）要填写“监管证件的代码”+“：”+“监管证件的编号”。

例：随付的单据是入境货物通关单，通关单的编号是：442100104064457，该项填：“A：442100104064457”。

（3）常见单据指合同、发票、装箱单等必备的随附单据。

（4）有两个以上监管证件的，第一个填在本栏，其他的填在备注栏。

28. 用途 / 生产厂家

根据进口货物的实际用途，按海关规定的用途代码表选择填报相应的用途名称或代码。

出口货物生产厂家一般可不填，海关要求填的时候手写填入。

29. 标记唛码及备注

填以下内容：

（1）除图形以外的文字、数字；

（2）填受外商投资企业委托代理其进口投资设备、物品的有进出口经营权的企业名称。格式为“委托 ×× 公司进口”；

（3）与货物关联的备案号；

（4）关联报关单号（如加工贸易项下货物复运进口）；

（5）货物涉及多个监管证件时，除第一个监管证件以外的其余监管证件和代码。

（6）涉及多个集装箱时，除第一个集装箱以外的其余的集装箱号。

例：样单

中华人民共和国海关出口货物报关单

预录入编号：　　　　　　　　　　海关编号：

出口口岸	备案号	出口日期	申报日期
经营单位	运输方式　运输工具名称		提运单号
发货单位	贸易方式	征免性质	结汇方式
许可证号	运抵国（地区）	指运港	境内货源地
批准文号	成交方式　运费	保费	杂费
合同协议号	件数　包装种类	毛重（kg）	净重（kg）
集装箱号	随附单据		生产厂家
标记唛码及备注			
项号　商品编号　商品名称、规格型号　数量及单位　最终目的国（地区）　单价　总价　币制　征免			
税费征收情况			
录入员　录入单位	兹声明以上申报无讹并承担法律责任		海关审单批注及放行日期（签章） 审单　审价
报关员	申报单位（签章）		征税　统计
单位地址			查验　放行
邮编　电话	填制日期		

10.8 提单

10.8.1 提单的条款

提单正面的确认条款：承运人在货物和集装箱外表状况良好的条件下接受货物，并同意按照提单中的条款，将货物或集装箱从起运地运往交货地，把货物交付给收货人。

提单正面的不知条款：所装货物的重量、尺码、标志、数量、品质和价值等都由托运人提供，承运人并不明确知道。

提单正面的承诺条款：承运人签发的提单是有效的，承运人按条款承担义务、享受权利，也公平地要求货主承诺接受提单条款规定、承担义务，并承诺货主享受提单相应条款规定的权利。

提单正面的签署条款：承运人签发的正本提单具有相同法律效力，提取货物时必须交出经背书的一份正本提单，完成提货后，其余各份自行失效。

10.8.2 海运提单的制单要点

1. 托运人(Shipper)

托运人即委托运输的人，通常是出口方、信用证的受益人，此时本栏目填写出口人的名称和地址。

此栏也可以是第三方，此时称为"第三者提单"(Third Party B/L)，即中性名义，因此第三者提单有时也叫中性提单。

根据《UCP600》的规定，银行一般接受以信用证受益人以外的第三方为托运人的运输单据，但是如果信用证中规定"Third party transport documents not acceptable"，则提单的托运人只能是受益人。

2. 收货人(Consignee)

收货人即提单的抬头，应按信用证或合同规定填写。实际应用中有以下几种。

(1)记名抬头——填写收货人名称和地址，如"To SALA Co."。

(2)不记名抬头——填"To Bearer"。

(3)指示性抬头——"To order""To order of ..."等。"To order ""To order of Shipper"两种情况都是托运人指示提单。"To order of ...(如 SALA Co.)"，则称为记名指示提单，记名指示人可以是银行，也可以是贸易商。

【例 1】来证规定"...made out to order and endorsed to SALA Bank..."，则收货人栏填写："To order"，提单背面由托运人作记名背书：

Deliver to SALA Bank

For DNO Co.

***(托运人签章)

【例 2】来证规定："...made out to our order and endorsed in blank..."则收货人栏填写：To order of ×××（开证行名称），提单背面由开证行作空白背书，即此银行签章即可。

（4）提单的抬头决定了海运提单的性质和货权的归属。在进出口贸易中多使用指示性抬头，以便提单的转让。

3. 通知人（Notify Party）

按信用证或合同的规定填写，为了保证被通知人能及时收到到货通知，此项须注明被通知人的详细名称和地址。如来证规定："Full set of B/L...notify applicant"，应在本栏目中填开证申请人的全称及详细地址。如信用证无规定时，正本提单可留空不填，但随船的副本提单须填开证申请人的详细名称和地址。因运输方和信用证业务无关，不可以在此栏目中填写"APPLICANT"，否则货物到达目的港后船公司无法通知。

4. 前段运输（Pre-carriage by）

联合运输时填写在装运港装船前的运输方式。例如，从镇江用火车将货物运到太仓港，再由太仓港装船运至目的港，本栏可填"Wagon No. ..."或"By Train"。

5. 收货地点（Place of Receipt）

填写"前段运输"接收货物的地点。例如上例，收货地点应填"镇江（ZhenJiang）"。

6. 海运船名（Ocean Vessel）和航次（Voyage No.）

填写载货船舶的名称、航次。例如：ShunLi V.222。没有航次的可以不填。

7. 装运港（Port of Loading）

装运港即启运港，应按信用证或合同规定填写，如信用证笼统规定"Chinese main ports"，应填写实际装运港口，如"Xingang"。如来证列明多个装货港，如"Xingang/Qinhuangdao/Shanghai"，提单只能填写一个实际装运的港口名称。

8. 卸货港（Port of Discharge）

卸货港即目的港，应按信用证或合同规定填写。

除 FOB 方式外，卸货港不能填写笼统的名称，如"European main port"，必须列出具体的港口名称。如国际上有重名港口的，还应加注国别名称。

在中途转船情况下可以在卸货港名称之后加注转船港名称，如："Rotterdam W/T at Yokohama"，或在货名栏下方的空白处加注转船的说明；如有单独的转船港栏目，则在此栏目填写转船港名称即可。

9. 交货地点（Place of Delivery）

填写最终目的地名称。如货物的最终目的地就是目的港，该栏可以空白。

10. 提单号码（B/L No.）

由承运人及其代理人规定、填写，此栏必填，以便核查，否则提单无效。

11. 集装箱号码 / 铅封号（Container No./Seal No.）

填集装箱号码。铅封号是海关查验货物后作为封箱的铅制关封号，应如实注明。

12. 标记唛码（Marks & No.）

按发票缮制。应与其他单据一致，如信用证规定了唛头，也应符合信用证规定。如没有唛头，用“N/M”表示，不能空白。

13. 件数和包装种类(Numbers and Kind of Packages)

(1)按货物实际装运情况填写外包装的件数，如“100 bales”“250 drums”，在此栏目下部空白处或大写栏内加注件数大写，如，“SAY ON HUNDRD BALES ONLY.”

(2)散装货可注明“In bulk”字样，无须列明大写件数。

(3)如有多种货物采用多种包装，则应分别列明各种货物的件数和包装种类并加列合计总件数。例如：

60 Cartons

50 Bales

30 Cases

80 Packages

SAY TWO HUNDRED AND TWENTY PACKAGES ONLY.

14. 货物描述(Description of Goods)

按信用证和发票货名填写，如货物名称过多或过细，可填货物的总称，但不能和发票货名相矛盾。

15. 毛重(Gross Weight)

以千克(kg)为单位填写装运货物的毛重，kg 以下按四舍五入处理。

16. 尺码(Measurement)

以立方米(m^3)为单位填写货物的体积，保留小数点后三位数。

17. 总包装件数(Total Packages)

由大写英文数字、包装单位和“ONLY”组成，如“One hundred cartons only”。

18. 运费和费用(Freight and Charges)

除非有特别规定，本栏只填列运费是否已付费，如“Freight Prepaid(预付)”或“Freight to Collect(到付)”，而不填具体金额。如果信用证中有其他写法，要改成这两种写法。如信用证中规定“freight to be prepaid”时，提单填“Freight Prepaid”。

19. 运费支付地(Freight Payable at)

填写实际支付运费的地点。

20. 正本提单份数(No.S of Original Bs/L)

收货人必须凭正本提单提货。正本提单的份数应按信用证的要求，在本栏目内用大写(如 TWO，THREE 等)注明。每份正本提单的效力相同，凭其中一份提货后，其余各份失效。

21. 签发地点及日期(Place and Date of Issue)

通常为装运地点、装运日期。每张提单必须有签发日期。

22. 签章(Signature)

(1)来证规定手签的必须手签。

(2)可以是承运人、其具名代理或代表，或船长、其具名代理或代表签署。

(3)承运人或船长的任何签字或证实，必须表明“承运人”或“船长”的身份；代理人代表承运人或船长签字或证实时，也必须表明所代表的名称和身份。

例如：

◆ 承运人签字

提单上部：COSCO

提单签字处：COSCO

（签字）As Carrier 或 The Carrier

◆ 代理人签字

提单上部：COSCO

提单签字处：SALA SHIPPING CO.

（签字）As agent for and/or on behalf of the Carrier COSCO 或 As agent for and/or on behalf of COSCO as Carrier（或 The Carrier）

◆ 船长签字

提单上部：COSCO

提单签字处：COSCO（注或不注船名）

（签字）As Master 或 The Master

23. 装船批注或装船备忘录(On Board Notation)

提示：海运提单必须是已装船提单，即使信用证没有规定，提单也应有"已装船"的表示。

（1）提单上预先印有"已装船"文字或相同意思，不必另行加注"已装船"批注，提单的签发日期就是装船日期、装运日期。

（2）如果提单载有"预期船只"或类似的关于船名的限定语，则需以已装船批注明确发运日期及实际船名。通常这种提单被称为"收妥备运提单"，这时需另外加注"已装船"批注，并在旁边写明装船日期，该装船日期即为装运日期，提单的签发日期不能视作装船日期和装运日期。

例：提单样单

Shipper

Consignee

Notify Party

BILL OF LADING   B/L No.:

COSCO

中 国 远 洋 运 输 公 司

CHINA OCEAN SHIPPING COMPANY

ORIGINAL

*Pre-carriage by	*Place of Receipt		
Ocean Vessel Voy. No.	Port of Loading		
Port of discharge	*Final destination	Freight payable at	Number original Bs/L

Marks and Numbers	Number and kind of packages;Description	Gross weight	Measurement m^3

TOTAL PACKAGES(IN WORDS)

Freight and charges

Place and date of issue

Signed for the Carrier

*Applicable only when document used as a Through Bill of Loading

10.9 保险单

10.9.1 保险单填制规范

1. 保险公司名称(Name of Insurance Company)

此栏应根据信用证或合同要求的保险公司填写。

2. 保险单据名称(Name)

此栏按照信用证或合同填制。如来证规定 “INSURANCE POLACY”，即要求出示保险单而非保险凭证。

3. 发票号码(Invoice No.)

填写投保货物的商业发票号码。

4. 保险单号次(Policy No.)

由保险公司填写。

5. 被保险人(Insured)

又称为“抬头人”，填写注意事项如下。

（1）此栏通常填写出口人名称，并由出口人作空白背书，以表示保险权益的转让。

（2）如信用证规定被保险人为受益人以外的某公司或某银行，保险单应直接打该公司或银行名称。如信用证在被保险人名称前注有“TO THE ORDER OF ...”，保险单也应照加，受益人不背书。

（3）如信用证要求保险单做成“TO ORDER”，应在被保险人栏照打“TO ORDER”并由受益人背书。

例：信用证条款如下：

APPLICANT：SALA COMPANY，NEW YORK

BENEFICIARY：DONGFANG COMPANY，SUZHOU

DOCUMENTS REQUIRED：INSURANCE POLICY IN FAVOUR OF THE BENEFICIARY AND BLANK ENDORSED COVERING MARINE TRANSPORTATION ALL RISKS，WAR RISKS AS PER ICC CLAUSES。

此时保险单抬头应为受益人即 DONGFANG COMPANY，Suzhou

6. 标记(Marks & No.S)

标记指唛头，应与发票和提单相符。如无唛头，可填 “N/M”；如果唛头内容太多，也可填“As per Invoice No. ...（依据 ×× 号发票）”。

7. 包装及数量(Quantity)

与提单相同，填写总包装（大包装，如托盘等）件数。以重量计价的具有外包装货物，应注明包装件数和计价重量。

8. 保险货物项目(Description of Goods)

与提单相同，可填写货物的统称。

9. 保险金额(Amount Insured)

保险金额简称 “保额”，是指保险人对被保险人负担损失补偿的货物最高计价金额或给付约定的最高金额。它是计收保险费的基础。

（1）填写小写金额和货币符号，如“USD200.00”，货币应与信用证、合同一致。

（2）保险金额加成应严格按信用证或合同规定掌握。如无具体规定，依据国际惯例按 CIF 或 CIP 价格的 110% 投保。

（3）保险金额一般为整数，如信用证、合同金额有小数，则小数点后尾数上进位为整数。

例如：发票金额为USD11，507.30，加一成投保，保险金额为USD11，507.30×110%=USD12658.03，则进位后保险金额应为USD12，659.00

（4）如发票金额含有佣金，则应按含佣金额投保，如含有折扣，则应按扣除折扣后的净额投保。

例：

DOCUMENTS REQUIRED：INSURANCE POLICY/CERTIFICATE BLANK ENDORSED COVERING MARINE TRANSPORTATION ALL RISKS，WAR RISKS AS PER ICC CLAUSES FOR 115PCT OF INVOICE VALUE WITH CLAIMS PAYABLE AT DESTINATION。

发票相关内容：

CIFNEWYORK USD100，000.00	LESS 1PCT COMM USD1，000.00
TOTAL	USD99，000.00

保险单投保金额应为：USD100，000.00×115%= USD 115，000

10. 总保险金额（Total Amount Insured）

填写大写累计保险金额，如“SAY U.S.DOLLARS THREE HUNDRED ONLY”。大小写金额及货币符号需保持一致。

11. 保费（Premium）和费率（Rate）

这两栏通常不注明具体数字而分别注明“As arranged”（按约定）。

12. 运载工具（Per Conveyance S.S）

（1）水运方式下填写船名和航次，如“Huanghe V.113”。

（2）铁路运输填写“By Railway”或加上车箱号，如“Wagon No.58697”。

（3）航空运输填写“By Air”。

（4）邮包运输填写“By Parcel Post”。

13. 开航日期（Sailing on or about）

填写提单的签发日期，或简单填写AS PER B/L。

14. 起讫地点（From...To...）

（1）按照信用证或合同中相应规定，在“From”后填装运港名称，“To”之后填写目的港名称，同时要与运输单据相符。

（2）如需转船，应在目的港后加注“W/T at ...（转船港名称）”，如“From Shanghai to NewYork W/T at Hong Kong”。

15. 承保险别（Conditions）

应按L/C（托收方式下按合同）中与保险险别相应的条款填写，注意应注明保险险别适用的文本及其生效日期。

例：FOR 115% of INVOICE VALUE COVERING ALL RISKS AND WAR RISK AS PER

CIC DATED 1/1/1981.

16. 保险单的份数

如果信用证没有明确规定保险单的份数时，一般出具一套 3 份正本的保险单。

17. 勘查理赔代理(Agent)

由保险公司指定。

18. 赔付地点(Claim Payable at)

本栏目包括保险赔款支付地点和赔付的货币两项内容。

(1)应根据信用证(托收项下按合同)规定填写。如信用证(或合同)未作规定时，赔付地点填目的港(地)名称，币别可不填。

(2)如信用证规定了赔偿地点，保单应按此规定填写。

例如:"Claims, if any, are payable in Japan in USD."

19. 出单日期和地址(Date, at)

保单的出单日期不应晚于提单日期，出单地点为保险公司所在地。

20. 保险公司签章(Authorized Signature)

由保险公司或其代理人签章。

21. 背书(Endorsement)

按信用证(托收项下按合同)规定作空白背书或记名背书。

附:保险单样单

中国平安保险股份有限公司

PING AN INSURANCE COMPANY OF CHINA，LTD.

NO. 1000005959　　货物运输保险单

CARGO TRANPORTATION INSURANCE POLICY

被保险人：Insured

中国平安保险股份有限公司根据被保险人的要求及其所交付约定的保险费，按照本保险单背面所载条款与下列条款，承保下述货物运输保险，特立本保险单。

This Policy of Insurance witnesses that PING AN INSURANCE COMPANY OF CHINA，LTD.，at the request of the Insured and in consideration of the agreed premium paid by the Insured，undertakes to insure the undermentioned goods in transportation subject to the conditions of Policy as per the clauses printed overleaf and other special clauses attached hereon.

保单号 Policy No.	赔款偿付地点 Claim Payable at
发票或提单号 Invoice No. or B/L No.	
运输工具 per conveyance S.S.	查勘代理人 Survey By：
起运日期 Slg. on or abt　　自 From	
至 To	
保险金额 Amount Insured	
保险货物项目、标记、数量及包装： Description, Marks, Quantity & Packing of Goods：	承保条件 Conditions：

签单日期

Date：

For and on behalf of

PING AN INSURANCE COMPANY OF，LTD CHINA

Authorized signature

10.10　汇票

10.10.1　汇票的制作要点

1. 出票条款

出票条款又称出票根据，信用证汇票中必须说明此汇票根据某银行某日期开出的某号信用证出具，这部分包含3项内容：开证行完整名称、信用证号和开证日期，即 Drawn under（填开证行名称）、L/C No.（填信用证号）、dated（填开证日期）。

例如：Drawn under Bank of China, Singapore L/C No.456789 dated June 10th, 2015.

托收项下，一般只列明对价条款（Value received），内容包括发运货物的名称、数量和合同号或发票号。

例如：Value received Covering shipment of 1, 000 cartons of paper as per Contract No.56789.

2. 出票地点及出票日期

出票地点一般是出口商所在地，出票日期一般填交单日，该日期不能早于随附的单据的签发日期；信用证支付方式下，也不得迟于信用证或《UCP600》规定的交单限期、信用证的有效期。日期需用英文形式，不能只用阿拉伯数字形式。一般由议付银行议付时代填。出票地点通常已印好，一般为议付地点。

3. 汇票号码(No.)

由出票人编写，一般填写同一批货物的发票号码。

4. 金额

汇票的金额和货币种类，必须准确无误，并应注意以下几点。

（1）当用托收方式时，汇票金额和发票金额一般均应一致。信用证项下，如没有特别规定，其金额应与信用证、发票金额一致。

（2）如信用证规定汇票金额为发票金额的一部分，例如97%，发票金额和汇票金额的差额3%，一般为应付的佣金。

（3）如信用证规定部分采用信用证方式付款，部分托收，则应做两套汇票：信用证项下汇票金额不应超过信用证金额，以开证行为付款人；托收部分的以买方为付款人，两者相加与发票金额一致。

（4）汇票的金额小写和大写必须一致。汇票金额不得涂改，不允许加盖校正章。汇票金额的小写，由货币符号和阿拉伯数字组成，汇票金额的大写，由货币名称和文字或数字组成，例如，U.S.DOLLARS TWO THOUSAND AND SIX AND CENTS FORTY ONLY 或 U.S.DOLLARS TWO THOUSAND AND SIX POINT FOUR ZERO ONLY。

◆ 小写金额："Exchange for"之后填写，由货币名称缩写、阿拉伯数字两部分组成。

例如：USD2, 006.40。货币必须与信用证规定和发票所使用的货币一致。

◆ 大写金额：位于"the sum"之后，用英文大写表示。

例如：SAY U.S.DOLLARS FOUR HUNDRED AND SIX ONLY

◆ 零头的写法除了用"cents"外，还可以用"point"或"××%（××/100）"表示。

例如：USD918.48，其中0.48有以下几种写法。

（1）US Dollars...cents forty-eight only.

（2）US Dollars...point forty-eight only.

（3）US Dollars...and 48% 或 and 48/100 only.

5. 付款期限

这是汇票的重要项目，没有列明付款期限的汇票根据票据法应认为无效。按照不同的付款期限，一般可采用下列方式缮制。

（1）即期付款，在汇票上的付款期限处，加打“*”或“---”，如“AT* * * SIGHT”“AT---SIGHT”。

（2）远期付款，在汇票上的付款期限处，加打远期天数和起算期。

例如：At 46 days after date（出票后 46 天付款）；

At 31 days after sight（见票后 31 天付款）；

At 45 days after B/L date（提单日后 45 天付款）。

（3）定期付款：则应填上将来具体的付款到期日，如“AT 31 Dec. 2015 fixed”，并将汇票上的“SIGHT”划去。

6. 收款人

收款人又称“受款人”，按国际习惯，在信用证没有规定的情况下，应以议付行为受款人。托收方式下的汇票，一般应以托收行（出口地银行）为受款人，填写在“Pay to the order of...”之后。例如信用证中的语句为“Pay to the order of Bank of China，Shanghai Branch”，在汇票收款人一栏填写：“Bank of China，Shanghai Branch”。

（1）来证规定“限制议付”，则填规定的银行。

例如：“...negotiations are restricted to Bank of China only”，此时填写：“Bank of China”。

（2）来证没有规定“限制议付”，则任何一家议付行即可。

例如：“Draft for negotiation with any bank in Beneficiary's country.”

这是不限制议付行（公开议付）的一种表示方法，是最常见的一种规定收款人的方法。受益人可以在自己的国家里选择任何一个合适的银行作为收款人或议付行。

在填写汇票时，应将信用证中规定的（限制议付）或对受益人来说比较适宜的（公开议付时）银行名称、地址直接填入这个栏目。例如信用证中规定或受益人选择中国银行山东分行作为议付行，应在收款人的栏目中写“Bank of China，Shandong Branch”。

7. 付款人

付款人亦称受票人（Drawee）。在汇票中“To”之后填写其名称和地址。付款人名称必须填写完整，托收支付方式下的汇票，还必须填写详细地址。

（1）信用证支付方式下汇票的付款人为开证行或其指定的银行。常见的信用证内语句为：draft drawn on ×× bank，Value on us，issued on ourselves. 汇票内填写这一项时，应填写银行名称、地址，不能只填 us/ourselves.

（2）托收支付方式下，除非合同另有规定，一般填写合同的买方。

8. 出票人(Drawer)

在汇票的右下角，一般是信用证的受益人（出口商）。我国企业习惯在这一栏打上出口公司的全称，并由公司的经理或责任人签字或盖章。

汇票样单 1：

DRAWN UNDER ……………………………………………..…………………

L/C NO.…………………………… DATE …………………

PAYABLE WITH INSTERST @....……..% PER ANMUM

NO:…………EXCHANGE FOR …… ……….……………..……

AT……..…………………SIGHT OF HIS FIRST OF EXCHANGE (SECOND OF EXCHANGE BEING UNPAID)

PAY TO THE ORDER OF

THE SUM OF

TO.………………………………………..

………………………………………..

………………………………………..

………………………………………

………………………………………

汇样单 2：

BILL OF EXCHANGE	
NO.____________	DATE ____________________
EXCHANGE FOR____________________	
AT ____________ SIGHT OF THIS FIRST BILL OF EXCHANGE（SECOND OF THE SAME TENOR AND DATE BEING UNPAID）PAY TO THE ORDER OF	
THE SUM OF	
VALUE RECEIVED AND CHARGE THE SAME TO ACCOUNT OF	
DRAWN UNDER	
L/C NO.	DATED
TO：	

汇票样单 3：

<table>
<tr><td>凭
DRAWN UNDER</td><td rowspan="3">2</td></tr>
<tr><td>信用证
L/C NO.：</td></tr>
<tr><td>日期
DATE：</td></tr>
<tr><td colspan="2">PAYABLE WITH INTEREST @ % 按 息 付款</td></tr>
<tr><td>号码
NO.</td><td>汇票金额
EXCHANGE FOR</td></tr>
<tr><td colspan="2">见票 日后（本汇票之正本未付）付交 金额
AT SIGHT OF THIS SECOND OF EXCHANGE（FIRST OF EXCHANGE BEING UNPAID）PAY TO THE ORDER OF</td></tr>
<tr><td colspan="2">THE SUM OF</td></tr>
<tr><td colspan="2">VALUE RECEIVED</td></tr>
<tr><td colspan="2">TO：</td></tr>
</table>

10.11 附属单据的制作

附属单据一般用来补充说明履约情况，便于进口商进口销售，但是如果合同、信用证对这些单据作了相关规定，也必须对此予以重视。常用的附属单据一般包括以下几种。

1. 船公司证明：(shipping company's certificate)

船公司证明一般包括以下内容。

（1）船龄：船公司出具的证明船龄的单据，船龄在 15 年以上的船舶一般被视为超龄船，航行中风险较大，保险公司一般也不愿意承保，进口商往往要求出具船龄 15 年以下的证明。

（2）船籍：载货船舶的国籍。

（3）航程：航程中停靠的港口

2. 出口商证明：(Exporter's Certificate)或受益人证明(Beneficiary's Certificate)

常见的有寄单寄样证明，包装说明的证明，产品制造方面的证明，环保、人权（如：非童工、非狱工制造），知识产权等方面的证明。

3. 装运通知(Shipping Advice)

装运通知是受益人根据信用证的规定在一定时间内通过传真、快递或电传等方式，将货物装运情况通知开证申请人或其指定人以及保险公司等。

装运通知的内容应符合信用证的规定，按实际货物情况，一般包括合同号、品名、件数、运输工具、启运地、目的地、开航行日期等。

课堂练习

1. 根据信用证回答问题并结合有关资料制作全套单据

SEQUENCE OF TOTAL	28	1/1
FORM OF DOCUMENTARY CREDIT	40A	IRREVOCABLE
DOCUMENTARY CREDIT NUMBER	20	G/FO-7752807
DATE OF ISSUE	31C	050223
DATE AND PLACE OF EXPIRY	31D	050610 CHINA
OPENNING BANK	51A	SUMITOMO BANK LTD，OSAKA OSAKA，JAPAN
APPLICANT	50	TOSHU CORPORATION 12-36，KYUTAROMACHI 4-CHOME CHUO-KU，OSAKA 561-8177 JAPAN
BENEFICIARY	59	DONGYUE KNITWEARS AND HOMETEXTILES IMPORT AND EXPORT CORPORATION 197 ZHONGSHAN ROAD，NINGBO，CHINA
CURRENCY CODE AND AMOUNT	32B	USD170000.00 CIFD5% YOKOHAMA
AVAILABLE WITH	41A	CHINA MERCHANTS BANK NINGBO BY NEGOTIATION
DRAFTS AT	42C	AT 60 DAYS AFTER B/L DATE
DRAWEE	42A	THE SUMITOMO B ANK LTD，HONGKONG
PARTIAL SHIPMENT	43P	ALLOWED
TRANSHIPMENT	43T	ALLOWED
LOADING ON BOARD/DEPATCH/ TAKING IN CHARGE AT/FROM ...	44A	NINGBO
FOR TRANSPORTATION TO ...	44B	YOKOHAMA
LATEST DATE OF SHIPMENT	44C	050531
DESCRIPTION OF GOODS	45A	ROMAN BRAND M AN’ SHIRTS IN CARTONS OF 1000PCS EACH AS PER CONTRACT NO. 99JA7031KL

		ST/NO. QTY UNIT PRICE 71-800 6000PCS USD14.30/PC 71-801 4000PCS USD14.60/PC 71-802 2000PCS USD12.90/PC
DOCUMENTS REQUIRED	46A	+SIGNED COMMERCIAL INVOICE IN QUINTUPLICATE. +PACKING LIST IN 3 COPIES. +FULL SET OF CLEAN ON BOARD OCEAN BILL OF LADING OF CHINA OCEAN SHIPPING CO. LTD MADE OUT TO ORDER OF SHIPPER BLANK ENDORSED MARKED FREIGHT PREPAID NOTIFY APPLICANT AND US. +GSP CERTIFICATE OF ORIGIN FORMA IN 2 COPIES TO BE ISSUED BY CIQ. +INSURANCE POLICY OR CERTIFICATE IN DUPLICATE ENDORSE IN BLANK WITH CLAIM PAYABLE IN JAPAN IN THE CURRENCY OF THE DRAFT COVERING 110 PERCENT OF INVOICE VALUE INCLUDING ALL RISKS，SRCC AND WAR RISK AS PER OCEAN MARINE CARGO CLAUSES（1/1/1981）OF THE PEOPLE'S INSURANCE COMPANY OF CHINA.
ADDITIONAL CONDITIONS	47A	+ALL THE DOCUMENT MUST SHOW THE L/C NUMBER. +T/T REIMBURSEMENT IS UNACCEPTABLE. +THE GOODS SHOULD BE CONTAINERIZED. +A COPY OF CABLE ADVISING SHIPPING DETAILS FAX TO THE ACCOUNTEE.
DETAILE OF CHARGES	71B	ALL BANKING CHARGES AND COMMISSIONS INCLUDING REIMBURSEMENT COMMISSION OUTSIDE JAPAN ARE FOR ACCOUNT OF BENEFICIARY.
PERIOD FOR PRESENTATION	48	DOCUMENTS TO BE PRESENTED WITHIN 15 DAYS AFTER THE DATE OF SHIPMENT BUT WITHIN THE VALIDITY OF THE CREDIT.
CONFIRMATION INSTRUCTIONS	49	WTTHOUT

INSTRUCTIONS TO THE PAYING/ NEGOTIATING BANK	78	ALL SHIPPING DOCUMENTS TO BE SENT DIRECTLY TO THE OPENNING OFFICE BY REGISTERED AIRMAIL IN ONE LOT.
SENDER TO RECEIVER INFORMATION	72	THIS CREDIT IS SUBJECT TO UNIFORM CUSTOMS AND PRACTICE FOR DOCUMENTARY CREDITS（1993 REVISION） ICC PUBLICATION NO.500.

---END---

（一）根据信用证回答问题

1. 该信用证属于什么类型信用证？

（即期付款 / 延期付款 / 承兑 / 议付）

2. 该信用证要求的抬头是什么？

（记名抬头 / 指示式抬头 / 来人抬头）

3. 该信用证的通知费由谁负担？

（受益人 / 开证申请人 / 开证行 / 议付行）

4. 该信用证是否可以转让？为什么？

5. 该信用证提单的托运人能否为受益人以外的第三方？

（二）根据信用证和下列参考资料制作汇票、发票、装箱单、提单和普惠制产地证 5 种单据

参考资料

发票号码：DK2005Y478	每箱毛重：25KGS	提单号码：COSU2054689
发票日期：2005/03/05	每箱净重：20KGS	提单签发日期：2005/05/10

业务经理：张远大	每箱尺码：3CBM	装船日期：2005/05/11
唛头：T.C.O. 99JA7031KL YOKOHAMA NO.1-12		承运船只：OOCL NINGBO V.058 提单签发单位：CHINA OCEAN SHIPPING AGENCY NINGBO CO LTD 提单签发人：东方扬帆
产地证编号：8790261	产地标准："P"	产地证申办人：赵晓华

课后复习巩固

1. 根据信用证回答问题并结合有关资料制作全套单据

MT700/ISSUE OF A DOCUMENTARY CREDIT

BASIC HEADER:

F01SCBLCNSXAXXX9999039857

APPLICATION HEADER:

RECEIVED FROM: EUMOLBBEAXXX

MESSAGE TYPE: 700

DATE: 070720

SEQUENCE OF TOTAL	27: 1/1
FORM OF DOC. CREDIT	40A: IRREVOCABLE
DOC. CREDIT NUMBER	20: 25400/CI
FORM OF DOC. CREDIT	40A: IRREVOCABLE
DOC. CREDIT NUMBER	20: 25400/CI
DATE OF ISSUE	31C: 070720
EXPIRY	31: DATE 070905 PLACE CHINA
APPLICANT	50: SMITH BRO THERS CO., LTD. 10 FLOOR 10 SOUTH STREET HONGKONG
BENEFICIARY	59: LIXING NINGBO CO LTD 112 JIEFANG WEST ROAD NINGBO CHINA
AMOUNT	32B: CURRENCY USD AMOUNT25000.00
POS./NEG. TOL.(%)	39A: 00/00

AVAILABLE WITH/BY 41A: SCBLCNSXXXX

BY PAYMENT

PARTIAL SHIPMENT 43P: NOT ALLOWED

TRANSHIPMENT 43T: NOT ALLOWED

PORT OF LOADING 44A: ANY PORT IN CHINA

PORT OF DISCHARGE 44B: DUBAI, U.A.E.

LATEST DATE OF SHIPMENT 4C: 070820

DESCRIPT. OF GOODS 45A:

24000 DZNS CUSHIONS AND PILLOWS

OTHER DETAILS AS SPECIFIED IN PROF. INVOICE NO.BP0704002

PRICES ARE CIF DUBAI PORT U.A.E.（INCOTERMS 2000）

SHIPPING MARKS: PALAMA

DUBAI

NO.1-UP

DOCUMENTS REQUIRED 46A:

+COMMERCIAL INVOICE MADE OUT IN THE NAME OF PALAMA TRADE COMPANY IN SIX COPIES AND BEAR THE FOLLOWING ATTESTATIONS: WE CERTIFY THAT THIS INVOICE IS AUTHENTIC, THAT IT IS THE ONLY THEIR EXACT VALUE WITHOUT ANY DEDUCTION. WE ARE NOT REPRESENTED IN U.A.E. AND U.A.E. IS NOT INCLUDED IN THE TERRITORY OF ANY OTHER AGENT WHO WOULD BENEFIT WHATSOEVER FROM ANY COMMISSION ON OUR MERCHANDISES EXPORTED TO U.A.E.

+FULL SET OF CLEAN ON BOARD MARINE BILLS OF LADING ISSUED TO ORDER AND ENDORSED TO THE ORDER OF PALAMA TRADE COMPANY AND BEARING THE FOLLOWING STATEMENTS: THE ORIGIN OF THE GOODS IS CHINA. NOTIFY PALAMA TRADE COMPANY, U.A.E. MARKED FREIGHT PREPAID INDICATING NAME AND ADDRESS OF SHIPPING CO' S REPRESENTATIVE IN U.A.E..

+CERTIFICATE OF ORIGIN MADE OUT TO ORDER MENTIONING NINGBO XIAOLIN INDUSTRIAL COMPANY NINGBO CHINA AS MANUFACTURER ISSUED BY THE CHINA COUNCIL FOR THE PROMOTION OF INTERNATIONAL TRADE IN THREE COPIES.

+INSURANCE POLICY OR CERTIFICATE IN DUPLICATE ENDORSE IN BLANK FOR THE FULL CREDIT AMOUNT PLUS 20 PERCENT, IRRESPECTIVE OF PERCENTAGE INCLUDING ALL RISKS AND WAR RISK AS PER C.I.C. OF PICC. WITH CLAIM PAYABLE AT DESTINATION IN USD.

ADDITIONAL COND. 47A:

+ALL DOCUMENTS SHOULD BE PRESENTED IN ENGLISH.
+ALL DOCUMENTS REQUIRED SHOULD NOT BEAR ANY MENTION SHOWING THAT THEY HAVE BEEN ISSUED UNDER A DOCUMENTARY CREDIT AND SHOULD NOT BEAR THE CREDIT NUMBER NOR THE NAME OF OUR BANK.
+ALL DOCUMENTS REQUIRED SHOULD NOT MENTION ANY UNIT PRICE
+INVOICE TO BE ISSUED FOR A TOTAL AMOUNT AS USD12000.00, WE CONFIRM THAT DESPITE INVOICES ARE TO BE ISSUED FOR USD12000.00, WE SHOULD PAY BENEFICIARY UPON PRESENTATION OF CONFORM DOCUMENTS USD25000.00
+SHIPMENT SHOULD BE EFFECTED BY CONTAINER VESSEL THROUGH COSCO .
+THIRD PARTY B/L NOT ACCEPTABLE.

DETAILS OF CHARGES	71B: ALL FOREIGN BANK CHARGES ARE FOR THE ACCOUNT OF THE BENEFICIARY
PRESENTATION PERIOD	48: DOCUMENTS MUST BE PRESENTED WITHIN 15 DAYS AFTER B/L DATE AND WITHIN THE VALIDITY OF THE CREDIT.
CONFIRMATION	49: WITHOUT
REIMBURSING BANK	53A: BKMTUSANYXXX
INSTRUCTIONS	78: PLS REIMBURSE YRSELVES ON "BKMTUSANY" IF ALL TERMS AND CONDITIONS COMPLIED WITH.
SEND. TO REC. INFO.	72: PLS ACKNOWLEDGE RECEIPT.
TRAILER	ORDER IS <MAC:> <PAC:> <ENC:> ,<CHK:> <TNG:> <PDE:> MAC: 37821DA8 CHK: 4D19E2E5D2A8 SAC

（一）根据提供的信用证回答问题

1. 该信用证是否被保兑？

2. 按照兑付方式分类，该信用证属于什么信用证？

3. 该信用证中 39A 指的是何含义？

4. 该信用证的通知费和偿付费用由谁承担？

5.SWIFT 信用证结尾处注明了 SAC，SAC 是什么意思？

6. 该信用证要求的抬头是什么？

7. 关于该信用证的交单期是如何规定的？

8. 该信用证提单的托运人能否为受益人以外的第三方？为什么？

（二）根据资料制作全套单据

发票号：LX2007-208

发票日期：2007 年 8 月 3 日

出口公司经理：张华

装船货物情况：

	QTY	PACKAGE	G.W.	N.W.	MEAS.	H.S. 号码
CUSHIONS	14,000DZNS	140CTNS	@8KGS	@7KGS	@0.2CBM	2405.0543
PILLOWS	10,000DZNS	100CTNS	@7KGS	@6KGS	@0.2CBM	2386.7268

装于一个 40 英尺集装箱　集装箱号：CHGH210078　铅封号：SH0027

装运港：宁波　承运船只：VICTORIA V.033　装船日期：2007 年 8 月 13 日

提单签发日期：2007 年 8 月 12 日　提单签发单位：DONGFANG SHIPPING CO.

提单签发人：李明　提单号：0700326

船公司目的港代理：KFG SHIPPING CO

372 NOR STREET

TEL：2332111　FAX：2332446

产地证号：0720066　产地证申办人员：王芳

保险单号：2007098

练习题

第 1 章　国际贸易概述

一、名词解释

1. 对外贸易 / 国际贸易
2. 对外贸易商品结构 / 国际贸易商品结构
3. 对外贸易地理方向 / 国际贸易地理方向
4. 贸易差额
5. 顺差 / 逆差
6. 对外贸易额 / 对外贸易量
7. 货物贸易 / 服务贸易
8. 总贸易 / 专门贸易
9. 直接贸易 / 间接贸易 / 转口贸易
10. 净出口 / 净进口
11. 贸易条件
12. 对外贸易依存度

二、单项选择题

1. 从一个国家来看，该国与别国货物与服务的交换活动称为（　）。

A. 世界贸易　　B. 国际贸易　　C. 对外贸易　　D. 区域贸易

2. 常说的国际贸易额是指（　）。

A. 世界出口总额　　B. 世界进口总额　　C. 一国进出口总额　　D. 国际贸易量

3. 某国 1984 年出口贸易值为 840 亿美元，1988 年出口贸易值为 1 860 亿美元，1988 年该国出口商品价格指数为 226（以 1984 年为 100），所以该国 1988 年出口贸易量比 1984 年（　）。

A. 减少了　　B. 增加了

C. 没有变化　　D. 贸易值不能换算为贸易量

4. 在国际贸易中，商品生产国与消费国通过第三国买卖商品的行为，对第三国来说是（　）。

A. 直接贸易　　B. 间接贸易

C. 转口贸易　　D. 依照运输方式来确定

5. 以货物通过国境作为统计进出口标准是（ ）。

A. 有形贸易　　B. 无形贸易　　C. 总贸易体系　　D. 专门贸易体系

6. 以金额表示的一国的对外贸易数量，称为（ ）。

A. 对外贸易额　　B. 对外贸易量　　C. 贸易差额　　D. 无形贸易

7. 以一定时期不变价格为标准计算的国际贸易额可以反映国际贸易的实际流量，是因为（ ）。

A. 以商品计量单位表示　　B. 以货币金额表示

C. 它只计算有形贸易　　D. 它剔除了价格变动的影响

8. 一定时期内一国出口总额与进口总额之间的差额称为（ ）。

A. 贸易差额　　B. 出超　　C. 入超　　D. 净出口或净进口

9. 实物商品的进出口称为（ ）。

A. 有形贸易　　B. 无形贸易　　C. 直接贸易　　D. 间接贸易

10. 净出口或净进口之差反映了（ ）。

A. 进口总额与出口总额之间的差额　　B. 同种商品出口量与进口量之差

C. 有形贸易与无形贸易之间的差额　　D. 总贸易与专门贸易之间的差额

11. 某年世界出口贸易额为 3.5 万亿美元，进口贸易额为 3.7 万亿美元，服务贸易额为 7 000 亿美元，当年国际贸易总额为（ ）。

A.7.9 万亿美元　　B.3.5 万亿美元　　C.7.2 万亿美元　　D.3.7 万亿美元

12. 世界各国对外经济关系的核心是（ ）。

A. 对外贸易　　B. 世界市场　　C. 国际分工　　D. 国际政治关系

13. 从历史上看，对外贸易的产生出现在（ ）。

A. 资本主义社会　　B. 封建社会初期　　C. 奴隶社会末期　　D. 原始社会末期

三、多项选择题

1. 某国 1992 年对外贸易规模为：出口 482 亿美元，进口 412 亿美元，这一年该国贸易状况为（ ）。

A. 顺差 70 亿美元　　B. 逆差 70 亿美元

C. 贸易总额 894 亿美元　　D. 净出口 70 亿美元

E. 净进口 70 亿美元

2. 对外贸易或国际贸易按照其商品形态划分，应包括（ ）。

A. 直接贸易　　B. 间接贸易

C. 转口贸易　　D. 有形贸易

E. 无形贸易

3. 对外贸易与国内贸易的一致性表现在（ ）。

A. 都是商品和服务的交换　　B. 都需要进行外汇交易

C. 交易过程大同小异　　D. 经营的目的都是取得利润

E. 商业习惯都相同

4. 对外贸易比国内贸易困难多，表现在（　）。
A. 语言不同　B. 法律、风俗习惯不同
C. 贸易障碍多　D. 市场调查困难
E. 交易接洽、技术困难多
5. 对外贸易对资本原始积累的作用表现在它为资本主义生产提供了（　）。
A. 生产力　B. 新技术
C. 劳动力　D. 资本
E. 市场
6. 对外贸易的产生必须具备以下条件（　）。
A. 可供交换的剩余产品　B. 各自为政的社会实体
C. 没有阶级和国家　D. 社会成员处于自然分工状态
E. 依靠集体劳动获得剩余产品
7. 对外贸易对资本主义国家经济发展的促进作用表现为（　）。
A. 可以提高利润率　B. 取得国外市场
C. 有助于社会产品实现　D. 促进劳动生产率提高
E. 可以带动相关经济部门发展
8. 对外贸易提高利润率或阻止利润率下降主要是因为它可以（　）。
A. 降低生产成本　B. 取得规模经济利益
C. 取得超额利润　D. 扩大国家财政收入
E. 通过资本输出就地办厂提高利润率
9. 发达国家对初级产品实物形态的补偿出现了以下趋势（　）。
A. 补偿量在不断增长　B. 补偿量在不断下降
C. 补偿实物形态和内容越来越多　D. 补偿内容越来越少
E. 补偿来源遍及全球各国
10. 社会主义制度下发展对外贸易的客观必然性是（　）。
A. 对外开放的客观要求　B. 发展社会生产力的要求
C. 社会主义商品生产发展的需要　D. 社会化大生产的需要
E. 参加国际分工的需要
11. 马克思认为，对外贸易对于资本主义来说（　）。
A. 是其生产方式处于幼年时期的基础　B. 是其生产方式发展过程中本身的产物
C. 是促进商品经济发展的唯一因素　D. 是促进货币交换关系发展的唯一因素
E. 是资本主义生产方式确立的决定因素
12. 对外贸易可以为社会主义扩大积累表现为（　）。
A. 提高利润率　B. 扩大交换来源
C. 使用价值多样化并增加其数量　D. 节约社会劳动
E. 扩大财政收入

13. 影响国际经济“传递”的主要因素包括（　）。

A. 一国经济的开放程度

B. 一国对外贸易额在世界贸易额中的比重

C. 一国贸易产品在世界总供给或总需求中的比重

D. 国与国之间的贸易关系

E. 各国经济政策

四、填空题

1. 国际贸易是指世界各国之间 ________ 和 ________ 的交换活动，是各国之间分工的表现形式。

2.________ 是指一国和地区同别国和地区进行商品和服务交换，从国际范围来看这种行为就成为 ________。

3. 总贸易体系是以货物通过 ________ 作为统计进出口的标准，而专门贸易体系是以货物经过 ________ 作为统计进出口的标准。

4. 我国在编制进出口统计时采用的是 ________ 统计体系。

5. 联合国编制和发表的世界各国对外贸易额的统计资料，是以 ________（货币）表示的。

6. 当出口总额超过进口总额时，称为 ________。反之，当进口总额超过出口总额时称为 ________。

7. 同一种商品的进出口贸易进行比较时，若出口大于进口，称为 ________；反之，若进口大于出口，则称为 ________。

8. 要确切地反映一国对外贸易实际规模的变化，我们往往采用 ________ 这一指标，因为它剔除了不同年份物价变动的影响。

9. 对外贸易按商品形式与内容不同分为 ________ 和 ________。

10. 在“联合国国际贸易标准分类”中，一般把 0~4 类商品称为 ________， 5~8 类商品称为 ________。

11. 商品通过第三国卖给消费国，对生产国（甲国）来说是 ________，对消费国（乙国）来说是 ________，这种方式下的甲乙两国间贸易称为 ________。

12. 在表示国际贸易规模时，通常采用 ________ 和 ________ 两个指标。二者虽然都以 ________ 来表示其规模大小，但它们的计算方法却不相同。

13. 一国的对外贸易地理方向通常受 ________、________ 的影响。

14. 狭义的对外贸易或国际贸易结构，是以货物贸易在一国出口贸易或世界贸易中所占有的 ________ 来表示。

15.20 世纪 30 年代经济学家罗伯特逊提出了对外贸易是 ________ 的命题。

五、判断题

1. 国际贸易是个历史范畴，它是社会生产发展的必然结果。（　）

2. 国际贸易与对外贸易同属一类活动，只是所站的角度不同而已。（　）

3. 总贸易说明一国在商品流通中所处的地位和所起的作用。(　)

4. 世界所有国家的进口总额和出口总额之和即为国际贸易额。(　)

5. 世界出口总额总是小于世界进口总额。(　)

6. 对外贸易额可以确切地反映一国对外贸易的实际流量和规模。(　)

7. 有形贸易和无形贸易的金额反映在该国的海关统计上。(　)

8. 转口贸易是间接贸易的主要表现形式。(　)

9. 一国对外贸易商品结构可以反映出该国的经济发展水平、产业结构状况和科技发展水平。(　)

10. 国际贸易商品结构可以反映出整个世界的经济发展水平、产业结构状况和科技发展水平。(　)

11. 国际贸易地区分布可以表明世界各洲、各国或各个国家集团在国际贸易中所占的地位。(　)

12. 间接贸易对于介入的第三国来说,就是转口贸易。(　)

13. 专门贸易体系是以货物进出关境和结关作为统计对外贸易的标准。(　)

14. 转口贸易中的货物运输,可以经过转口国,也可以不经过转口国,直接由产国运往消费国。(　)

15. 对外贸易是在一定的历史条件下产生和发展起来的。(　)

16. 原始社会初期,没有剩余产品,没有私有制,没有阶级和国家,也不存在对外贸易。(　)

17. 对外贸易是资本主义生产方式确立的决定因素。(　)

18. 对外贸易只是资本主义国家经济发展的一个必需条件,而不是它的先决条件。(　)

19. 对外贸易是经济增长的发动机,因此它是资本主义生产方式和确立的决定因素。(　)

20. 尽管国际经济关系已从单纯的买进与卖出商品发展为多元化的经济关系,但对外贸易在各国经济关系中仍居于重要地位。(　)

六、问答题

1. 对外贸易与国际贸易相比有哪些异同?

2. 什么是贸易差额?各国是否必须追求贸易顺差?为什么?

3. 什么是对外贸易依存度?各国对外贸易依存度是否越大越好?为什么?

4. 简述资本主义之前的国际贸易。

5. 试述资本主义时期国际贸易的特点。

6. 试分析二战后国际贸易空前增长的主要原因。

7. 为什么说对外贸易促进了经济发展?

8. 对外贸易在国际经济关系中占据什么地位?

9. 试评价对外贸易是“经济增长发电机”这一学说。

10. 试述国际贸易的发展趋势。

第 2 章　国际贸易政策

一、名词解释

1. 自由贸易政策
2. 贸易差额论
3. 财政关税
4. 关税配额
5. 自动出口配额制
6. 对外贸易乘数
7. 保护贸易政策

二、选择题

1. 二次大战后兴起的贸易保护称为（　）。

A. 李斯特　B. 凯恩斯　C. 萨谬尔森　D. 马歇尔

2. 早期重商主义的代表人物有（　）。

A. 斯塔夫　B. 李斯特　C. 托马斯 . 孟　D. 马尔萨斯

3. 两次世界大战期间贸易保护政策的理论基础是（　）。

A. 李斯特　B. 凯恩斯　C. 萨谬尔森　D. 马歇尔

4. 关税按征收对象分，有（　）。

A. 货物税　B. 所得税　C. 出口税　D. 反补贴税

5. 单向优惠关税有（　）。

A. 沪惠制　B. 特惠税　C. 正常关税　D. 保护税

6. 英国经济学家托马斯•孟的《英国得白对外贸易的财富》1644 年出版属于（　）。

A. 早期重商主义理论　B. 晚期重商主义

C. 自由贸易理论　D. 超贸易保护

7.《就业、利息和货币通论》的作者是（　）。

A. 凯恩斯　B. 大卫•李嘉图　C. 托马斯•孟　D. 威廉•斯塔夫

8. 资本主义生产方式准备时期代表商业资本利益的经济思想和政策体系为（　）。

A. 重商主义　B. 凯恩斯主义　C. 保护幼稚工业论　D. 新贸易保护主义

9. 李斯特保护学说所制定的贸易政策的目的是（　）。

A. 发展生产力　B. 保护国内市场　C. 垄断国内市场　D. 实施关税壁垒

10.20 世纪 70 年代中期随着世界经济危机的爆发，全球出现了（　）。

A. 自由贸易政策　B. 保护贸易政策

C. 新贸易保护政策　D. 超保护贸易政策

11. 李斯特认为处于农工阶段的国家应当采取的贸易政策是（　）。

A. 自由贸易政策　B. 保护贸易政策

C. 管理贸易政策　D. 超保护贸易政策

12. 超保护贸易政策的保护对象包括(   )。

A. 幼稚工业　　B. 成熟工业　　C. 衰落工业　　D. 以上三项均包括

13. 管理贸易政策出现在(   )。

A. 资本主义萌芽阶段　　B. 资本主义自由竞争阶段

C. 资本主义垄断阶段　　D. 二战后当代资本主义阶段

14. 二战后贸易自由化的积极推行者是(   )。

A. 英国　　B. 法国　　C. 美国　　D. 德国

15. 最早提出并实行自由贸易政策的国家是(   )。

A. 英国　　B. 法国　　C. 美国　　D. 德国

16. 在下列经济学家中系统提出保护贸易理论的是(   )。

A. 李嘉图　　B. 李斯特　　C. 俄林　　D. 休谟

17. 在下列因素占主导地位时,贸易政策偏重于保护(   )。

A. 该国产品国际竞争力较强　　B. 该国与其他国家经济合作好

C. 国内物价普遍较高　　D. 国内就业情况较好

三、多项选择题

1. 各国制定贸易政策的主要目的是(   )。

A. 保护国内市场　　B. 扩大本国出口

C. 改善产业结构　　D. 积累资本

E. 维护本国对外政治关系

2. 对外贸易产生以来,各国大体有如下几类贸易政策(   )。

A. 自由贸易政策　　B. 保护贸易政策

C. 政府对汇率的干预政策　　D. 协调管理贸易政策

E. 保护贸易政策

3. 对外贸易政策的内容构成包括(   )。

A. 对外贸易总政策　　B. 进出口商品政策

C. 对外贸易国别政策　　D. 自由贸易政策

E. 保护贸易政策

4. 保护贸易政策的特点(   )。

A. 保护的对象扩大了　　B. 保护的目的是为了加强市场垄断

C. 从消极保护转向进攻性扩张　　D. 为大垄断资产阶级服务

E. 主要手段是实行高关税政策

5. 李斯特的保护贸易政策理论观点包括(   )。

A. 国家干预　　B. 强调生产力发展

C. 不同发展阶段不同贸易政策　　D. 拥护比较成本说

E. 提倡顺差,反对逆差

6. 二战后至20世纪70年代出现的贸易自由化的主要标志是关税的大幅度削减,其主要表现（ ）。

A.GATT 内的关税减让谈判

B. 发达国家纷纷取消出口税

C. 欧共体内关税取消

D. 洛美协定特惠税制度实施

E. 普惠制实施

7.20 世纪 70 年代以后出现的新贸易保护主义的（ ）。

A. 被保护的商品不断增加

B. 贸易保护措施多样化

C. 从鼓励进口转向限制进口

D. 组成货币市场，瓜分世界市场

四、填空题

1. 国际贸易政策的类型有 _______、___ ____。

2.20 世纪 80 年代以来，贸易管理进一步加强主要表现在：___ ____、_______。

3. 出口管制的形式有 ___ ____，___ ____。

4. 商品倾销，按目的和时间可分为 _______，_______，_________。

5. 国际贸易成册的演变分为 _______，_______，_______，_______ 几个时期。关贸总协定（GATT）条件下新保护主义时期

6. 与贸易保护联系，李斯特 1841 年出版的《_______》一书中系统地阐述了 ______ 学说。

7. 超保护贸易政策的理论依据是 ____________.

8. 凯恩斯的代表作是 ____________。

9. 对外贸易乘数是依据 _______________ 乘数提出的。

10. 新贸易保护主义开始于________________。

11.20 世纪 80 年代以来，管理贸易进一步加强的主要表现是 ______，________。

12. 二战后贸易自由化的主要表现是______。

13. 关税按照征收对象分为________________。

14. 关税按照征税日分为_______________。

15. 关税按照差别待遇和特定的实施情况分为 ________________

16. 进口附加税有两种情况 ____________。

17. 关税按照征税的一般方法或征税标准分为 _______。

18. 非关税壁垒会有 _________________。

19. 非关税壁垒主要有 _________________________________。

20. 进口配额主要有 ____________________________________。

21. 鼓励出口的措施主要有 ____。

22. 经济特区主要有 ____。

五、判断题

1. 在资本主义自由竞争阶段，发达资本主义国家大多实行自由贸易政策，而落后的殖民地则大多实行保护贸易政策。（ ）

2. 重商主义分为早期和晚期，晚期一般又称“贸易差额论”。（ ）

3. 美国在二战后一致实行新贸易保护主义。（ ）

4. 自由贸易理论源于英国古典政治经济学。（ ）

5. 一个国家的国内物价越低，就业率就越高，这个国家的贸易政策就越倾向于保护。（ ）

6. 李斯特的保护幼稚工业理论提出应用价值规律调挫对外对外贸易，反对国家干预。（ ）

7. 新贸易保护主义的最大受害者是发展中国家和社会主义国家。（ ）

六、问答题

1. 出口管制的目的是什么？

2. 简述二战后贸易自由化的主要特点。

3. 非关税壁垒措施主要有哪些。战后以来这些非关税措施为什么越来越多了？

4. 简述非关税壁垒的特点。

5. 国际上鼓励出口和限制出口主要有哪些措施？

6. 简述李斯特的幼稚产业保护论？

7. 进口关税主要有哪几种？它们各自起什么样的作用？

8. 简述经济特区的类型。

9. 什么是超保护贸易政策？其主要的理论依据是什么？

10. 什么是关税壁垒，关税的种类有哪些？

11. 简述新贸易保护主义的特点。

12. 在日本，有些商店专门出售从美国回购的日本产品，并且价格比正规商店的定价要低。请问这是怎么回事？

第 3 章　交易磋商与合同签订

一、名词解释

1. 发盘

2. 接受

3. 逾期接受

4. 一般交易条件

二、单项选择题

1. 我某出口公司于 5 月 5 日以电报对德商发盘，限 8 日复到有效。对方于 7 日以电报发出接受通知，由于电信部门的延误，出口公司于 11 日才收到德商的接受通知，事后该出口商公司亦未表态。此时，（ ）。

A. 除非发盘人及时提出异议，否则该逾期接受仍具有接受效力，合同成立

B. 不管我方是否及时提出异议，合同不成立

C. 只有发盘人毫不延迟地表示接受，该通知才具有接受效力，否则合同不成立

D. 由电信部门承担责任

2. 某公司向欧洲某客户出口一批食品，该公司于 3 月 16 日发盘，限 3 月 30 日复到有效，3 月 18 日接到对方来电称："你方 16 日来电接受，希望 5 月装船。"我方未提出异议。于是，（　）。

A. 这笔交易达成
B. 需经该公司确认后交易才达成
C. 属于还盘，交易未达成
D. 属于有条件的接受，交易未达成

3. 根据《公约》的规定，发盘和接受的生效采取（　）。

A. 投邮生效原则
B. 签订书面合同原则
C. 口头协商原则
D. 到达生效原则

4. 英国某商人 3 月 15 日向国外某客商用口头发盘，若英商与国外客商无特别约定，国外客商（　）。

A. 任何时间表示接受都可使合同成立
B. 应立即表示接受方可使合同成立
C. 当天表示接受即可使合同成立
D. 在两三天内表示接受可使合同成立

5.A 公司 5 月 18 日向 B 公司发盘，限 5 月 25 日复到有效。A 公司向 B 公司发盘的第二天，A 收到 B 5 月 17 日发出的、内容与 A 公司发盘内容完全相同的交叉发盘，此时，（　）。

A. 合同即告成立
B. 合同无效
C. A 向 B 或 B 向 A 表示接受，当接受通知到达对方时，合同成立
D. 必须是 A 向 B 表示接受，当接受通知到达对方时，合同成立

6. 下列条件中，（　）不是构成发盘的必备条件。

A. 发盘内容必须十分确定
B. 主要交易条件必须十分完整齐全
C. 向一个或一个以上特定的人发出
D. 表明发盘人承受约束的旨意

7. 我方 6 月 10 日向国外某客商发盘，限 6 月 15 日复到有效，6 月 13 日接到对方复电称："你 10 日电接受，以获得进口许可证为准。"该接受（　）。

A. 相当于还盘
B. 在我方缄默的情况下，则视为有效发盘
C. 属有效的接受
D. 属于一份非实质性改变发盘条件的接受

8. 按《公约》的规定，一项发盘在尚未送达受盘人之前，是可以阻止其生效的，这叫发盘的（　）。

A. 撤回　B. 撤销　C. 还盘　D. 接受

9. 我公司星期一对外发盘，限该发盘星期五复到有效，客户于星期二回电还盘并邀我电复。此时，国际市场价格上涨，故我未予答复。客户又于星期三来电表示接受我星期一的发盘，在上述情况下，（　）。

A. 接受有效
B. 接受无效
C. 如我方未提出异议，则合同成立
D. 属有条件地接受

三、多项选择题

1. 促使发盘终止的原因主要有(　)。

A. 发盘的有效期届满

B. 发盘被发盘人依法撤回或撤销

C. 受盘人对发盘的拒绝或还盘

D. 发盘人发盘后发生了不可抗力或当事人丧失行为能力

2. 在国际贸易中,合同生效的时间主要有(　)。

A. 接受送达发盘时

B. 依约签订正式书面合同时

C. 依国家法律或行政法规的规定,合同获得批准时

D. 口头合同被当即接受时

3. 在国际贸易中,合同成立的有效条件是(　)。

A. 当事人必须具有签订合同的行为能力　B. 合同必须有对价或约因

C. 合同的形式和内容必须符合法律的要求　D. 合同当事人的意思表示必须真实

4. 交易磋商程序中必不可少的两个法律环节是(　)。

A. 询盘　B. 发盘　C. 还盘　D. 接受

5. 构成一项发盘应具备的条件是(　)。

A. 向一个或一个以上特定的人发出　B. 发盘内容十分确定

C. 表明发盘人承受约束的意旨　D. 发盘必须规定有效期

6. 构成一项接受应具备的条件是(　)。

A. 接受由特定的受盘人作出　B. 接受的内定必须与发盘相符

C. 必须在有效期内表示接受　D. 接受方式必须符合发盘的要求

7. 在实际的进出口业务中,接受的形式有(　)。

A. 用口头或书面的形式表示　B. 用缄默表示

C. 用广告表示　D. 用行动表示

8. 我国某公司15日向日商发盘,限20日复到有效,日商于19日用电报表示接受我方15日电,我方于21日中午才收到对方的接受通知,此时(　)。

A. 合同已成立

B. 若我方毫不迟延的表示接受,合同成立

C. 若我方于21日才收到接受通知是由于电讯部门的延误,则我方缄默,合同成立

D. 若我方于21日才收到接受通知是由于电讯部门的延误,则合同一定成立

四、判断题

1. 还盘一经作出,原发盘即告失效。(　)

2. 如发盘未规定有效期,则受盘人可在任何时间内表示接受。(　)

3. 根据《公约》的解释,接受必须用声明或行动表示出来,沉默或不行动本身不等于接受。

4. 根据《公约》的规定，如果撤回通知于接受应生效之前或同时送达发盘人，接受得予撤回。（ ）

5. 交易磋商的内容必须包括 11 种交易条件，在此基础上合同才能成立。（ ）

6. 邀请发盘对双方具有约束力。（ ）

7. 一项发盘，即使是不可撤销的，也是可以撤回的，只要撤回的通知在发盘送达受盘人之前或同时到达受盘人。（ ）

8. 根据《公约》的解释，一项发盘，在受盘人发出接受通知之前可以撤销，但有两种例外情况。（ ）

9. 根据《公约》的解释，一项发盘，即使是不可撤销的，于拒绝通知到达发盘人时终止。（ ）

五、案例分析题

1. 我国 A 公司向国外 B 公司发盘，报谷物 300 公吨，每公吨 250 美元，发盘有效期为 10 天。3 天后，B 公司复电称，对该批货物感兴趣，但要求进一步考虑。2 天后，B 公司两次来电，要求将货物数量增至 600 公吨，价格降至 230 美元 / 公吨，3 天后我公司将这批谷物卖给另一外商，并在第 10 天复电 B 公司，通知货已售出。但外商坚持要我方交货，否则以我方擅自撤约为由，要求赔偿。问：我方应否赔偿，为什么？

2. 我国某公司与某外商洽谈进口交易一宗，经往来电传磋商，就合同的主要条件全部达成协议，但在最后一次我方所发的表示接收的传真中列有“以签订确认书为准”。事后对方拟就合同草稿，要我方确认，但由于对某些条款的措辞尚待进一步研究，故未及时给予答复。不久，该商品的国际市场价格下跌，外商催我开立信用证，我方以合同尚未有效成立为由拒绝开证，试分析，我方的做法是否有理，为什么？

3. 我国某技术贸易公司就某项技术贸易的进口事宜与国外某客户进行洽谈，经过双方多次的函电往来，最终使交易得以达成，但未订立正式的书面合同。根据双方的函电往来表明，对方应于 2000 年 12 月前向我方提供一项技术贸易的出口，而时至 2001 年 1 月，对方仍未向我方提供该项技术贸易。我方曾多次要求对方履行合同，对方却以未订立正式书面合同为由否认合约已达成。问：(1) 双方的交易是否已达成？为什么？(2) 就此案例，我方应如何处理？

4. 我国某进出口公司向国外某商询购商品，不久，我方收到对方 8 月 15 日发盘，发盘有效期至 8 月 22 日。我方于 8 月 20 日向对方复电：“若价格能降至 56 美元 / 件，我方可接受”，对方未作答复。8 月 21 日我方得知国际市场行情有变，于当日又向对方去电表示完全接受对方 8 月 15 日发盘。问：我方的接受能否使合同成立？为什么？

5. 某进出口公司欲进口包装机一批，对方发盘的内容为：“兹可供普通包装机 200 台，每台 500 美元 CIF 青岛，6 至 7 月份装运，限本月 21 日复到我方有效。”我方收到对方发盘后，在发盘有效期内复电：“你方发盘接受，请内用泡沫，外加木条包装。”问：我方的接受是否可使合同成立？为什么？

6. 买卖双方订有长期贸易协议，协议规定：“卖方必须在收到买方订单后 15 天答复，若未答复则视为已接受订单。"11 月卖方收到买方订购 2 000 件服装的订单，但直到 12 月 25 日卖方才通知买方不能供应 2 000 件服装，买方认为合同已经成立，要求供货。问：双方的合同是否成立？为什么？

7. 我某进出口公司向国外某客商询售某商品，不久我方接到外商发盘，有效期至 7 月 22 日。我方于 7 月 24 日用电传表示接受对方发盘，对方一直没有音讯。因该商品供求关系发生变化，市价上涨，8 月 26 日对方突然来电要求我方必须在 8 月 28 日前将货发出，否则，我方将要承担违约的法律责任。问：我方是否应该发货？为什么？

8. 香港某中商 A，就某商品以电传方式邀请我方发盘，我方于 6 月 8 日向 A 方发盘并限 6 月 15 日复到有效。12 日我方收到美国 B 商按我方发盘的各项条件开来的信用证，同时收到 A 商的来电称："你 8 日发盘已回转美国 B 商。"此时该商品的国际市场价格猛涨，于是我方将信用证退回开证行，再按新价直接向美国 B 商发盘，而美商拒绝接受新价，并要求我方按原价发货，否则将追究我方的责任。问：对方的要求是否合理？为什么？

第 4 章 商品的名称、品质、数量和包装

一、填空题

1. 通常表示货物品质的方法，主要有________________和_______________。

2. 用文字说明来表示货物品质的方法主要有________、________、________和________等四种。

3. 在确定某些农副产品的品质时，由于品质标准难以确定，国际上常采用________作为标准。我国惯称________。

4. 用样品来表示货物品质的方法包括________和________。

5. 国际间买卖木材和冷冻鱼虾等水产品时常用的标准是__________。

6. 在国际货物买卖中，规定品质机动幅度的方法一般有：_______、_______和________。

7. 在国际贸易中，表示品质的方法有两种比较特殊，一个是 FAQ，其中文意为________；另一个是 GMQ，其中文意为________。

8. 溢短装条款的内容主要有________、________和________。

9.《联合国国际货物销售合同公约》规定，如卖方交货数量大于约定的数量，买方可以______，也可以______。

10. 国际贸易中常用的六类计量单位分别是_______、_______、_______、_______、_______、_______。

11. 国际贸易中通常使用的度量衡制度有：_______、_______、_______、_______。

12. 在国际贸易中，计算货物包装重量的方法通常有：_______、_______、_______、_______。

13. 出口货物包装可分为_______和_______两大类。

14. 包装条款通常包括的主要内容有_______、_______、_______、_______和_______。

15. 货物运输包装上的标志主要包括_______、_______、_______。

16.1991 年 4 月我国正式加入______，该会分配给我国的国别号为______。

17. 货物的包装上既不标明生产国别、地名和厂商名称，也不标明原有商标和牌号，这样的包装称作______。

二、选择题

1. 在出口合同的品质条款中（　）。

A. 为了明确责任，应使用两种以上的方法表示品质

B. 为了准确起见，应使用两种方法表示品质

C. 为了防止被动，一般不宜同时使用两种或两种以上的方法表示品质

2. 卖方与买方凭规格达成交易，并将参考样品留给买方，货到目的港经检验，各项指标均与合同规定相符，但有一项不符合参考样品，买方（　）。

A. 有权提出索赔，品质应符合参考样品

B. 无全提出索赔，卖方不受参考样品的约束

C. 有权提出索赔，品质不但要符合合同规定，还应符合参考样品

3. 按 FAQ 进行买卖的货物是指（　）。

A. 机器设备　　B. 农产品　　C. 矿产品

4. 在国际贸易中，表示品质的方法有多种，但（　）。

A. 只能单独使用一种　　B. 不能单独使用

C. 可视具体情况结合使用

5. 凭样品买卖时，样品（　）。

A. 只能由买方提供　B. 只能由卖方提供　C. 既可由买方提供，也可由卖方提供

6. 凡凭样品买卖，如合同中无其他规定，则卖方所交货物（　）。

A. 可以与样品大致相同　　B. 允许有合理公差

C. 必须与样品一致

7. 凡货、样无法做到完全一致的货物，一般都不适宜采用（　）。

A. 凭规格买卖　B. 凭等级买卖　C. 凭标准买卖　D. 凭样品买卖

8. 品质公差是指（　）。

A. 卖方允许买方的品质差价

B. 买方允许卖方在交货的品质上有一定的幅度

C. 货物本身的误差

9. 珠宝、首饰等货物具有独特性质，在出口确定其品质时（　）。

A. 最好用样品磋商　B. 最好用文字说明　C. 最好看货洽谈成交

10. 出口羊毛、生丝、棉纱等经济价值较大而水分含量极不稳定的货物时，计算重量的方法，通常采用（　）。

A. 毛重　　B. 净重

C. 公量　　D. 理论重量

E. 以毛作净

11. 国外来证规定，交货数量为 10 000 公吨散装货，未表明可否溢短装，不准分批装运，根据《UCP600》规定，卖方发货的（　）。

A. 数量和总金额均可增减 10%　　　　B. 数量和总金额均可增减 5%

C. 数量可增减 5%，总金额不得超过合同金额。

12. 对于货物溢短装部分的作价办法，合同中如没有明确的规定，按惯例，其做法是（　）。

A. 按合同价格作价　　　　B. 按装船时的国际市场价格作价

C. 按到货时的国际市场价格作价　　　　D. 按买方国家的市场价格作价

13. 某公司出口电扇 1 000 台，纸箱装，合同和信用证都规定不准分批装运。装船时有 40 台包装破裂，风罩变形，不能出口。根据《UCP600》规定，只要货款不超过信用证总金额，交货数量允许有 5% 的增减。据此，发货人（　）。

A. 可以装运 960 台　B. 可以装运 950 台　C. 只可以装运 1 000 台

14. 合同中的数量条款为"1，000M/T With 5% more or less at Seller' s Option"，则卖方交货数量可以是（　）。

A.950M/T　　B.1 000M/T　　C.1 050M/T　　D.1 500M/T

E.950M/T 到 1 050M/T 之间任意数量

15. 买卖合同中规定溢短装条款，是允许卖方（　）。

A. 在交货质量上有一定幅度的差异　　　　B. 在交货数量上有一定幅度的差异

C. 在包装规格上有一定幅度的差异

16. 如果合同中未明确规定用何种方法计算重量和价格的，按惯例应以（　）计。

A. 毛重　　B. 净重　　C. 公量　　D. 理论重量

17. 按《UCP600》规定，在交货数量前加"约"字，应解释为伸缩幅度是（　）。

A.2.5%　　B.5%　　C.10%

18. 我方向国外出口某种货物 80 公吨，每公吨 290 美元，合同规定数量可增减 10%。国外开来信用证金额为 23 200 美元，数量约 80 公吨。卖方交货时，市场价格呈下跌趋势，我方应交货（　）。

A.72 公吨　　B.80 公吨　　C.88 公吨

19. 在国际贸易中，若卖方交货数量多于合同规定的数量，根据《公约》的规定，买方可以（　）。

A. 只接受合同规定的数量，而拒绝超出的部分

B. 接受合同规定的数量，以及超出合同规定数量的一部分

C. 拒收全部货物

D. 接受全部货物

20. 国际标准化组织推荐的标准运输标志，应包括的内容是（　）。

A. 收货人名称的缩写或简称　　　　B. 参考号（订单号、发票号）

C. 目的地　　　　D. 件号或箱号

E. 产地标志

21. 在买卖合同的包装条款及有关运输的单据中，涉及的运输包装上的标志是（　）。

A. 警告性标志　　B. 指示性标志　　C. 运输标志

22. 出口商品采用中性包装就是（　）。

A. 包装上仅有外商指定的商标或牌号，但无生产地名和厂商名称

B. 包装上仅既无商标、牌号，又无生产地名和厂商名称

C. 在采用外商指定的商标或牌号同时，标示“中国制造”字样

D. 包装上无商标或牌号，仅注明“中国制造”字样

E. 包装上无商标或牌号，仅标示中国的某产地名称

23. 我国出口危险货物的运输包装上（　）。

A. 只打我国所规定的危险品标志　　B. 只打国际海运危险品标志

C. 上述两套标志均应打上

24. 国际标准化组织向各国推荐使用的简化运输标志中不包括的内容是（　）。

A. 几何图形　　B. 参考号码　　C. 目的地名称　　D. 重量和尺码

三、判断题

1. 在凭样品买卖业务中，为了争取国外客户，便于达成交易，出口企业应尽量选择质量最好的样品请对方确认并签订合同。（　）

2. 为了适应国际市场的需要，我方出口工业品时，应力争按买方样品达成交易。（　）

3. 凭对等样品成交实际上是将凭买方样品成交转为凭卖方样品成交。（　）

4. 在出口合同中规定：“中国籼米：水分 14%，杂质 1%，不完善粒 7%”。这种规定准确、合理，因而被广泛使用。（　）

5. 在约定的品质机动幅度或品质公差范围内的品质差异，除非另有规定，一般不另行规定增减价格。（　）

6. 在出口贸易中，表示货物品质的方法很多，为了明确责任，最好采用既凭样品，又凭规格买卖的方法。（　）

7. 溢短装条款是在装运数量上可增减一定幅度，该幅度既可由卖方决定，有时也可由买方或承运人决定，应视合同中的具体规定而定。（　）

8. 按重量计算的包装货，如买卖合同未明确规定是按毛重或按净重计算，按惯例，应按毛重计算。（　）

9. 在任何情况下，卖方所交货物的数量都必须与合同规定的数量相符，否则，买方有权拒收货物并提出索赔。（　）

10. 卖方为了在交货时有一定的灵活性，签订合同时最好在数量前加一个“约”字。（　）

11. 合同中数量条款为“100M/T With 10% more or less at Seller’s Option”，则卖方交货数量为 99 ～ 101M/T 之间的任意数量时，不违反合同。（　）

12. 以毛作净的计量标准是净重。（　）

13. 为了防止在市价波动时，享有溢短装权利的一方故意多装或少装货物，可以在合同中规定按装船时的市价计算溢短装部分的价格。（ ）

14. 买卖合同中一般均应规定运输标志、指示性标志和警告性标志。（ ）

15. 运输包装上的标志就是运输标志，也就是通常所说的唛头。（ ）

16. 运输包装上的标志除需刷在外包装上外，都应在货运单据上表示出来。（ ）

17. 在国际货物买卖合同中，“习惯包装”“适合海运包装”等是常见的，而且是比较好的规定方法。（ ）

18. 我国的出口商品，除非买卖双方另有规定，定牌和无牌商品在货物本身及 / 或包装上均需标明“中国制造”字样。（ ）

19. 包装费用一般都包括在售价之内，不需要在合同中另外列明。（ ）

20. 定牌中性与无牌中性的共同点在于两者在商品的内外包装上都不注明生产国别。（ ）

21. 目前，我国对于托盘货物可普遍进行国际多式联运。（ ）

22. 无牌中性包装是在商品和包装上不注明任何商品牌号，也不注明产地的包装。（ ）

四、问答题

1. 货物名称的命名方法主要有哪几种？

2. 品名条款应如何规定？

3. 为什么说品名条款和品质条款是国际货物买卖合同中的重要条件？

4. 凭样品买卖有哪些基本要求？应注意什么问题？

5. 表示货物品质的方法有哪些？如何选择使用？

6. 在国际贸易中，常用的度量衡制度有哪几种？

7. 合同中规定数量机动幅度应注意哪些问题？

8. 试述国际贸易中重量的几种规定方法。

9. 如卖方按每箱 150 美元的价格售出某货物 1 000 箱，合同规定“数量允许有 5% 上下，由卖方决定”。试问：这是什么条款？最多可装多少箱？最少应装多少箱？如实际装运 1 040 箱，买方应付货款多少？

10. 包装有几种类型？各具有什么作用？

11. 包装标志有哪几种？运输标志包括哪些主要内容？

12. 什么叫“条形码”？在包装业中采用条形码有何意义？

五、分析题

1. 某公司出口一批脱水菠菜（Dehydrated Spinach）到香港，质量条款规定“水分不超过 8%”（moisture 8% max）或“水分为 8%”（moisture 8%）。试分析这两种规定是否相同？若该公司实际交货质量高于或低于该标准，卖方所要承担的责任。

2. 我方某公司向东南亚某国出口红枣一批，合同规定为三级红枣。卖方交货时发现三级红枣无货，我方在未征得买方同意的情况下，用二级红枣代替三级红枣并在发票上注明“二级红枣、价格照旧”，货抵买方后，遭买方拒收。试问：在上述情况下，买方有无拒收的权利？为什么？

3. 合同中规定"About 500M/T"或"500M/T 5% more or less at seller's option"条款，对买卖双方有无区别？为什么？在后一种规定情况下，卖方最多可交多少公吨？最少可交多少公吨？如何计价？

4. 我国某出口公司与日本一商人按每公吨 500 美元 CIF 东京成交某农产品 200 公吨，合同规定：每袋包装 25 kg，双线新麻袋包装，信用证付款方式。该公司凭证装运出口并办妥了结汇手续。事后对方来电称：该公司所交货物扣除皮重后实际到货不足 200 公吨，要求按净重计算价格，退回因短量多收的货款。我公司则以合同未规定按净重计价为由拒绝退款。试问该公司的做法是否可行？为什么？

5. 某公司外售杏脯 1.5 公吨，合同规定纸箱装，每箱 15 kg（内装 15 小盒，每小盒 1 kg）。交货时，由于此种包装的货物短缺，于是便将小包装（每箱仍为 15 kg，但内装 30 小盒，每小盒 0.5 kg）货物发出。到货后，对方以包装不符为由拒绝收货。卖方则认为数量完全相符，要求买方付款。你认为责任在谁？应如何处理？

六、操作题

1. 试用各种不同的表示货物品质的方法，草拟某一绿色产品销售合同中的品质条款，并进行相应的比较说明。

2. 试用所学习的溢短装条款的规定方法，规定某一农产品购货合同中的数量条款。

3. 我北方某公司与丹麦客商 CODAN CO. 签订了一份布鞋出口合同，共计 2 500 件，合同号为 95BF01DK03，价格条件 CIF 哥本哈根。根据以上资料制作一个标准唛头。

第 5 章　商品的价格与国际贸易术语

一、选择题

1. 根据《2010 年通则》的解释，采用 FCA 术语时，买卖双方风险划分界限是（　）。

A. 货交买方处置　　B. 出口国交货地点

C. 货交承运人　　D. 将货物装上承运人运输工具

2. FOB 与 CRF 术语的主要区别在于（　）。

A. 风险划分的界限不同　　B 办理运输的责任方不同

C. 办理货运保险责任方不同　　D 办理进、出口通关手续的责任放不同

3. 在 FOB 条件下，若采用程租船运输，如买方不愿承担装货费和理舱费，则应在合同中规定（　）。

A. FOB Liner Terms　B. FOB Under Tackle　C. FOB Stowed　D. FOB Trimmed

4. 我方与外商达成一笔 CIF 出口合同，当我方按规定缮制全套合格单据向买方要求付款时，获悉货物在海运途中全部灭失。这种情况下（　）。

A. 外商因货未到岸，可以拒绝付款

B. 因单据合格，外商仍应付款

C. 应由我方向保险公司要求赔偿

D. 因货物实际损失了，我方未完成交货，因此不能要求外商付款，只能重新发货

5. 根据《2010 通则》，CIF Landed（卸至岸上）的风险转移界限是（　）。

A. 装运港船舷　　B. 目的港岸上

C. 货交买方处置之后　　D. 目的港船上

6. 就卖方承担的风险而言，（　）。

A. CIF 比 CFR 大　　B. CIF 与 CFR 相同

C. CFR 比 CIF 小　　D. 有时 CIF 大，有时 CFR 大

7. 国际贸易中用以表示交易双方风险、责任和费用划分及商品构成的专门用语称为（　）。

A. 贸易惯例　　B. 贸易术语　　C. 文字概念　　D. 外文缩写

8. 在有关贸易术语的国际贸易惯例中，影响最大的、使用范围最广的是（　）。

A.《华沙—牛津规则》　　B.《美国对外贸易定义》

C.《国际贸易术语解释通则》　　D.《联合国国际货物销售合同公约》

9.CIP 和 CPT 贸易术语中，租船订舱责任承担方分别为（　）。

A. 卖方 / 卖方　　B. 卖方 / 买方　　C. 买方 / 买方　　D. 买方 / 卖方

10. 按《2010 年通则》，以 CIF 贸易术语成交的合同一般应由（　）办理投保手续。

A. 卖方　　B. 买方　　C. 承运人　　D. 保险人

11. 据《2010 年通则》的解释，FOB 与 FAS 的主要区别在于（　）。

A. 风险划分的界限不同　　B. 租船订舱的责任方不同

C. 办理出口手续的责任方不同　　D. 办理进口手续的责任方不同

12. 制定《国际贸易术语解释通则》的国际组织是（　）。

A. 国际法协会　　B. 国际商会　　C. 联合国贸易署　　D. 商业协会

13.CIF 合同下，用程租船运输，如卖方不承担卸货费用，应在合同中选用（　）。

A.CIF Liner Terms　　B.CIF Ex Tackle　　C.CIF Ex Ship's Hold　D.CIF Landed

14. 根据《2010 年通则》的解释，按 EXW 术语成交的合同中，买卖双方风险划分的界限是（　）。

A. 货物存放仓库　　B. 出口国工厂　　C. 货交买方处置　　D. 出口国交货地点

15. 按 CIF 价格术语成交的合同一般应由（　）。

A. 卖方办理保险　　B. 买方办理保险　　C. 承运人办理保险　　D. 保险人办理保险

16.CIF EX Ship's Hold 与 DES 相比，买方承担的风险（　）。

A. 前者大　　B. 相同

C. 后者大　　D. 有时前者大，有时后者大

17. 下列关于 CIF 贸易术语的描述，不正确的是（　）。

A.CIF 价又可称为“到岸价”　　B. 卖方办理保险是代办性质

C. 属于装运合同术语　　D. 属于象征性交货合同（交单即为交货）

18. 按照《2010 年通则》的解释，在 FAS 条件下驳运费用由（ ）。

A. 卖方负担　　B. 买方负担

C. 船方负担　　D. 买方和船方共同负担

19.《2000 通则》中的贸易术语，卖方不负责办理出口清关手续的有（ ）。

A. FOB　　B. EXW　　C. FAS　　D. FCA

E. CFR

20. 根据《2010 通则》的解释，采用 CFR 术语时，卖方无义务（ ）。

A. 租船订舱　　B. 取得货运单据　　C. 取得出口许可证　　D. 办理货运保险

21. 在以 CIF 和 CFR 术语成交的条件下，货物运输保险分别由卖方和买方办理，运输途中货物灭失和损坏的风险（ ）。

A. 前者由卖方承担，后者由买方承担　　B. 均由买方承担

C. 均由卖方承担　　D. 前者由买方承担，后者由卖方承担

22. 在装运港交货的三种常用价格术语中的（ ）术语下，卖方装船后应及时向买方发出装船通知，最为重要。

A. CFR　　B. FAS　　C. FOB　　D. CIF

23. 按照《2000 通则》解释，如果以 CIF 条件成交时，卖方无义务（ ）。

A. 租船订舱　　B. 办理出口通关手续

C. 办理进口通关手续　　D. 办理货运保险

24. 在（ ）术语中，买方承担的责任最多。

A. CIF　　B. DDP　　C. FOB　　D. EXW

25. 象征性交货是指卖方的交货义务是（ ）。

A. 实际交货　　B. 不交货

C. 凭单交货　　D. 既交单又实际性交货

26. 按照《2010 年通则》的解释，采用 FOB 条件成交，买卖双方风险划分的界限是（ ）。

A. 运输工具上　　B. 装运港船边　　C. 装运港船舷　　D. 装运港船上

27. 根据《2010 年通则》，DAP 术语下，货物运抵指定进口国交货地的一切责任由（ ）。

A. 卖方负担　　B. 买方负担　　C. 承运人负担　　D. 保险公司负担

28. 根据《2010 年通则》，采用 DAT 成交时，交货地点在（ ）。

A. 出口国内陆地点　　B. 出口国港口

C. 进口国指定地点　　D. 进口国港口（运输终端）集散站

29.《2010 年通则》将所解释的贸易术语分成（ ）。

A. 二组　　B. 三组　　C. 四组　　D. 五组

30. 根据《2010 年国际贸易术语解释通则》的规定，某一贸易术语卖方承担下列责任、风险和费用：①提供符合合同规定的货物、单证或相等的电子单证；②自负费用及风险办理出口许可证及其他货物出口手续，交纳出口捐、税、费；③依约定的时间、地点、依港口惯例将货

物装上买方指定的船舶并给予买方以充分的通知；④承担在装运港货物装上船以前的风险和费用。该术语应为下列哪项国际贸易术语？（ ）

A. FOB　　B. CIF　　C. CFR　　D. DDP

二、多项选择

1. 贸易术语的性质是（ ）。

A. 表示交货条件　　B. 表示付款条件

C. 表示成交价格的构成因素　　D. 表示运输条件

2. 在使用集装箱海运的出口贸易中，卖方采用 FCA 贸易术语比采用 FOB 贸易术语更为有利的具体表现是（ ）。

A. 可以提前转移风险　　B. 可以提早取得运输单据

C. 可以提早交单结汇，提高资金周转率　　D. 可以减少卖方的风险责任

3. 按照《2010 年通则》，CFR，CIF，CIP，CPT 组术语的共同特点是（ ）。

A. 均为风险转移在前，费用、责任转移在后　　B. 均由卖方订立运输契约并承担运费

C. 均由买方承担货物运输途中的风险　　D. 成交的合同性质均为装运合同

4.FOB 贸易术语的变形是（ ）。

A. FOB 的班轮条件　　B. FOB 包括平舱、理舱

C. FOB 包括理舱　　D. FOB 吊钩下交货

5. 下列贸易术语中由卖方承担运费的有（ ）。

A. FOB　　B. CFR　　C. CIP　　D. CIF

6. 根据《2000 通则》，CIF 与 CFR 术语的相同之处有（ ）。

A. 交货地点相同　　B. 风险划分界限相同

C. 买卖双方的责任划分相同　　D. 术语后均注明目的港

7. 按照《2010 年通则》，在 DAP 条件下卖方负责（ ）。

A. 将货物运抵指定目的地

B. 办理货物的出口手续

C. 办理货物的进口手续并支付进口关税

D. 承担货物在目的地交买方前的一切风险

8. 按照《2010 年通则》，DAT 条件下卖方负责（ ）。

A. 货物至目的港之前的风险　　B. 将货物卸到码头

C. 办理货物的出口手续　　D. 办理货物的进口手续

9. 按照《2010 年通则》，下列术语中交货地点在指定目的地的有（ ）。

A. DDP　　B. DAP　　C. CIF　　D. CFR

10. 按照《2010 年通则》，DDP 条件下卖方负责（ ）。

A. 将货物运抵指定目的地

B. 办理货物的出口手续

C. 办理货物的进口手续并支付进口关税

D. 承担货物在目的地交买方前的一切风险

11. 成交一批由上海出口至英国伦敦的羊毛，下列贸易术语是不正确的有（ ）。

A. FOB 上海　　B. FOB 伦敦　　C. CFR 英国　　D. CIF 上海

E. CIP 伦敦

12. 贸易术语在国际贸易中的主要作用是（ ）。

A. 简化交易手续　　B. 明确交易双方责任

C. 缩短磋商时间　　D. 节省费用开支

三、判断题

1. 有关贸易术语的惯例中，《2000 通则》是包括内容最多，使用范围最广和影响最大的一种。（ ）

2. 买方采用 FOB 条件进口，货物用程租船运输，买方不愿承担装船费用，可采用 FOB Trimmed。（ ）

3. 按 CFR Ex Ship's Hold New York 条件成交后，买方负担从装运港到纽约为止的一切费用和风险。（ ）

4. 按 D 组术语成交的合同都称作到货合同，它们都属于实际交货。（ ）

5.CIF 条件下由卖方负责办理货运保险，CFR 条件下由买方投保，因此，运输途中货物灭失和损失的风险，前者由卖方负责，后者由买方负责。（ ）

6. 采用“CIF Ex Ship's Hold 纽约”但不负责卸货。（ ）

7. 如果买方想采用铁路运输，愿意办理出口手续并承担其中的费用，买方可以采用（ ）

8. 根据《INCOTERMS® 2000》的解释，采用 D 组术语成交，卖方没有办理货运保险的义务，所以卖方可不必提交保险单。（ ）

9. 如果在国际买卖合同中作了与国际贸易惯例不同的规定，在处理合同争议时，应以国际贸易惯例为准。（ ）

10. 按《2000 年通则》，FOB 合同属于“装运合同”，CIF 合同属于“到达合同”。（ ）

11. 根据《2010 年通则》的解释，在 DAT 条件下，卖方办理保险是为自己的利益。（ ）

12. 根据《2010 年通则》的解释，采用 FCA 术语时，当交货地点在卖方所在地时卖方要负责将货物装上承运人的运输工具才算完成交货义务。（ ）

13. 在国际贸易中，卖方所承担的风险、责任的大小与商品价格的高低成正比。（ ）

14. 根据《2010 通则》解释，CIF 条件下，除非双方另有约定，卖方一般不负责投保战争险。（ ）

15. 按照 CIF 术语成交时，卖方承担的风险转移在先，而责任和费用转移在后。（ ）

16.《2010 通则》中的 11 个贸易术语，买方责任最大的术语是 EXW，最小的是 DDP.（ ）

17.《2010 通则》中的 CFR、CPT、CIF、CIP 术语都属于象征性交货。（ ）

18.《2010 通则》中的 11 种贸易术语，买卖双方交接的单据，可以是纸单据，也可以是电

子单据。（　）

19.《2010 通则》中，由买方办理出口报关手续的术语是 EXW，FAX，FCA.（　）

20.DAT 术语的英文全称是 Delivered at Terminal（Insert Named Terminal at Port or Place of Destination）。（　）

21.DAP 术语的英文全称是 Delivered at Place（Insert Named Place of Destination）。（　）

四、填空题

1. 根据《2010 通则》，适合于各种运输方式的贸易术语包括______、______、______、______、______、______、______七种术语。

2. 根据《2010 通则》，适合于水运方式的贸易术语包括______、______、______、四种术语。

3. 在所有的贸易术语中，卖方承担的风险、责任及费用最小的是______，卖方承担的风险、责任及费用最大的是______。

4. 在 FCA 条件下，如果交货地是卖方所在地，则由______负责装货；如果交货地不是卖方所在地，则由（　　）负责卸货及装货到运输工具上。

5. 根据《2010 通则》，属于到货合同的，有______、______、______三种贸易术语。

五、案例分析

1. 某公司以 EXW 条件买进一批茶叶，在受领货物时，发现茶叶包装不适宜出口运输，据此公司拒绝提货和付款。问：公司的做法是否合理？

2. 我国某公司以 CFR 价出口一批货物，装运后即以电报形式向买方发出装船通知，但对方没有收到此通知，因而未及时投保，结果船在运输途中沉没，货物全部损失，买方向我方提出索赔。问：我方应如何处理？如果此事系我方未及时发出装船通知引起的，又该如何处理？

3. 某公司以 CIF 价向外商出口一批季节性较强的货物。双方在合同中规定：卖方须保证运货船只不得迟于 12 月 1 日抵达目的港。如迟于 12 月 1 日抵达，买方有权撤销合同。如货款已收，卖方必须将货款退还买方。问：这一合同的性质还属于 CIF 合同吗？为什么？

4. 我国某出口公司按 CIF 条件，凭不可撤销议付信用证支付方式向某外商出售货物一批。该商按合同规定开来的信用证经我方审核无误。我出口公司在信用证规定的装运期限内在装运港将货物装上开往目的港的海轮，并在装运前向保险公司办理了货物运输保险。但装船完毕不久，海轮起火爆炸沉没，该批货物全部灭失。外商闻讯后来电表示拒绝付款。问：我出口公司应如何处理？并说明理由。

5. 我方以 CFR 贸易术语与 B 国的 H 公司成交一批消毒碗柜的出口合同，合同规定装运时间为 4 月 15 日。我方备妥货物，并于 4 月 8 日装船完毕，由于遇星期日休息，我公司的业务员未及时发出装运通知，导致买方未能及时办理投保手续，而货物在 4 月 8 日晚因发生了火灾被烧毁。问：货物损失责任由谁承担？为什么？

第6章　出口成本核算

一、名词解释

1. 佣金
2. 折扣
3. 出口换汇成本
4. 出口商品盈亏率
5. 单价
6. 出口总成本
7. 出口销售人民币净收入

二、选择

1. 在际贸易中，含佣价的计算公式是（　）。

A. 单价 × 佣金率　　B. 含佣价 × 佣金率
C. 净价 × 佣金率　　D. 净价 /（1- 佣金率）

2. 凡货价中不包含佣金和折扣的被称为（　）。

A. 折扣价　B, 含佣价　C. 净价　D, 出厂价

3. 一笔业务中，若出口销售人民币净收入与出口总成本的差额为正数，说明该笔业务为（　）。

A. 盈　B. 亏　C. 平　D. 可能盈，可能亏

4.（　）是含佣价。

A.FOBS　B.FOBT　C.FOBC　D.FOB

5. 在我国进出口业务中，计价货币选择应（　）。

A. 力争采用硬币收付
B. 力争采用软币收付
C. 进口时采用软币计价付款，出口采用硬币计价收款
D. 出口时采用软币计价收款，进口采用硬币计价付款

6. 出口总成本是指（　）。

A. 进货成本
B. 进货成本 + 出口前一切费用
C. 进货成本 + 出口前的一切费用 + 出口前的一切税金
D. 对外销售价

7. 以下我出口商品的单价，只有（　）的表达是正确的。

A.250 美元 / 桶　　B.250 美元 / 桶 CIF 伦敦
C.250 美元 / 桶 CIF 广州　　D.250 美元 / 桶 CFR 德国

8. 支付给中间商的酬金叫（　）。

A. 预付款　B. 折扣　C. 佣金　D. 订金

9.FCA、CPR、CIP 三种术语涉及的国内费用与 FOB、CFR、CIF 相比较，它们的区别是前者不包括（ ）。

A. 装船费　　B. 邮电费　　C. 预计耗损　　D. 拼箱费

10. 在货物买卖中，收取佣金的通常是（ ）。

A. 买方　　B. 保险公司　　C. 船方　　D. 中间商

三、判断题

1. 我出口合同中规定的价格应与出口总成本相一致。（ ）

2. 出口销售外汇净收入是指出口商品的 FOB 价按当时外汇牌价折成人民币的数额。（ ）

3. 出口商品盈亏率是指出口商品盈亏额与出口总成本的比率。（ ）

4. 从一笔交易的出口销售换汇成本中可以看出，在这笔交易中用多少人民币换回一美元，从而得出这笔交易为盈利还是亏损。（ ）

5. 在实际业务中，较常采用的作价办法是固定作价。（ ）

6. 买卖双方在合同中规定："按提单日期的国际市场价格计算。"这是固定作价的一种规定方法。（ ）

7. 不论在何种情况下，固定作价都比非固定作价有利。（ ）

8. 佣金和折扣都可分为"明佣（扣）"和"暗佣（扣）"两种。（ ）

9. 在规定单价时，若明确规定佣金的百分比，则规定总值时也应作出相应的规定。（ ）

10）含佣价 = 净价 /（1- 佣金率），其中的净价必须是 FOB 价。（ ）

四、计算（以下各题均按：USDl00=RMB¥827.36~827.68 的汇率计算）

1. 某笔交易中，我向外商的报价为每公吨 780 美元 CFR 香港，含 2% 的折扣，该笔交易的数量为 200 公吨，试求我方扣除折扣后的总收入是多少？

2. 某公司出口单晶糖 200 公吨，每公吨 USD450CIFC2% 利物浦，货物装船后，公司财会部门根据合同规定将 2% 的佣金汇给中间商，试求应汇的佣金为多少？

3. 我出口某商品，原报价为 350 美元 / 桶 CIF 纽约，现外商要求将价格改报为 CFRC5%。已知保险费率为 0.6%，试求我方应将价格改报为多少？

4. 我出口某商品对外报价为 480 美元 / 公吨 FOB 湛江，现外商要求将价格改报 CIF 旧金山，试求我方的报价应为多少才使 FOB 净值不变？（设运费是 FOB 价的 3%，保险费为 FOB 价的 0.8%）。

5. 某批商品的卖方报价为每打 60 美元 CIF 香港，若该批商品的运费是 CIF 价的 2%，保险费是 CIF 价的 1%，现外商要求将价格改报为：FOBC3%。问：FOBC3% 应报多少？设卖方国内进货价为每打 380 元，出口前的费用和税金共 15 元 / 打，试求：该批商品的出口销售换汇成本和盈亏率各是多少？

五、问答

1. 国际货物买卖的价格可分为哪些种类？

2. 在对进出口商品作价时，应遵循哪些原则，考虑哪些因素？

3. 在国际贸易中，常用的货币有哪几种？ 它们各自的简写符号是什么？

4. 在对外贸易中，正确选用计价货币应该遵循哪些重要原则？ 如果在出口业务中不得不选用软币，卖方应该如何避免可能的损失？

5. 在出口业务中，如何正确使用佣金和折扣？

6. 如何计算出口商品的盈亏率、换汇成本、创汇率？

7. 在国际货物买卖合同中订立价格条款时，应该注意哪些问题？

六、案例分析

我国北方海港城市 T 市的一家贸易进出口公司 S，与欧洲的 H 公司签订了销售合同。销售合同里面规定的贸易术语是 FOBT 市，但是欧洲的 H 公司感到自己在当地租船有一定困难，和 S 公司商量是否可以由 S 公司在当地代为租船。考虑到对方的实际困难，我国的 S 公司同意了对方的请求。同时，H 公司同意一次性地付给 S 公司一笔款项作为运费以及其他相关开销。但是 S 公司在前往船公司结算运费的时候发现船公司索要的运费远远高于自己当初计算的运费，就是将 H 公司预先支付的运费和相关杂费全支付给船公司也不够。S 公司只有自己掏钱补齐了运费差额，付清了运费。原来，因为 OPEC 决定统一降低产量，以促使国际市场上的油价上调。这样一来，海洋运输的运费也就应声而涨。结果这一笔业务对 S 公司非但没有任何利润可言，还要承担一定的经济损失。

请结合案情介绍分析 S 公司的问题及教训。

第 7 章 国际货物运输

一、填空题

1. 海洋运输按船舶的经营方式不同，通常可分为________和________两种方式。

2. 班轮运输的特点主要有：________、________、________和________四个方面。

3. 租船运输主要有________、________和________三种方式。

4. 根据货物是否已装船，海运提单可分为__________和__________。

5. 国际货物运输合同中装运时间的规定方法主要有________、________、________和________四种。

二、选择题

1. 在班轮运费的计收标准中，对高价值货物一般采用（　）法计收。

A. 运费吨　　B. 尺码吨　　C. 从价运费　　D. 议价法

2. 在班轮运费的计收中，对活牲畜一般采用（　）作为一个计费单位收费。

A. 运费吨　　B. 尺码吨　　C. 单件货物　　D. 单位价值

3. 由集中托运人将若干批单独发运的货物组成一整批，向航空公司办理托运的运输方式是（　）。

A. 班机运输　　B. 包机运输　　C. 航空快递　　D. 集中托运

4. 以航程为基础的租船运输方式是（　）。

A. 定程租船　　B. 定期租船　　C. 光船租船　　D. 航次期租

5. 以租期为基础的租船运输方式（　）。

A. 定程租船　　B. 定期租船　　C. 光船租船　　D. 航次期租

6. 以完成一个航次的运输为目的，按完成航次所需的时间计算租金的租船方式是（　）。

A. 定程租船　　B. 定期租船　　C. 光船租船　　D. 航次期租

7. 同其他运输方式相比，集装箱运输具有（　）优点。

A. 速度最快　　B. 运量最大

C. 价格最低　　D. 有利于实施连贯的成组运输

8. 下列哪些不属于海运提单正面的记载内容（　）。

A. 托运人　　B. 收货人　　C. 运输条款　　D. 目的地

三、问答题

1. 国际货物运输主要有哪些方式？海运提单的性质和作用是什么？海运提单有哪些种类？

2. 合同的装运条款应订明哪些内容？

3. 什么叫分批转运？《UCP600》对此有何规定？

4. 班轮运费的计收标准有几种？出现混装时该如何计收？

5. 规定装运时间时，应注意哪些问题？

四、案例分析题

我国对新加坡出口 2 000 公吨大米，国外开来信用证规定：不允许分批装运。结果我们在规定的期限内分别在烟台、连云港各装 1 000 公吨于同一航次的同一船上，提单也注明了不同的装运地和不同的装船日期。请问这是否违约？银行能否议付？

五、计算题

某企业出口柴油机一批，共 15 箱，总毛重为 5.65 公吨，总体积为 10.676 立方米，由青岛装中国远洋运输公司轮船至苏丹港。

1. 货物分级表，柴油机属 10 级货，计算标准 W/M；

2. 由中国—香港航线费率表中查出 10 级货的费率为 22 美元，由香港——红海航线费率表中查出 10 级货的费率为 95 美元。

3. 查附加费率表，苏丹港收取港口拥挤费，费率为基本运费率的 10%；试计算企业应支付的运费。

第 8 章　国际货物运输保险

一、填空题

1. 在签订保险合同时须遵循_______、_______、_______和_______原则。

2. 按损失的性质不同，部分损失可分________和________两种。

3. 按损失的程度不同，海上损失可分________和__________两种

4. 在正常运输条件下，我国海运保险条款中基本险承保责任起止期限适用国际惯例中的__________条款。

5. 保险公司一般是按__________的一定百分比收取保险费。

6. 海上货运保险承保的海上费用包括_______和_______。

7. 目前我国进出口业务中使用的保险单据一般有：_______、_______、_______和_______。

二、选择题

1. 为防止运输途中货物被窃，应该投保（　）

A. 一切险、偷窃险　　B. 平安险、偷窃险

C. 水滞险　　D. 平安险、一切险、水滞险

2. 在 CIF 出口贸易中，因码头工人野蛮装运导致货物包装破损，收货后买方应找（　）方索赔。

A. 卖方　　B. 运输方　　C. 港务　　D. 保险公司

3. 被保险货物在海运途中因遭受海上风险所直接造成的损失是（　）。

A. 海上损失　　B. 海上费用　　C. 实际全损　　D. 共同海损

4. 我国海洋运输保险的基本险别主要包括（　）。

A. 平安险、甲板险　　B. 一切险、偷窃险

C. 平安险、一切险、水滞险　　D. 战争险、罢工险

5. 下列哪些不属于平安险的承保范围（　）。

A. 由自然灾害造成的全部损失　　B. 由自然灾害造成的部分损失

C. 由意外事故造成的全部损失　　D. 由意外事故造成的部分损失

6. 玻璃制品易破碎，投保时可在平安险或水渍险的基础上加保（　）附加险。

A. 受热受潮险　　B. 破碎险　　C. 渗漏险　　D. 串味险

7. 麻类商品受潮后会发热、引起霉变，因此应在平安险或水渍险的基础上加保（　）附加险。

A. 受热受潮险　　B. 破碎险　　C. 渗漏险　　D. 串味险

8. 伦敦货物保险协会制定的 ICC（A）险种相当于 PICC 的（　）条款。

A. 一切险　　B. 水渍险　　C. 平安险　　D. 罢工险

三、判断改错题

我方按 CIF 贸易术语对外发盘，若按下列险别作为保险条款提出是否妥当？如有不妥，请予更正。

1. 一切险、偷窃提货不着险、串味险（　）

2. 平安险、一切险、受热受潮险、罢工险、战争险（　）

3. 水渍险、碰损破碎险（　）

4. 偷窃提货不着险、战争险、罢工险、勾损险（　）

5. 航空运输一切险、淡水雨淋险（　）

6. 短量险、进口关税险、平安险（ ）

四、问答题

1. 投保人和保险人在定理保险合同时须遵循什么原则？

2. 构成共同海损必须具备哪些条件？ 共同海损与单独海损的区别主要表现在哪里？

3. 平安险、水渍险、一切险各自承保的责任范围有哪些？ 为什么要加保附加险？

4. 现行伦敦保险协会货物保险条款有哪些险别，能否单独投保？

5. 合同中的保险条款主要包括哪些内容？

五、案例分析题

1. 我国某公司以 CIF 术语出口一批化肥，装运前按合同规定已向保险公司投保水渍险，货物装妥后顺利开航。载货船舶起航后不久在海上遭受暴风雨，海水涌人舱内，致使部分化肥遭到水渍，损失价值达 1 000 美元。数日后，又发现部分化肥袋包装破裂，估计损失达 1 500 美元。问该损失应由谁承担？为什么？

2. 某载货船舶在航行途中突然触礁，致使部分货物遭受损失，船体个别部位的船板产生裂缝，急需补漏。为了船、货的共同安全，船长决定修船，为此，将部分货物卸到岸上并存仓，卸货过程中部分货物受损。事后统计这次事件造成的损失有：①部分货物因船触礁而损失；②卸货费用、存仓费用以及货物损失。请问从上述各项损失的性质来看，属于什么海损？

第 9 章 国际货款结算

一、名词解释

1. 汇票

2. 信用证

3. 远期付款交单

4. 承兑

5. 银行保函

6. 背书

二、选择题

1. 在国际贸易中，常用的支付方式有（ ）。

A. 预付　　B. 汇付　　C. 托收　　D. 信用证

2. 国际货款结算工具的主要分类是（ ）。

A. 支票　　B. 本票　　C. 外币现钞　　D. 汇票

3. 常见的银行保函有（ ）。

A. 投标保证书　　B. 履约保证书　　C. 付款保证书　　D. 还款保证书

4. 信用证支付方式的特点是（ ）。

A. 信用证是一种银行信用　　B. 信用证是一种商业信用

C. 信用证是一种自足文件　　D. 信用证是一种单据买卖

5. 下列说法中，（ ）是正确的。

A. 远期本票的当事人有两个，即出票人和收款人

B. 本票有即期和远期之分

C. 远期本票无须承兑

D. 本票的付款人是出票人

6. 对于信用证与合同关系的表述正确的是（ ）。

A. 信用证的开立以买卖合同为依据

B. 信用证的履行不受买卖合同的约束

C. 有关银行只根据信用证的规定办理信用证业务

D. 合同是审核信用证的依据

7. 按《UCP600》规定，信用证（ ）。

A. 未规定是否保兑，即为保兑信用证 B. 未规定可否转让，即为可转让信用证

C. 未规定是否保兑，即为不保兑信用 D. 未规定可否撤销，即为不可撤销信用证

8. 以下对可转让信用证表述正确的是（ ）。

A. 可转让信用证只能转让一次

B. 可转让信用证可转让无数次

C. 第二受益人可将信用证转回给第一受益人

D. 信用证经转让后，买卖合同中卖方仍应承担合同当中的卖方责任

9. 备用信用证与跟单信用证的区别主要是（ ）。

A. 备用信用证属于商业信用，而跟单信用证属于银行信用

B. 银行付款的条件不同

C. 适用的范围不同

D. 受款人要求银行付款时所需提供的单据不同

10. 假远期信用证与远期信用证的区别是（ ）。

A. 开证基础不同 B. 信用证条款不同

C. 利息的负担者不同 D. 收汇的时间不同

三、判断题

1. 只有银行承兑汇票才可在贴现市场上贴现。（ ）

2. 出口商采用 D/A30 天比采用 D/P30 天承担的风险要大。（ ）

3. 信用证是一种银行开立的无条件承诺付款的书面文件。（ ）

4. 光票信用证是指开证行无须凭任何单据就履行付款责任的信用证。（ ）

5. 汇票经背书后，使汇票的收款权利转让给被背书人，被背书人若日后遭到拒付，可向前手行使追索权。（ ）

6. 一张可撤销的信用证，无论在什么情况下，都可以撤销。（ ）

7. 保兑信用证中的保兑行对保兑信用证负第一性的付款责任。（ ）

8. 若错过了信用证有效期到银行议付，只要征得开证人的同意，即可要求银行付款。

（　）

9. 根据《UCP600》的规定。议付是指由议付行对汇票（或）和单据付出对价，只审单而不付出对价，不能构成议付。（　）

10. 汇付是付款人主动通过银行或其他途径将款项交付款人的一种支付方式，所以属于商业信用，而托收通常称为银行托收，因而它属于银行信用。（　）

四、计算题

某公司持有一张经银行承兑的期限为90天的银行承兑汇票，票面金额为500万美元，为提前取得票款，该公司欲将汇票拿到市场上去贴现。若当时市场上的贴现率为10%，贴现时须缴纳的手续费为150美元。问：该公司贴现后可取得多少金额？

五、操作题

1. 根据以下给出的条件填制汇票。

开证行：NANYANG COMERCIAL BANK LTD，HONGKONG

开证人：SHARPTRADINGCO.，HONGKONG

受益人：GUANGDONGLIGHTIND.I/E CORP

信用证号码：0106305

开证日期：2001年5月18日

信用证金额：USD 88 536

付款期限：即期；

提单日期：2001年6月25日；

交单日期：2001年6月27日

2. 请根据合同审核信用证：

SHANGHAI LIGHT INDUSTRIAL PRODUCTS IMPORT

ANG EXPORT CORPORATION

SALES CONFIRMATION

128 Huqiu Road Shanghai China

Tele：86-21-23140568

Fax：86-21-25467832

TO：CONSOLIDATORS LIMITED　　　　NO：PLW253

RM.13001-13007E，13/F，　　　　DATE：Sept.15，2003

ASUA TERMINALS CENTER B.

BERTH 3，KWAI CHUNG，N.T.，HONGKONG

P.O.Box 531 HONGKONG

We hereby confirm having sold to you the following goods on terms and conditions as stated below

NAME OF COMMODITY：Butterfly Brand Sewing Machine

SPECIFICATION：　JA-115 3 Drawers Folding Cover

PACKING: Packed in wooden cases of one set each
QUANTITY: Total 5,500 sets
UNIT PRICE: US$64.00 per set CIFC3% H.K.
TOTAL AMOUNT: US$352,000.00
(Say U.S. dollars three hundred and fifty two thousand only.)
SHIPMENT: During Oct./Nov. 2003 from Shanghai to H.K. with partial Shipments and transshipment permitted.
INSURANCE: To be covered by the seller for 110% of total invoice value against All risks and war risks as per the relevant ocean marine cargo clauses of the People's Insurance Company of China dated January 1st, 1981.
PAYMENT: The buyer should open through a bank acceptable to the seller an Irrevocable Letter of Credit at 30 days after sight to reach the Seller 30 days before the month of Shipment valid for negotiation in China until the 15th day after the date of shipment.
REMARDS: Please sign and return one copy for our file.

The Buyer: The Seller:
CONSOLIDATORS LIMITED SHANGHAI LIGHT INDUSTRIAL PRODUCTS IMPORT & EXPORT CORPORATION
____

HONGKONG & SHANGHAI BANKING CORPORATION

QUEEN'S ROAD CENTERAL, P.O.BOX 64, H.K.

TEL: 822-1111 FAX: 810-1112

Advised through: Bank of China, Shanghai Branch,
NO. CN3099/714
DATE Oct.2, 2003 H.K.

To: Shanghai Light Industrial Products Import & Export Corp. 128 HUQIU ROAD SHANGHAI, CHINA

Dear Sirs:

We are pleased to advise that for account of Consolidators Limited, H.K., we hereby open our L/C No. CN3099/714 in your favour for a sum not exceeding about US$ 330,000.00 (Say US Dollars Three Hundred Thirty Thousand only) available by your drafts on HSBC at 30 days after date accompanied by the following documents:

1.Signed commercial invoice in 6 copies.

2.Packing List in quadruplicate.

3.Full set of (3/3) clean on board Bs/L issued to our order notify the above mentioned buyer and marked "Freight Collect" dated not later than October 31, 2003.From Shanghai to Hongkong,

Partial shipment are not permitted and trans- shipment is not permitted.

4.Insurance policy in 2 copies covering C.I.C for 150% invoice value against

All risks and war risks as per the relevant ocean marine cargo clauses of the People's Insurance Company of China dated January 1st, 1981.

5.Certificate of Origin issued by China Council for the Promotion of International Trade.

DESCRIPTION GOODS:

5,500 sets Sewing Machine Art.No. JA-115 packed in wooden cases or cartons each at US$64.00, CIF H.K

Drafts drawn under this credit must be marked "drawn under HSBC, H.K.," bearing the number and date of this credit.

We undertake to honour all the drafts drawn in compliance with the terms of this credit if such drafts to be presented at our counter on or before Oct. 31, 2003.

SPECIAL INSTRUCTIONS:

(1) Shipment advice to be sent by telefax to the applicant immediately after the shipment stating our L/C No., shipping marks, name of the vessel, goods description and amount as well as the bill of lading No. and date. A copy of such advice must accompany the original documents presented for negation.

(2) The negotiating bank is kindly requested to forward all documents to us (HONG KONG & SHANGHAI BANKING CORPORATION QUEEN'S ROAD CENTERAL, P.O.BOX 64, H.K.) in one lot by airmail.

It is subject to the Uniform Customs and Practice for Documentary Credits (1993) Revision, International Chamber of Commerce Publication No.500.

Yours faithfully

For HONG KONG & SHANGHAI BANKING CORPORATION

第 10 章　制单结汇

一、单选题

1. 单证缮制工作中，（　）是最基本的前提。

A. 正确　　B. 完整　　C. 及时　　D. 简明

2. 银行依据的装运时间是以（　）为准

A. 海运提单日期　　B. 交单给银行日期　　C. 货物开始装运日期

3. 如汇票金额为 About Five Thousand Dollars，则此汇票为（　）

A. 有效汇票　　B. 无效汇票　　C. 即期汇票　　D. 远期汇票

4. 在汇票的使用过程中，使汇票一切债务终止的环节是（　）。

A. 出票　　B. 承兑　　C. 背书　　D. 付款

5. 某公司签发一张汇票，上面注明“At 30 days after B/L date”，则这是一张（　）。

A. 即期汇票　　B. 远期汇票　　C. 跟单汇票　　D. 光票

6. 在信用证业务是一种纯粹的（　）业务。

A. 单据　　B. 货物　　C. 服务　　D. 其他

7. 属于顺汇方法的支付方式是（　）。

A. 汇付　　B. 托收

8. 背书人在汇票背面只有签字，不写被背书人名称，这是（　）

A. 限定性背书　　B. 特别背书　　C. 记名背书　　D. 空白背书

9. 以下不属于汇票必须记载的项目的是（　）。

A.“Bill of Exchange”“Exchange”或者“Draft”

B. 持票人姓名

C. 出票地点

D. 付款时间

10. 信用证只规定了有效期，而未规定最迟装运期，则最迟装运期可理解为（　）。

A. 信用证到期日　　B. 信用证开立日　　C. 该信用证无效

11. 票据的必要项目必须齐全，且符合法定要求，这叫作票据的（　）。

A. 无因性　　B. 流通性　　C. 提示性　　D. 要式性

12.T/T. M/T 和 D/D 的中文含义分别为（　）。

A. 信汇、票汇、电汇　　B. 电汇、票汇、信汇

C. 电汇、信汇、票汇　　D. 票汇、信汇、电汇

13. 债权人为向国外债务人收取销售货款或劳务价款，开具汇票委托债权人所在地银行向债务人收款的结算方式是（　）。

A. 托收　　B. 汇款　　C. 保函　　D. 信用证

14. 对于单据表面描述符合合同要求，而与信用证条款不一致者，开证银行（　）。

A. 有义务支付货款　　B. 按合同要求付款

C. 有权拒绝付款　　D. 按信用证条款付款

15. 承兑是远期汇票的（　）表示承担到期付款责任的行为。

A. 付款人　　B. 收款人　　C. 出口商　　D. 议付行

16. 开证行履行付款义务后，如申请人无力付款赎单，开证行（　）。

A. 有权处理单据和货物　　B. 无权处理单据和货物

17. 受开证行委托，将信用证转交出口方的银行是（　）。

A. 议付行　　B. 开户行　　C. 汇出行　　D. 通知行

18. 保兑行是应（　）的邀请，在信用证上加具保兑的银行

A. 通知行　　B. 议付行

C. 开证行或受益人　　D. 偿付行申请人

19. 信用证上被指明有权接受并使用信用证，凭以发货、交单、取得货款的出口商是（　）。

A. 申请人　　B. 付款人　　C. 债权人　　D. 受益人

20. 经银行承兑的汇票可以流通，受益人可以随时通过（　），取得资金融通

A. 贴现　　B. 保兑　　C. 议付　　D. 背书

21. 出口商收到信用证后进行审核的主要依据是《UCP600》和（　）。

A. 发票　　B. 汇票　　C. 贸易合同　　D. 进口许可证

22. 以下关于海运提单的说法不正确的是（　）。

A. 是货物收据　　B. 是运输合约证据

C. 是无条件支付命令　　D. 是物权凭证

23. 所有进出口单据中，作为核心单据成为其他单据制作依据的是（　）。

A. 装箱单　　B. 发票　　C. 保险单　　D. 提单

24. 通知行是（　）

A. 开证行的代理人　　B. 承兑行的代理人　　C. 付款行的代理人　　D. 保兑行的代理人

25. 若不同包装种类的货物混装在同一集装箱内，则包装种类用（　）表示。

A. 箱　　B. 个　　C. 包　　D. 件

26. 收款最快，费用较高的汇款方式是（　）。

A.T/T　　B.M/T　　C.D/D　　D.D/P

27. 跟单信用证统一惯例规定，商业发票必须由信用证受益人开具，必须以（　）为抬头。

A. 开证行　　B. 开证申请人　　C. 指定付款行　　D. 议付行

28. 以下不属于受益人审证内容的是（　）。

A. 信用证与合同的一致性　　B. 信用证条款的可接受性

C. 价格条件的完整性　　D. 开证申请人的资信

29. 审证时发现信用证条款与买卖合同有不一致时，受益人可以要求（　）。

A. 开证行修改　　B. 偿付行修改　　C. 通知行修改　　D. 议付行修改

30. 承兑以后，汇票的主债务人是（　）

A. 出票人　　B. 持票人　　C. 承兑人　　D. 保证人

31. 汇票债务人承担汇票付款的责任次序在承兑后是（　）。

A. 出票人—第一背书人—第二背书人　　B. 承兑人—出票人—第一背书人

C. 承兑人—第一背书人—第二背书人　　D. 出票人—承兑人—第一背书人

32. 出口报关单上对于“200 美元”的运费单价填报正确的为（　）

A.110/200/1　　B. 303/200/3　　C. 502/200/3　　D. 502/200/2

33. 若出口散装货物，出口报关单上的件数栏和包装种类栏应填（　）。

A. 留空，1　　B. 散装，1　　C.1，留空　　D.1，散装

34. 一份信用证如果未注明是否可以撤销，则是（　）的。

A. 可以撤销的　　B. 不可撤销的　　C. 由开证行说了算　　D. 由申请人说了算

35. 在出口报关单的（　）栏中应该填报出口收汇核销单的编号。

A. 备案号　B. 随附单据　C. 批准文号　D. 海关编号

二、多选题

1. 贸易术语中，（　）买卖双方的风险划分以货交第一承运人为界。

A.FOB　B.FCA　C.CFR　D.CPT

2.（　）为银行办理国际结算业务创造了一个良好的条件。对于不熟悉商品专门知识的银行，只需凭审核相符的单据付款给卖方，再凭单据向买方索取货款归垫。

A. 货物单据化　B. 履约证书化　C. 联行　D. 代理行

3. 结算方式必须订明（　）。

A. 具体类别　B. 付款时间　C. 单据和凭证　D. 使用货币

4. 票据是非现金结算工具，具有如下特性（　）。

A. 流通转让性　B. 无因性　C. 要式性　D. 提示性

E 返还性

5. 下列属于指示性抬头的是（　）。

A.Pay to the order of Henry Brown　B.Pay to Henry Brown or order

C.Pay to Henry Brown only　D.Pay to Henry Brown

6. 持票人泛指尚未转让或已经转让的持有汇票的人，他可以是（　）。

A. 收款人　B. 被背书人　C. 来人　D 背书人

7. 托收的交单方式有（　）。

A. 即期 D/P　B. 远期 D/P　C.D/A　D.O/A

8. 以下哪些单据属于金融单据（　）。

A. 汇票　B. 发票　C. 运输单据　D. 支票

E. 本票

9. 信用证作为一种融资工具，可以为（　）融通资金。

A. 开证行　B. 议付行　C. 出口商　D. 进口商

10. 根据付款时间的不同，信用证可分为（　）。

A. 预支信用证　B. 即期信用证　C. 延期付款信用证　D. 承兑信用证

11. 对于信用证与合同关系表述正确的是（　）。

A. 信用证的开立以买卖合同为依据

B. 信用证的履行不受买卖合同的约束

C. 银行只根据信用证的规定办理信用证业务

D. 合同是审核信用证的依据

12. 信用证结算方式中，必须具备的当事人有（　）。

A. 保兑行　B. 开证行　C. 受益人　D. 申请人

13. 我国海洋运输货物保险的基本险有（　）。

A. 平安险　B. 水渍险　C. 一切险　D. 外来险

14. 在信用证业务中的指定银行是指(　)。

A. 付款行　　B. 承兑行　　C. 议付行　　D. 通知行

15. 下列(　)属于出口报关的基本单证。

A. 商业发票　　B. 出口货物报关单　　C. 装箱单　　D. 出境货物报检单

三、判断

1. 信用证业务中,开证行负第一性付款责任,保兑行负第二性付款责任。(　)

2. 按照《UCP600》,信用证未明确禁止转运,即视为允许。(　)

3. 信用证的基本当事人包括:出口商、进口商、银行。(　)

4.F 组的三个贸易术语均属于装运港交货的术语,因此,仅适用于水上运输方式。(　)

5. 信用证依据合同内容开立,开立后受销货合同约束。(　)

6. 汇票的出票日期一般是议付日期,不得超过信用证的有效日期,但可以超过信用证规定的最迟交单日期。(　)

7. 当发现单据出现不符点后,开证行不能免除其付款责任。(　)

8. 商业发票上的货物描述应详细,与信用证严格一致,不可像其他单据那样使用统称。(　)

9. 对于通过原通知行传递的信用证修改通知书,可部分接受其修改内容。(　)

10. 保兑信用证是由一家银行开出的信用证经另一家银行保证兑付后,该证即为保兑信用证。这样保兑行承担的是第二性的付款责任。(　)

11. 汇票金额不能超过信用证金额或允许金额。(　)

12. 一份纸质报关单最多填报 20 项商品,超过 20 项商品,必须分单填报。(　)

13. 偿付行不负责审单,只凭开证行指示或授权,偿付款项给议付行。(　)

14. 在我国,有进出口经营权的企业就等同于享有海关报关权。(　)

15. 托收方式是商业信用,而 L/C 方式是银行信用,但两者都使用商业汇票。(　)

16. 出口货物报关单上,"集装箱箱号"一栏只需填入其中一只集装箱号,其余箱号不需要在报关单上填报。(　)

17. 海运提单具有物权凭证作用。(　)

18. 如果 L/C 规定提供保险凭证,银行也可接受保险单。(　)

19. 出票日期可决定出票人的行为能力。(　)

20."At 90 days after sight; pay to c co.or order"此见票日即为付款人承兑汇票的日期。(　)

21. 出口收汇核销单的存根、正联、出口退税专用联中的相同栏目内容必须一致。(　)

22. 汇票上没有出票人签字,汇票就不能成立。(　)

23. 一切险的承保范围包含了一般附加险。(　)

24. 对于出口商而言,采取远期付款交单比采取远期承兑交单所承担的风险更大。(　)

四、制单结汇综合练习

题目名称	综合制单（一）
基本要求	根据下述条件制作议付信用证项下的汇票、发票、装箱单、提单和原产地证书，要求格式清楚、内容完整。
相关说明	一、信用证 RECEIVED FROM: BKKBTHBKEXXX BANGKOK BANK PUBLIC COMPANY LIMITED BANGKOK, THAILAND MESSAGE TYPE : MT700 ISSUE OF A DOCUMENTARY CREDIT :27: SEQUENCE OF TOTAL 1/1 :40A: FORM OF DOC.CREDIT IRREVOCABLE :20: DOC.CREDIT NUMBER BKKB1103043 :31C: DATE OF ISSUE 041103 :31D: EXPIRY DATE 050114 PLACE BENEFICIARY' S COUNTRY :50: APPLICANT MOUN CO., LTD NO. 443, 249 ROAD BANGKOK THAILAND :59: BENEFICIARY KKK FOREIGN TRADE CORP. NO. 1 TITI RD, SHANGHAI, CHINA :32B: AMOUNT USD 180,000.00 :41D: AVAILABLE WITH/BY ANY BANK BY NEGOTIATION :42C: DRAFTS AT ... SIGHT IN DUPLICATE :42D: DRAWEE ISSUING BANK :43P: PARTIAL SHIPMENTS NOT ALLOWED :43T: TRANSSHIPMENT ALLOWED :44A: LOADING IN CHARGE CHINA MAIN FORT, CHINA :44B: FOR TRANSPORT TO ... BANGKOK, THAILAND :44C: LATEST DATE OF SHIP. 041220 :45A: DESCRIPT. OF GOODS 20,000 KGS.ISONIAZID BP98 AT USD9.00 PER KG CIF BANGKOK :46A: DOCUMENTS REQUIRED

<table>
<tr><th>题目名称</th><th>综合制单（一）</th></tr>
<tr><td></td><td>
+ COMMERCIAL INVOICE IN ONE ORIGINAL PLUS 5 COPIES INDICATING
F.O.B.VALUE，FREIGHT CHARGES SEPARATELY AND THIS L/C NUMBER，
ALL OF WHICH MUST BE MANUALLY SIGNED.
+ FULL SET OF 3/3 CLEAN ON BOARD OCEAN BILLS OF LADING AND TWO
NON–NEGOTIABLE，COPIES MADE OUT TO ORDER OF BANGKOK BANK，BANGKOK MARKED FREIGHT PREPAID AND NOTIFY APPLICANT
+ PACKING LIST IN ONE ORIGINAL PLUS 5 COPIES，ALL OF WHICH MUST BE MANUALLY SIGNED.
+CERTIFICATE OF ORIGIN BY CCPIT IN ONE ORIGINAL PLUS 2 COPIES.
:47A:ADDITIONAL COND.
1. A DISCREPANCY HANDLING FEE OF USD50.00（OR EQUIVALENT）AND THE RELATIVE TELEX/SWIFT COST WILL BE DEDUCTED FROM THE PROCEEDS NO MATTER THE BANKING CHARGES ARE FOR WHOEVER ACCOUNT.
2. DISCREPANT DOCUMENTS WILL BE REJECTED BUT IF INSTRUCITONS FOR THEIR RETURN ARE NOT RECEIVED BY THE TIME THE APPLICANT HAS ACCEPTED AND/OR PAID FOR THEM，THEY MAY BE RELEASED TO APPLICANT. IN SUCH EVENT BENEFICIARY/NEGOTIATING BANK SHALL HAVE NO CLAIM AGAINST ISSUING BANK.
3. ALL DOCUMENTS MUST BEAR THE L/C NUMBER AND THE NAME OF ISSUING BANK.
:71B:DETAILS OF CHARGES
ALL BANKING CHARGES OUTSIDE LC ISSUING BANK ARE FOR ACCOUNT BENEFICIARY INCLUDING OUR REIMBURSEMENT CHARGES.
:49:CONFIRMATION
WITHOUT
:78:INSTRUCTIONS
1.DOCUMENTS MUST BE SENT THROUGH NEGOTIATING BANK TO OUR ADDRESS：BANGKOK BANK PUBLIC COMPANY LIMITED HEAD OFFICE，333 SILOM ROAD，BANGKOK 10500，THAILAND.
2.UPON RECEIPT OF COMPLIANT DOCUMENTS，WE SHALL REIMBURSE
YOU AS INSTRUCTED.
3.EACH DRAWING/PRESENTATION MUST BE ENDORSED ON THE REVERSE OF THE CREDIT.
二、其他信息
1.INVOICE NO.：SHE021845　DATE：NOV.22，2004
2.PACKED IN 50KGS/DRUM
3.GROSS WEIGHT PER DRUM:55KGS
4.MEASUREMENT PER DRUM:0.06525CBM
5.DATE OF SHIPMENT：NOV.29，2004
6.VESSEL NAME AND VOL. NO：JENNY V.03
7.SHIPPING COMPANY:COSCO CONTAINER LINES，SHANGHAI
8. PAYEE OF THE DRAFT：BANK OF CHINA，SHANGHAI BRANCH.
9. CONTRACT NO.：MOU0210S03；　DATE：OCT. 21，2004
10. PORT OF LOADING：SHANGHAI，CHINA
11. B/L NO.：SCOISG7564
12. CONTAINER/SEAL NO.：UXXU4240250/0169255
13. SHIPPED IN 1× 20'FCL，CY/CY
14. FREIGHT：USD0.08/KG
15. ISONIAZID 雷米封（药名）（该产品是该公司自己生产）
H.S.CODE：3003.1090
</td></tr>
</table>

单据：

凭 DRAWN UNDER	2
信用证 L/C NO.：	
日期 DATE：	
PAYABLE WITH INTEREST @ % 按 息 付款	

号码 NO.	汇票金额 EXCHANGE FOR	
见票 日后（本汇票之正本未付）付交 金额 AT SIGHT OF THIS SECOND OF EXCHANGE（FIRST OF EXCHANGE BEING UNPAID）PAY TO THE ORDER OF		
THE SUM OF		
VALUE RECEIVED		
TO：		

COMMERCIAL INVOICE

TO：	INVOICE NO.：		
	INVOICE DATE：		
	CONTRACT NO.：		
	L/C NO：		
ISSUED BY			
FROM TO	PER		
NAME OF COMMODITY	TRADE TERMS		
SHIPPING MARKS	QUANTITIES & DESCRIPTIONS	UNIT PRICE	AMOUNT

PACKING DETAILS：

ISSUER			装箱单 PACKING LIST			
TO			INVOICE NO		DATE	
			S/C NO.		L/C NO.	
MARKS AND NUMBERS	C/No.S	NUMBERS AND KIND OF PACKAGES；DESCRIPTION OF GOODS	QUANTITY	G.W.（KGS）	N.W.（KGS）	MEAS（CBM）
TOTAL						

TOTAL PACKAGES IN WORDS：

SHIPPER：	中国远洋运输集团公司 COSCO
CONSIGNEE：	
NOTIFY PARTY：	
	BILL OF LADING
PRE-CARRIAGE BY	PLACE OF RECEIPT
OCEAN VESSEL VOY. NO.	PORT OF LOADING
PORT OF DISCHARGE	PLACE OF DELIVERY

MARKS & NO.S NO.S & KIND OF PACKAGES DESCRIPTION OF GOODS GROSS WEIGHT MEAS

TOTAL NUMBER OF CONTAINERS（IN WORDS）				
FREIGHT&CHARGES REVENUE TONS RATE PER PREPAID COLLECT				

续表

PREPAID AT PAYABLE AT
PLACE AND DATE OF ISSUE
NO. OF ORIGINAL BS/L
SIGNED FOR OR ON BEHALF OF THE MASTER

中国人民财产保险股份有限公司

THE PICC PROPERTY AND CASUALTY COMPANY LIMITED

INVOICE NO. INSURANCE POLICY POLICY NO.

THIS POLICY OF INSURANCE WITNESSES THAT THE PICC PROPERTY AND CASUALTY COMPANY LIMITED (HEREINAFTER CALLED "THE COMPANY")

AT THE REQUESTOF ______________________________

(HEREINAFTER CALLED THE "INSURED")AND IN CONSIDERATION OF THE AGREED PREMIUM PAYING TO THE COMPANY BY THE INSURED UNDERTAKES TO INSURE THE UNDERMENTIONED GOODS IN TRANSPORTATION SUBJECT TO THE CONDITION OF THIS POLICY AS PER THE CLAUSES PRINTED OVERLEAF AND OTHER SPECIAL CLAUSES ATTACHED HEREON.

MARKS AND NO.	QUANTITY	DESCRIPTION OF GOODS	AMOUNT INSURED
TOTAL AMOUNT INSURED :			
PREMIUM	RATE	PER CONVEYANCE S.S.	
SIG. ON OR ABT	FROM	TO	
CONDITION:			

CLAIMS ,IF ANY ,PAYABLE ON SURRENDER OF THIS POLICY TOGETHER WITH OTHER RELEVANT DOCUMENTS.

IN THE EVENT OF ACCIDENT WHERE BY LOSS OR DAMAGE MAY

RESULT IN A CLAIM UNDER THIS POLICY IMMEDIATE NOTICE
APPLYING FOR SURREY MUST BE GIVEN TO THE COMPANY，S AGENT
AS MENTIONED HEREUNDER.
CLAIM PAYABLE AT：

DATE ADDRESS

<table>
<tr><td colspan="2">1.EXPORTER’S FULL NAME ADDRESS COUNTRY</td><td colspan="3" rowspan="2">13.CERTIFICATE NO.
CERTIFICATE OF ORIGIN
OF
THE REPUBLIC OF CHINA</td></tr>
<tr><td colspan="2">2. CONSIGNEE’S FULL NAME ADDRESS COUNTRY</td></tr>
<tr><td colspan="2">3.MEANS OF TRANSPORT AND ROUTE</td><td colspan="3" rowspan="2">5. FOR CERTIFYNG AUTHORITY USE ONLY</td></tr>
<tr><td colspan="2">4. DESTINATION</td></tr>
<tr><td>6.MARKS AND NUMBERS OF PACKAGES</td><td>7.NUMBER AND KIND OF PACKAGES；DESCRIPTION OF GOODS</td><td>8.H.S.CODE</td><td>9.QUANTITY OR WEGHT</td><td>10.NUMBER AND DATE OF INVOICE</td></tr>
<tr><td colspan="2">11. DECLARATION BY EXPORTER
THE UNDERSIGNED HEREBY DECLARES THAT ... ORIGIN OF THE PEOPLE’S REPUBLIC OF CHINA.

PLACE AND DATE；SIGNATURE AND STAMP OF CERTIFYING AUTHORITY</td><td colspan="3">12.CERTIFICATION
IT IS HEREBY CERTIFIED THAT DECLARATION BY THE EXPORTER IS CORRECT.

PLACE AND DATE，SIGNATURE AND STAMP OF AUTHORIZED SIGNATORY</td></tr>
</table>

参考文献

[1] 刘庆林，孙中伟 . 国际贸易理论与实务 [M]. 北京：人民邮电出版社，2003.
[2] 黎孝先，王健 . 国际贸易实务 [M].6 版 . 北京：对外经济贸易大学出版社，2016.
[3] 吴百福 . 进出口贸易实务教程 [M]. 上海：上海人民出版社，2015.
[4] 杨荣珍 .WTO 争端解决——案例与评析 [M]. 北京：对外经济贸易大学出版社，2002.
[5] 张向晨 . 发展中国家与 WTO 的政治经济关系 [M]. 北京：法律出版社，2000.
[6] 袁建新 . 国际贸易实务 [M]. 上海：复旦大学出版社，2015.
[7] 冷柏军 . 国际贸易实务 [M].3 版 . 北京：高等教育出版社，2013.
[8] 袁永友，柏望生 . 进出口单证实务案例评析 [M]. 北京：中国海关出版社，2006.
[9] 李秀芳 . 国际贸易实务案例及习题解答 [M]. 北京：中国人民大学出版社，2014.
[10] 郎丽华 . 国际贸易案例精选 [M]. 北京：经济日报出版社，2005.
[11] 国际商会（ICC）. 国际贸易术语解释通则 [M]. 北京：中国民主法制出版社，2011.
[12] 卓小苏 . 国际贸易风险与防范 [M]. 北京：中国纺织出版社，2007.